水利事业单位养老保险改革实践与探索

主　编　巩劲标　项新锋　尤建青
副主编　刘　宁　王婉莹

中国水利水电出版社
www.waterpub.com.cn

·北京·

内 容 提 要

　　本书是水利部 2015 年财政预算项目"分类改革背景下的水利事业单位养老保险制度研究"的研究成果,旨在为水利事业单位养老保险的研究和实践提供借鉴和参考作用,有助于水利工作者加深对养老保险改革的认识。本书共分 9 章,完成了在分类改革背景下对水利事业单位养老保险制度的研究,对我国养老保险制度改革历程及国外相关情况进行了全面梳理,对水利企事业单位开展了调研,分析了养老保险人才队伍的情况,通过问卷调查、典型分析、数据测算,指出了水利事业单位推进养老保险改革可能面临的难点,并提出了推进水利事业单位养老保险改革的政策建议。

　　本书可作为水利行业及其它企事业单位落实养老保险改革的工作指南,同时也可供政府部门和社会保障理论工作者参考。

图书在版编目（CIP）数据

水利事业单位养老保险改革实践与探索 / 巩劲标,
项新锋, 尤建青主编. -- 北京 : 中国水利水电出版社,
2018.7
　　ISBN 978-7-5170-6872-3

　　Ⅰ. ①水… Ⅱ. ①巩… ②项… ③尤… Ⅲ. ①水利工
程－行政事业单位－养老保险制度－研究－中国 Ⅳ.
①F842.612

中国版本图书馆CIP数据核字(2018)第211171号

书 名	**水利事业单位养老保险改革实践与探索** SHUILI SHIYE DANWEI YANGLAO BAOXIAN GAIGE SHIJIAN YU TANSUO
作 者	主 编 巩劲标 项新锋 尤建青 副主编 刘 宁 王婉莹
出版发行	中国水利水电出版社 （北京市海淀区玉渊潭南路 1 号 D 座　100038） 网址：www. waterpub. com. cn E - mail：sales@waterpub. com. cn 电话：(010) 68367658（营销中心）
经 售	北京科水图书销售中心（零售） 电话：(010) 88383994、63202643、68545874 全国各地新华书店和相关出版物销售网点
排 版	中国水利水电出版社微机排版中心
印 刷	北京市密东印刷有限公司
规 格	170mm×240mm　16 开本　15 印张　277 千字
版 次	2018 年 7 月第 1 版　2018 年 7 月第 1 次印刷
印 数	0001—1500 册
定 价	**68.00 元**

前 言

　　社会保障制度的核心部分是社会保险，而养老保险作为社会保险的重要组成部分，在社会保障制度的完善中有着重要的地位和作用。养老保险的全称是社会基本养老保险，它是指以老年人的生活保障为指标，通过再分配手段或者储蓄方式建立保险基金，支付老年人生活费用，为其提供可靠的生活来源。

　　不同历史文化和政治制度背景下的国家，养老保险制度发展与改革的具体情况不尽相同，对于我国这样一个自古以来崇尚"老有所依"民族价值观的国家而言，养老保险制度的建立健全具有无可替代的价值。《中华人民共和国宪法》规定："中华人民共和国公民在年老、疾病或者丧失劳动能力的情况下，有从国家和社会获得物质帮助的权利。"这为我国建立和完善社会保障制度提供了法律依据。

　　我国的现代养老保险制度的发展大致可以分为两个阶段：传统养老保险阶段（1950—1986年）和养老保险调整与改革阶段（1986年至今）。按照人口类型可分为城镇企业职工养老保险、机关事业单位养老保险和农村养老保险三大部分。最初的养老保险制度是城镇企业养老保险制度，机关事业单位人员养老保险制度是从城镇企业职工养老保险制度中分离出来的，两者在制度变革过程中又经历了合并和分离的过程。在长期的分离过程中，随着人民的社会生活和经济水平的快速提升，现行的养老保险"双轨制"越来越多地表现出诸多由于制度不完善、不公平导致的漏洞与弊端，为构建社会主义和谐社会目标的实现造成了困扰与阻碍。

　　党的十八大和十八届三中全会明确提出要推进机关事业单位养老保险制度改革。根据《中华人民共和国社会保险法》等相关规定，为统筹城乡社会保障体系建设，建立更加公平、可持续的养老保险制度，国务院印发了《国务院关于机关事业单位工作人员养老保险制度改革的决定》（国发〔2015〕2号），于2014年10月1日起实施。

作为关乎民生大计的基础设施部门，水利建设关系到国计民生，在国民经济中占据重要的位置。党中央国务院始终高度重视水利事业的稳定与发展。水利事业单位作为本次养老保险改革涉及的对象，研究其目前单位的基本情况，调研职工的心理预期，测算改革前后的资金数据，分析改革的难点和问题，阐述改革将会带来的影响对顺利、全面推进事业单位养老保险改革的进程具有前瞻性意义。

本书是基于财政课题报告《分类改革背景下的事业单位养老保险制度研究》编写的，该课题自2013年申报，到2014年获批，并于2015年1月正式实施。在项目报告的撰写过程中，通过调查研究、收集资料、专家评审、反复论证和研究分析，形成了数个不同报告，但由于项目报告篇幅有限，因此产生了要将报告汇编成书的想法。

本书从最初构思到定稿历经了1年多的时间，经历了5次专家咨询会、7次调研、4次项目工作会议。书稿凝结了水利社会保障工作者的心血和智慧。

本书突出的特点有以下几个方面：

首先，对事业单位养老保险改革进行了较为系统和全面的研究。本书以"改革"为逻辑主线，从多方面分析了事业单位养老保险改革带来的变化，将改革的影响进行了系统的梳理，研究采用文献研究法、调查问卷法和访谈法、描述性研究法、比较分析法、理论和实践相结合等方法。调研团队在国内水利事业单位中选取典型进行前期考察，并且在各单位内通过问卷调查的方式收集了详尽的能够展现水利事业单位发展现状的数据，同时列举了其它国家具有代表性的养老保险制度，将国内与国外的制度进行比较与研究，结合经济学、社会学、政治学的相关理论，深入剖析改革过程中可能出现的问题，阐述改革将会带来的长远、宏观视角下的好处与贡献，试图在分别分析改革利弊的基础上凸显出改革推进可以带来的正向社会效应。

其次，对改革的推进与实施提出了建设性的意见。在本书的后半部分，专项小组专门就改革可能面临和带来的问题用一章的篇幅进行分析讨论，意在从更为深入的角度进行思考和预测，为改革的推行和调整提供务实有效的建议。

最后，项目组对目前和曾经执行过的养老保险相关文件进行了汇编和整理，使得本书不仅仅是一本有关养老保险改革分析和研究的书籍，更是一本养老保险工作的工具书和参考书。

总而言之，养老保险在维护社会稳定和国家长治久安中确实占有重要的地位。水利事业是国民经济的一大基石，水利事业单位是否能稳定发展关乎民生大计，在水利事业单位中推行养老保险改革的成功与否关乎民心。在事业单位养老保险改革推进的过程中必然会面临诸多能预见和不能预见的问题，但是改革所带来的正向结果是必然的，这就为本书的撰写提供了前提。

本书的主编是巩劲标、项新锋、尤建青，副主编是刘宁、王婉莹，他们在编写本书的过程中倾注了热情和心血，执着于内容的完善和创新，负责撰写了本书的核心章节。编者吕晓晨、白钰、王英鑫、陆崴负责了其它章节的撰写，编者周鹏飞、李海涛、周宏涛、何晶晶、韩婧怡、邢学成参与了技术内容的校订和文字的校对。中国人民大学和北京大学在校研究生林欣慰、牛文、高利波、何欣露、孙晓棠也参与部分内容的编写工作。在此一并向他们表示衷心的感谢。

本书在构思、理论建构、调查研究及编写过程中，难免存在诸多不足之处，望各位专家学者和广大读者批评指正。

作者

2018 年 5 月

目 录
CONTENTS

前言

第1章 引言 ·· 1

1.1 指导思想与研究意义 ·························· 1

1.1.1 指导思想 ···························· 1

1.1.2 研究意义 ···························· 1

1.2 研究背景、研究目的及研究范围 ············· 2

1.2.1 研究背景 ···························· 2

1.2.2 研究目的 ···························· 3

1.2.3 研究范围 ···························· 3

1.3 研究思路与研究方法 ······················· 3

1.3.1 研究思路 ···························· 3

1.3.2 研究方法 ···························· 3

第2章 养老保险制度国内外理论与实践研究 ········ 5

2.1 国外养老保险制度研究综述 ················· 5

2.1.1 国外养老保险制度理论研究 ··········· 5

2.1.2 国外养老保险制度实践研究 ··········· 8

2.1.3 经验与启示 ························· 13

2.2 国内养老保险制度研究综述 ················ 14

2.2.1 国内养老保险制度理论研究 ·········· 14

2.2.2 国内养老保险制度实践研究 ·········· 20

第3章 事业单位养老保险制度改革理论基础 ······· 26

3.1 经济学基础 ······························· 26

3.1.1 自由主义视角下的养老保险制度改革 ········ 26

　　3.1.2　国家干预主义视角下的养老保险制度改革 ·················· 28

　　3.1.3　第三条道路视角下的养老保险制度改革 ·················· 30

　3.2　社会学基础 ··· 32

　　3.2.1　风险社会理论视角下的养老保险改革 ·················· 32

　　3.2.2　底线公平理论视角下的养老保险改革 ·················· 34

　3.3　政治学基础 ··· 36

　　3.3.1　马克思主义视角下的养老保险理论改革 ················· 36

　　3.3.2　新制度主义理论视角下的养老保险改革 ················· 38

第4章　水利事业单位现状与改革历程 ····························· 40

　4.1　水利事业单位现状分析 ··································· 40

　　4.1.1　单位基本情况 ······································ 40

　　4.1.2　分类改革情况 ······································ 40

　　4.1.3　职工基本情况 ······································ 40

　　4.1.4　发展趋势 ·· 43

　4.2　水利事业单位养老保险改革历程 ························· 46

　　4.2.1　水利部成立社保局、养老保险行业统筹阶段 ············ 46

　　4.2.2　行业统筹移交地方（1998—2002年） ·················· 46

第5章　水利事业单位养老保险改革执行情况分析 ················· 49

　5.1　水利事业单位职工调查问卷分析 ························· 49

　　5.1.1　水利事业单位养老保险相关情况分析 ·················· 49

　　5.1.2　水利事业单位职工养老保险改革认可与期望分析 ········· 57

　5.2　基于典型单位参加养老保险改革的分析 ··················· 61

　　5.2.1　典型单位基本情况介绍 ······························ 61

　　5.2.2　8家典型单位养老保险改革经验总结 ··················· 65

第6章　水利事业单位养老保险资金与测算分析 ··················· 68

　6.1　水利事业单位养老保险资金分析 ························· 68

　　6.1.1　改革前水利事业单位养老保险概况 ···················· 68

　　6.1.2　改革后水利事业单位养老保险概况 ···················· 69

　　6.1.3　改革过程中养老保险的财政压力 ····················· 70

　6.2　养老保险测算分析 ······································· 72

　　6.2.1　改革关键群体测算分析 ······························ 72

　　　6.2.2　典型单位养老保险测算分析 ·· 73

　　　6.2.3　职工养老金测算分析 ··· 75

第7章　水利事业单位分类改革与养老保险制度改革 ·················· 79

　7.1　事业单位分类改革背景 ··· 79

　　　7.1.1　全面深化改革的关键时期 ··· 79

　　　7.1.2　社会事业发展滞后 ··· 79

　　　7.1.3　为建设服务型政府提供组织支撑 ·································· 80

　7.2　事业单位分类改革的政策演进 ··· 80

　7.3　水利事业单位分类改革实践探索 ·· 81

　　　7.3.1　水利事业单位分类改革面临的形势 ······························ 81

　　　7.3.2　水利事业单位分类改革的现状 ····································· 82

　7.4　水利事业单位分类改革设计 ·· 84

　　　7.4.1　水利直属事业单位的功能定位 ····································· 84

　　　7.4.2　水利直属事业单位的分类定性 ····································· 84

　7.5　水利事业单位改革与养老保险改革的关系 ······························ 85

　　　7.5.1　事业单位改革对养老保险制度改革的影响 ····················· 85

　　　7.5.2　养老保险制度改革对事业单位改革的影响 ····················· 86

第8章　水利事业单位收入分配制度与养老保险改革 ·················· 88

　8.1　水利事业单位收入分配制度改革历程 ···································· 88

　　　8.1.1　1956年事业单位收入分配制度改革 ······························ 88

　　　8.1.2　1985年事业单位收入分配制度改革 ······························ 89

　　　8.1.3　1993年事业单位收入分配制度改革 ······························ 90

　　　8.1.4　2006年事业单位收入分配制度改革 ······························ 91

　　　8.1.5　近年来事业单位收入分配制度改革 ······························ 92

　8.2　养老保险改革受工资收入的影响分析 ···································· 93

　　　8.2.1　本次养老保险改革中事业单位工资的相关规定 ··············· 93

　　　8.2.2　水利事业单位工资制度影响因素分析 ··························· 93

　　　8.2.3　工资收入对养老保险制度的影响 ·································· 95

　8.3　规范工资制度 ··· 97

　　　8.3.1　逐步调整工资结构 ··· 97

　　　8.3.2　逐步规范事业单位绩效工资管理 ·································· 97

8.3.3 建立科学合理的收入水平决定机制和调整机制 …………………… 98

8.3.4 建立职业年金制度 …………………………………………………… 98

8.3.5 稳步推进配套制度改革 ……………………………………………… 98

第9章　水利事业单位养老保险改革面临的难点与政策建议 ………… 99

9.1 水利事业单位养老保险改革面临的难点 ……………………………… 99

9.1.1 宏观层面 ……………………………………………………………… 99

9.1.2 微观层面 ……………………………………………………………… 101

9.2 政策建议 …………………………………………………………………… 102

9.2.1 以机制创新推进改革建议 …………………………………………… 102

9.2.2 以制度完善推进改革建议 …………………………………………… 104

9.2.3 以财政支持推进改革建议 …………………………………………… 105

9.2.4 以配套健全推进改革建议 …………………………………………… 106

附录 ……………………………………………………………………………… 108

概念界定 ………………………………………………………………………… 108

养老保险相关政策汇编 ………………………………………………………… 110

中共中央、国务院行政法规

《国务院关于企业职工养老保险制度改革的决定》

（国发〔1991〕33号）……………………………………………… 110

《国务院关于深化企业职工养老保险制度改革的通知》

（国发〔1995〕6号）………………………………………………… 112

《国务院关于建立统一的企业职工基本养老保险制度的决定》

（国发〔1997〕26号）……………………………………………… 115

《国务院关于实行企业职工基本养老保险省级统筹和行业统筹

移交地方管理有关问题的通知》（国发〔1998〕28号）………… 117

《国务院办公厅关于继续做好确保国有企业下岗职工基本生活

和企业离退休人员养老金发放工作的通知》

（国办发〔2000〕9号）……………………………………………… 119

《国务院办公厅关于各地不得自行提高企业基本养老金待遇

水平的通知》（国办发〔2001〕50号）…………………………… 121

《国务院关于完善企业职工基本养老保险制度的决定》

（国发〔2005〕38号）……………………………………………… 122

《国务院关于印发事业单位工作人员养老保险制度改革试点

　　方案的通知》（国发〔2008〕10号）　…………………… 126

《国务院办公厅关于转发人力资源社会保障部、财政部城镇企业

　　职工基本养老保险关系转移接续暂行办法的通知》

　　（国办发〔2009〕66号）　……………………………………… 129

《国务院关于机关事业单位工作人员养老保险制度改革的决定》

　　（国发〔2015〕2号）　…………………………………………… 132

《国务院办公厅转发人力资源社会保障部、财政部〈关于调整机关

　　事业单位工作人员基本工资标准和增加机关事业单位离退休人员

　　离退休费三个实施方案〉的通知》（国办发〔2015〕3号）　…… 136

《国务院办公厅关于印发机关事业单位职业年金办法的通知》

　　（国办发〔2015〕18号）　……………………………………… 136

人社部行政法规

《关于印发〈企业基本养老保险缴费比例审批办法的通知〉》

　　（劳社部发〔1998〕2号）　……………………………………… 139

《关于职工在机关事业单位与企业之间流动时社会保险关系处理

　　意见的通知》（劳社部发〔2001〕13号）　…………………… 140

《关于完善城镇职工基本养老保险政策有关问题的通知》（劳社部

　　发〔2001〕20号）　……………………………………………… 141

《关于推进企业职工基本养老保险省级统筹有关问题的通知》

　　（劳社部发〔2007〕3号）　……………………………………… 143

《关于印发城镇企业职工基本养老保险关系转移接续若干具体问题

　　意见的通知》（人社部发〔2010〕70号）　…………………… 145

《人力资源社会保障部办公厅关于进一步做好企业年金方案备案

　　工作的意见》（人社厅发〔2014〕60号）　…………………… 147

《人力资源社会保障部、财政部关于贯彻落实〈国务院关于机关事业

　　单位工作人员养老保险制度改革的决定〉的通知》

　　（人社部发〔2015〕28号）　…………………………………… 149

《人力资源社会保障部关于印发〈机关事业单位工作人员基本养老保险

　　经办规程〉的通知》（人社部发〔2015〕32号）　…………… 156

《人力资源社会保障部财政部关于印发〈在京中央国家机关事业单位

　　工作人员养老保险制度改革实施办法〉的通知》

　　（人社部发〔2015〕112 号）·· 174

北京市养老保险行政法规

　　《关于机关、事业单位工资制度改革后离退休的人员有关离退休待遇
　　　　问题的通知》（京国工改〔1994〕第 10 号）···················· 179

　　《北京市人事局 北京市财政局关于适当解决机关事业单位 1993 年工资
　　　　制度改革前退休人员收入偏低问题的通知》

　　　　（京人退〔1995〕583 号）······································· 181

　　《关于贯彻实施〈北京市企业城镇劳动者养老保险规定〉有关问题的
　　　　通知》（京劳险发〔1996〕87 号）·························· 182

　　《北京市人事局〈关于在北京市事业单位进行养老保险制度改革试点
　　　　的暂行办法〉》（京人发〔1997〕45 号）··············· 184

　　《北京市企业城镇劳动者养老保险规定》（北京市人民政府令
　　　　1998 年第 2 号）······································· 188

　　《关于贯彻实施〈北京市企业城镇劳动者养老保险规定〉有关问题的
　　　　处理办法》（京劳险发〔1998〕69 号）··············· 197

　　《北京市劳动和社会保障局关于调整事业单位养老保险制度改革
　　　　试行办法的通知》（京劳社养发〔2000〕64 号）········ 202

　　《关于印发〈关于中央科研机构和工程勘察设计单位参加北京市
　　　　基本养老保险的实施办法〉的通知》（京劳社养发〔2001〕74 号）······ 205

　　《北京市人民政府办公厅关于印发北京市自收自支事业单位基本
　　　　养老保险制度改革暂行办法的通知》（京政办发〔2002〕60 号）········ 210

　　《北京市基本养老保险规定》（北京市人民政府令 2006 年第 183 号）······ 214

　　关于印发《关于贯彻实施〈北京市基本养老保险规定〉有关问题的
　　　　具体办法》的通知（京劳社养发〔2007〕21 号）··········· 218

　　《关于实施〈北京市基本养老保险规定〉过程中若干问题处理办法的
　　　　通知》京劳社养发〔2007〕31 号 ····················· 221

参考文献 ·· 226

第 1 章

引言

1.1 指导思想与研究意义

1.1.1 指导思想

以邓小平理论、"三个代表"重要思想、科学发展观和习近平总书记系列重要讲话为指导，高举中国特色社会主义伟大旗帜，以中国梦凝聚力量，按照"四个全面"的战略布局，深入贯彻党的十八大及十八届三中、四中、五中全会精神以及党中央、国务院的决策部署，从《国务院关于机关事业单位工作人员养老保险制度改革的决定》（国发〔2015〕2号）、《人力资源社会保障部、财政部关于贯彻落实〈国务院关于机关事业单位工作人员养老保险制度改革的决定〉的通知》（人社部发〔2015〕28号）及《人力资源社会保障部、财政部关于印发在京中央国家机关事业单位工作人员养老保险制度改革实施办法的通知》（人社部发〔2015〕112号）等相关政策的要求出发，结合水利直属事业单位实际情况，立足加快推进水利事业单位养老保险制度改革，促进建立和完善待遇合理、责任共担、统筹互济、保障持续的养老保险体系。

1.1.2 研究意义

国家出台一系列养老保险改革文件，正是立足于统筹城乡社会保障体系建设，旨在健全和完善养老保险制度，增强制度的公平性和持续性。为响应国家政策，推进养老保险改革顺利进行，贯彻落实人力资源和社会保障部出台的文件精神，以此次改革为契机对水利事业单位养老保险制度进行深入研究，具有很强的理论意义和现实意义，有助于水利事业单位养老保险管理制度的完善和科学落实，对同类型事业单位相关工作具有启示作用。

1.2 研究背景、研究目的及研究范围

1.2.1 研究背景

目前，工业化、城镇化的不断推进以及全球气候变化的不利影响使得我国的水利建设事业面临更加严峻的挑战，水利事业单位亟待通过改革，进一步创新体制机制，激发智力活力，为水利改革发展提供更加有力的支撑和保障。2011年3月，党中央、国务院印发了《关于分类推进事业单位改革的指导意见》（中发〔2011〕5号），随后《国务院关于机关事业单位工作人员养老保险制度改革的决定》（国发〔2015〕2号）、《人力资源社会保障部、财政部关于印发在京中央国家机关事业单位工作人员养老保险制度改革实施办法的通知》（人社部发〔2015〕112号）等一系列配套文件相继出台，对分类推进事业单位改革作出了全面部署，水利事业单位面临着分类改革的形势和任务。

在人口老龄化加剧、基金可持续能力不足、收入差距矛盾重重等形势下，为增强公平性、适应流动性、保证可持续性，必须加强顶层设计，在一系列重大政策上进行改革完善。因此，国务院印发了《国务院关于机关事业单位工作人员养老保险制度改革的决定》（国发〔2015〕2号），规定从2014年10月1日起，对机关事业单位工作人员养老保险制度进行改革。该决定立足于统筹城乡社会保障体系建设，健全和完善养老保险制度，增强制度的公平性和持续性。2016年，《财政部 人力资源社会保障部关于机关事业单位基本养老保险基金财务管理有关问题的通知》（财社〔2016〕101号）《人力资源社会保障部办公厅、财政部办公厅关于加快推进中央国家机关所属京外单位属地参加机关事业单位养老保险工作的通知》（人社厅函〔2016〕280号）、《人力资源和社会保障部、财政部关于印发职业年金基金管理暂行办法的通知》（人社部发〔2016〕92号）、《财政部、人力资源社会保障部关于机关事业单位养老保险制度改革实施准备期预算管理和基本养老保险基金财务处理有关问题》（财社〔2016〕161号）及《人力资源社会保障部关于城镇企业职工基本养老保险关系转移接续若干问题的通知》（人社部规〔2016〕5号）等文件密集出台，标志着事业单位养老保险改革已从积极部署阶段转为政策实施阶段。

为响应国家政策，在不断推进分类改革的大形势下，做好养老保险工作，立足水利事业单位实际，以养老保险改革为契机对水利事业单位养老保险制度进行深入研究，具有很强的理论意义和现实意义，有助于完善养老保险管理，推进水利事业单位分类改革和养老保险改革顺利进行。

1. 2. 2　研究目的

本书在分类改革的背景下，就养老保险制度及改革情况开展深入的调查研究，介绍国内外养老保险相关理论研究及改革实践。针对水利行业的特点，摸清水利事业单位的养老保险基本情况，了解养老保险发展历程，对推进养老保险改革、改善职工养老方式以及建立合理的养老保险制度模式进行探讨和研究。利用养老金、替代率等指标对水利事业单位养老保险制度的保障水平进行测算，在符合国家相关政策的前提下，提出对水利事业单位养老保险改革的政策建议。

通过本书的研究，充分体现出养老保险制度的公平正义，宣传国家出台的一系列文件政策、养老保险改革的积极意义，促进水利事业单位分类改革和人事制度改革的顺利开展，倡导发展企业年金和职业年金，以发挥其补充养老保险的作用，保障职工退休待遇水平，维护单位稳定和社会和谐。

1. 2. 3　研究范围

为更好地研究和推进水利事业单位养老保险改革，本书重点研究了水利部27家直属事业单位，同时参考了由企业转制为事业单位但继续按企业办法缴纳养老保险的单位、由事业转制为企业并已实行企业养老保险制度的单位、始终参加企业养老保险的企业、外行业同类型兄弟单位、参加之前养老保险试点改革地区单位等改革情况，以期使研究视野更开阔，范围更广泛，参考意义更大，适用范围更广。

1.3　研究思路与研究方法

1. 3. 1　研究思路

整体研究思路为先理论后实践，先调研后总结，先测算后对比，先分析后建议。具体研究思路为：通过对国内外养老保险理论和实践的研究，建立理论支撑，探究历史发展脉络，梳理政策背景，了解相关问题，通过调查问卷分析、走访座谈调研，全面了解水利事业单位养老保险改革情况，并进行分析总结，找出养老保险改革面临的难点，并根据实际情况提出相应的政策建议。

1. 3. 2　研究方法

本书采用了文献研究法、调查问卷法和访谈法、描述性研究法、比较分析法、理论和实践相结合等方法。以下为每种研究方法的具体介绍。

（1）文献研究法。文献研究法是指收集、辨别、整理相关文献，通过研究形成对研究对象认识的一种研究方法。具体通过查找书籍、报纸、期刊论文等文献资料，参阅专家学者研究成果，为本书研究提供理论参考。

（2）调查问卷法和访谈法。调查问卷法是指利用调查问卷向被选取的调查对象了解情况或征询意见。访谈法是指通过面谈的形式来收集资料、了解当事人或与事件有关人士的看法、观点和态度等。在撰写本书过程中，项目组走访了近十家典型单位，发放了820余份问卷、访谈了上百人次并撰写了分析报告。

（3）描述性研究法。描述性研究法是指将已有的现象、规律和理论通过理解和验证，给予叙述并解释出来。本书对水利事业单位养老保险制度的内容、发展历程、改革难点进行了较为详细的概述。在对调查问卷结果的总结分析上，也用到了描述性研究方法。

（4）比较分析法。比较分析法是指通过分析两者或多者之间的异同而加以借鉴参考的方法。本书运用比较分析法，对事业单位和企业职工养老保险制度进行比较，对国内改革实践和国外改革实践进行比较，并进一步分析研究、借鉴经验。

（5）理论和实践相结合的方法。本书从国家政策、宏观经济、社会条件等角度对水利事业单位养老保险制度改革进行了研究，运用了经济学、社会学、统计学、管理学等学科的理论知识，并进行了较多的实践考察，达到了理论与实践相结合的目的。

第 2 章

养老保险制度国内外理论与实践研究

2.1 国外养老保险制度研究综述

2.1.1 国外养老保险制度理论研究

由于国外没有事业单位这个概念，因此我们在国外文献综述部分使用公共部门这一概念来比对我国的机关和事业单位概念，便于与企业等私人部门区别开来。这里公共部门主要代表政府、军队、公立学校、公立医院、公共企业等需要财政支持、从事非生产性社会生产的部门。在国外文献综述部分，本书主要从养老制度的国际比较、公共部门与私人部门的比较以及公共部门与公共部门的比较三个角度进行综述。

2.1.1.1 公职人员养老金制度的国际比较研究

在养老金制度的国际比较方面，专家 Robert Palacios 和 Edward White-house 比较了各国公务员（Civil - service）❶ 养老金计划的支出、收益与待遇水平。通过他们的研究可以看出，从养老金制度发展历程上，公务员的养老金制度通常是最先建立起来的，甚至在少数国家，目前依然只有公务员才拥有正式的养老金计划；在制度整合上，158 个样本国家中超过一半是有单列的公务员养老金制度的。❷ 通过比较，发现虽然大多数国家公务员的平均退休年龄要比普通职员平均退休年龄低，但公务员的工龄却往往比普通职员高，因为公务员

---

❶ 该文的公务员在概念界定上其实是指公共部门雇员，包括了政府雇员和其它公共部门（如军事、教育、国有企业等）雇员，但作者后面又强调由于各国的公共部门雇员包含人群不同，养老金计划覆盖人群的分类方式也不同，因此该文侧重于比较分析政府雇员（尤其是联邦政府级别的政府雇员）的养老金计划。

❷ 剩下的是整合的，如美国公务员既参加国民养老金计划，又享有专门的公务员退休金计划的，这种情况也被认为是制度整合的。

大多数有入职年龄上限。绝大多数国家的公务员养老金计划是确定待遇式的。在待遇方面，根据 2004 年的数据，17 个经济合作与发展组织（Organization for Economic Co‐operation and Development，OECD）国家中，有 12 个国家的公务员养老金替代率最大值比国民计划的养老金替代率高，各国公务员的最高养老金替代率平均值为 75%，而国民计划的平均值约为 63%。多数公务员最高养老金替代率为 60%～80%，超过 90% 的只有 2 个国家（并且是最大值超过 90%）。此外，在养老金指数化过程和收益率上，通过在欧盟国家和 32 个中低收入国家两层范围上比较公共部门和私人部门养老金待遇差距，结果显示，不论是欧盟发达国家还是发展中国家，公共部门养老金平均待遇比私人部门要好，有些国家两部门的收益率差能够达到 20%。对此，专家 Palacios 和 Whitehouse 认为，公务员比私人部门雇员养老金丰厚，主要是为了保证公务员的独立性，确保公务员这一工作更有吸引力。但是国外公共部门与私人部门待遇差距并没有我国这么大，并且在一些国家还有私人雇主养老金计划对国民计划进行补充，因此综合来看，国外企业职工养老待遇可能还比公务员更好。

2.1.1.2 公共部门与私人部门养老金制度的比较研究

在同一国家公共部门与私人部门比较方面，专家 Richard H. Mattoon 提到，在公共部门，高福利经常被认为是一种对工资的补偿，在公共部门吸引和留住人才方面是必要的。Ronald G. Ehrenberg 与 Joshua L. Schwarz 的研究表明，美国联邦政府雇员与私人部门雇员收入存在显著差异，联邦政府雇员收入更高（虽然这个收入差距在 20 世纪 70 年代有缩小的倾向）。这种收入差距在级别越低的政府与私人部门之间越小，地方政府部门与私人部门的收入差距最小。这可能是因为地方政府的工资增长更加透明，更容易被纳税人监督。他们还进一步发现公共部门边际收益优于私人部门，而且私人部门工作者也并不比公共部门工作者的工作更舒适。在这种情况下，公共部门的高收入似乎就不能算作对工作辛苦程度的补偿，而是一种不公平了。对此，他建议通过立法或工会对这种持续性的收入差距进行调整。专家 McDonnell 与 Salisbury 认为，劳动力构成及职业差别会导致工资的差距。美国劳动数据统计局 2004 年 9 月的调查结果显示，在薪酬方面，州和地方公共部门雇员每小时工作收入高于私人部门收入的 46%。这是由于这些公共部门雇员职业多为教师、警察、消防员等，这些职业要么需要很高的教育水平（意味着更多的人力资本投入），要么有很高的安全风险，因此需要比私人部门（有 30% 属于销售类和办公室文员）有更高的收入作为补偿。

此外，对于公共部门雇员高福利待遇的另一种解释是因为公共部门雇员的工作年限更长。专家 Craig Copeland 的研究表明，2004 年美国公共部门雇员有

80％的平均任期高于私人部门。1983—2004，工作时间超过 25 年的工作者更多地来自公共部门。

在比较公共部门与私人部门给付确定（Defined Benefit，DB）式与缴费确定（Defined Contribution，DC）式的养老金计划运行情况的研究中，专家 Alicia H. Munnell、Kelly Haverstick 和 Mauricio Soto 的研究表明，在 1975 年美国私人部门（88％）和公共部门（98％）还主要是 DB 式的，但是到了 2005 年，私人部门就已经变为以 DC 式为主了，仅剩 33％仍是 DB 式，而公共部门（92％）却未发生这种转变。私人部门产生这种转型主要是因为 DB 式的养老模式要求雇主承担养老金投资风险和预期寿命增加的风险，因此私人部门养老金计划纷纷转型为 DC 式的，将风险转移到雇员身上。

此外，专家 Munnell 和 Soto 的另一项研究显示，与私人部门相比，美国州与地方公共部门雇员的养老金计划更多地属于 DB 式的❶，且投资比私人部门更加积极。不过公共部门也会提供 DC 式的养老计划，用于对 DB 计划的补充，而且一些计划已经开始以 DC 式为主。公共部门 DB 式养老金的收入来源主要靠资产积累下的投资收益，其次是单位缴费，最次是雇员缴费。公共部门单位缴费比例和私人部门雇主缴费相比并无太大差异，均为员工工资的 1％，但在州与地方计划中职工要缴工资的 5％，私人 DB 式的计划职工不缴费，DC 式的职工缴 6％。不管是公共部门还是私人部门计划，投资组合中股票的投资份额都是在增长的，1985—2006 年，从 40％增长到了 70％，并且在 20 世纪 90 年代和 2003—2006 年，公共部门计划的股票投资份额甚至超过了私人部门计划，不过公共部门计划的管理成本也因此而增加了。但是总体来说，私人部门投资管理成本（0.6％～1.7％）还是要高于公共部门 DB 式管理成本（0.2％）的。

在比较同一国家不同地区公共部门与公共部门的养老金计划运行情况的研究中，专家 Munnell、Haverstick 和 Jean - Pierre Aubry 分析发现：州财政状况对养老金计划有着显着的影响，一标准化单位的财政负债比可以给当地公共养老金计划带来 3.6％的负面影响。而从这种公共部门养老金计划的比较也可以看到，其实美国的州与地方政府养老金运行也存在区域差异，有的地区经济和财政状况好，养老金就运行得好，有的地区就存在养老金积累不足，这就意味着未来的纳税人将不得不承担养老金缺口。

---

❶ 作者根据 2004 年和 2007 年的数据计算，美国州与地方公共部门雇员的 80％是只参加了 DB 式养老计划，而私人部门工作者有 64％是只参加了 DC 式养老计划，两种类型的计划都参加的公共部门为 6％，私人部门为 26％。公共部门只有 70％雇员参与了社会保障，而私人部门几乎都参与了。

2.1.2 国外养老保险制度实践研究

2.1.2.1 美国养老保险制度

1. 美国公务员的范围

由于美国实行联邦制，同时具有联邦与州两套行政系统，公务员队伍也相应地分为联邦政府雇员和州政府雇员两部分，分别实行不同的养老金计划。联邦政府雇员是指在联邦政府机构中执行公务的人员，还包括公共事业单位的人员和政府经营的企业单位的管理人员，但不包括国会议员、司法部门的法官以及军职人员等特殊人员。州政府雇员则包括各级政府部门官员、教师、警察等公职人员。联邦政府雇员的退休金计划分为两个部分：一部分是联邦文职雇员的退休金计划；另一部分是联邦军职人员的退休金计划，由美国国防部组织和管理。州和地方政府雇员的退休金计划则由各州和地方政府发起和管理，覆盖了大部分州和地方政府雇员。

2. 美国公务员养老保险体系

美国公务员养老保险制度经历了从公务员退休金计划（Civil Service Retirement System，CSRS）到联邦雇员退休金计划（Federal Employees Retirement System，FERS）的变革。具体的做法是1984年前参加工作的"老人"既可选择留在旧制度中也可选择转入新制度，福利计算方法仍执行旧制度的规定；1984年后参加工作的"新人"则全部参加新制度，实行新办法，两种制度同时并存，逐渐过渡。

联邦雇员退休金计划随着1987年《联邦雇员退休制度》的颁布而开始实施，是一个多支柱的制度体系。联邦政府雇员退休金计划由三部分组成：联邦公共养老金（The Old - Age，Survivors，and Disability Insurance，OASDI）、联邦雇员基本养老保险计划、联邦节俭储蓄计划（TSP）。

（1）联邦公共养老金。

1）筹资。社会养老保险计划的资金来源于社会保障税（或称为工薪税，payroll tax），在雇员最大应税收入的范围内计征，雇员和政府各缴纳雇员工资的6.2%，自雇者则缴纳12.4%。该收入设有专用基金账户单独保管，与普通的财政收入完全隔离，投保期间不能赎回。

2）退休资格及给付水平。养老金的待遇水平与退休年龄密切相关。美国规定了三个退休年龄界线：提前退休年龄、正常退休年龄以及推迟退休年龄。正常退休年龄原来为65岁，自2000年开始，退休年龄逐渐推后延迟到67岁，只有达到正常退休年龄的人才能获得完全的退休给付。OASDI正常退休年龄见表2.1。

表 2.1   OASDI 正常退休年龄

出生年份	正常退休年限	出生年份	正常退休年龄
1937 年及以前	65 岁	1955	66 岁＋2 个月
1938	65 岁＋2 个月	1956	66 岁＋4 个月
1939	65 岁＋4 个月	1957	66 岁＋6 个月
1940	65 岁＋6 个月	1958	66 岁＋8 个月
1941	65 岁＋8 个月	1959	66 岁＋10 个月
1942	65 岁＋10 个月	1960 年及以后	67 岁
1943—1954	66 岁		

提前退休年龄不得早于 62 岁，提前退休的养老金待遇要被扣减。每提前 1 个月退休，养老金减发 0.56％，年满 65 岁后最多可再推迟 5 年退休，养老金每月增发 0.25％。养老金替代率遵循累退原则，平均替代率为 40％左右，低收入者平均为 56％，高收入者平均为 26％，待遇的调整与 CPI（消费者价格指数）一致。此外，养老金的支付需要一定的社会保障积分，在 2008 年，工人必须赚到 1050 美元才能积 1 分。每个工人每年最多只能获得 4 个积分。1928 年以后出生的人需要至少 40 积分，而 1929 年前，每早出生 1 年，则可以少用 1 积分。

（2）联邦雇员基本养老保险计划。

1）筹资与待遇给付。该计划资金来源于雇主和雇员的共同缴费，雇员只缴纳很少的一部分，雇主即政府部门则缴纳大部分。雇员的缴费自动从工资中扣除，缴费额为基本工资收入的 0.8％，政府的缴费额为 10.7％，总缴费率为雇员工资额的 11.5％。

该计划会将雇员职业生涯中最高 3 年的工资取平均值，并与工作长度进行计算。工作长度包括年和月，不足 1 个月（30 天）的则被减去。

如果退休时年满 62 岁或以上并有至少 20 年工龄的，待遇计算更慷慨，并且自雇员 62 岁后待遇的调整与 CPI（消费者价格指数）一致。

2）退休资格。该计划包含三种退休方案：正常退休、早退、提前退休。只有达到最低退休年龄才能退休，最低退休年龄根据每人的出生年份不同各有差异。基本养老保险计划的最低退休年龄见表 2.2。

早退福利仅限于非自愿退休和由于机构重组、裁员等原因离开工作岗位的雇员。早退福利领取资格为：①年满 50 岁且有 20 年工龄；②有 25 年工龄（没有年龄限制）。

表 2. 2   基本养老保险计划的最低退休年龄

出生年份	最低退休年龄	出生年份	最低退休年龄
1948 年以前	55 岁	1965	56 岁＋2 个月
1948	55 岁＋2 个月	1966	56 岁＋4 个月
1949	55 岁＋4 个月	1967	56 岁＋6 个月
1950	55 岁＋6 个月	1968	56 岁＋8 个月
1951	55 岁＋8 个月	1969	56 岁＋10 个月
1952	55 岁＋10 个月	1970 年及以后	57 岁
1953—1964	56 岁		

如果在没有达到表 2.3 中规定的退休条件之前提前退休的，可暂时将退休权益留在账户上，延迟收取，福利将不会被扣减，但必须至少工作 5 年才能享受。若没有工作满 5 年，则只能领取扣减的福利。

（3）联邦节俭储蓄计划。

1）筹资。所有被联邦雇员退休金计划覆盖的联邦雇员均可自愿参加节俭储蓄计划。当雇员参加后，工作部门会自动以雇员的名义建立节俭储蓄账户，并每年度自动存入相当于雇员工资 1% 的缴费。雇员也可自愿选择缴费与否、缴费比例，最高的缴费限额是不超过基本工资的 10%。如果雇员向节俭储蓄账户缴费，单位还会同时补充其缴费。

2）待遇给付。联邦节俭储蓄计划的个人账户中属于个人缴费积累的部分，完全归个人所有；联邦政府补充的部分，需要达到一定的条件才能归个人享有，即只有工龄在 3 年以上的业务类雇员才有资格享有。当雇员达到相应的退休条件并且实际退休时，可以将储蓄账户中的积累额一次性提取完毕，也可以分次提取，或按照年金的方式提取。雇员也可以将节俭储蓄账户转移到新的雇佣单位或金融机构，账户转移不需支付任何费用。对未达到退休年龄而要求提前支取存款者，需缴纳 10% 的额外收入税作为惩罚。在职期间，如果雇员因购买住房、教育、医疗或者经济困难等原因，可以从储蓄账户中借用个人缴费积累的部分，但账户中由政府匹配的部分不能借用。

2.1.2.2 英国养老保险制度

1. 英国公务员的范围

英国公务员包括所有政府、公共部门雇员，英国将政府雇员定义为内政与外交部门中的公职人员。目前，英国的政府雇员就是指政府部门中除去政务官以外的所有工作人员。但这些人中不包括由选举或政治任命产生的议员、首相、部长、国务大臣、政务次官、政治秘书和专门委员等政务官。因此，英国公务员包括地方议会工作人员、消防服务人员、公务员、教师、警察、军人等。

2. 英国公务员养老保险体系

英国公务员养老保险制度采取的是三支柱模式,由国家基本养老保险、公务员职业养老保险和个人自愿养老储蓄三者共同构成。自 1975 年通过《社会保障法案》以来,英国正式引入了国家基本养老保险制度,并通过 1986 年、1992 年、2007 年等的历次改革得到了逐步完善。在此基础上,英国还建立了公务员职业养老保险制度,并对其进行不断改革和完善。同时,英国也提供可自由选择的自愿养老金计划,主要包括购买增加养老金计划、参加额外自愿缴费养老金计划、参加利益相关者养老金计划等。

1975 年通过并于 1978 年 4 月 6 日生效的《社会保障法案》(1975 Social Security Act),正式引入了国家基本养老保险制度。该制度覆盖全部 16 岁以上、周薪收入超过 153 英镑的英国公民。目前,英国政府雇员也全部涵盖在这一制度内,与其它行业的从业人员履行相同的缴费任务,并享受同样的待遇水平。

(1) 筹资。所有周薪收入超过 153 英镑的政府雇员,需要按规定缴纳国家基本养老保险税。具体数额为周薪在 153~805 英镑之间的雇员需要缴纳工资收入的 12% 的税收,而周薪收入超过 805 英镑的雇员,只需要缴纳工资收入的 2%。如果雇员是已婚妇女或寡妇,则可以相应少缴纳一部分税收。

(2) 退休资格。原来英国默认的退休年龄为 65 岁,但由于近些年英国社会人口老龄化程度严重,因此英国社会鼓励延迟退休。已经参加国民基本养老保险的公民,可以在 61~68 岁选择退休,而领取国家基本养老保险金,则需要缴费达到足够的"合格年限"。如果在达到退休年龄前没有足够的合格年限,则不能领取全额的国家基本养老金。领取全额的国家基本养老金的合格年限取决于年龄和性别。出生于 1951 年 4 月后的男人和出生于 1953 年 4 月之后的女人,需要缴费满 30 年,才能领取全额的国家基本养老保险金。在特殊情况下,可以相应减少"合格年限"。如照顾一个病人或残疾人每周超过 20h 或抚养 16 岁以下未成年人等,工作期间可以不缴费,但计入缴费年限,以达到"合格年限"。但至少要拥有正常情况下一半的"合格年份"才能领取全部的基本养老金。

(3) 待遇计发。国家基本养老金的待遇共分成 4 类:A 类针对依靠自己缴费获取养老金的雇员;B 类针对仅依靠自己缴费不能领取养老金的人群,如已婚妇女等;C 类针对 1948 年前以及达到退休年龄的老人;D 类针对 80 岁以上的高龄老人。其中与政府雇员有关的待遇支付,主要是 A 类,待遇领取标准与"合格年限"直接相关,"合格年限"每少 1 年,相应降低一定的养老金比例,但如果达不到 1/4 的"合格年限",则不能领取养老金。养老金可以推迟领取,每推迟 1 年，养老金提高 7.5%，最多推迟 5 年。同时，每延迟退休 9 周，养老金的待遇可以增加 1%。

（4）公务员职业养老保险计划。在 1972 年《公务员年金法》的基础上，英国公务员职业养老保险制度不断改革和完善，迄今为止，已经有五类主要的公务员职业养老金制度。其中传统计划（Classic Plan）、传统加值计划（Classicplus Plan）、优质计划（Premium Plan），已经不再对新的公务员开放，本文不再赘述；而伙伴计划（Partnership Plan）、Nuvos 计划（Partnership Plan）现在仍对新加入的工作人员开放。伙伴养老金计划是完全由雇主缴费的积累制职业养老金计划。如果个人也缴费，则雇主可以额外给予最高为个人收入 3% 的配送缴费。这项计划由专业机构负责运营投资，退休时个人可以用计划中积累的资金购买年金，或者指定死亡后的继承人。雇员可以在 55～75 岁任何时候领取养老金，其中 25% 以下部分可以直接领取。Nuvos 计划是由个人和雇主共同缴费的职业养老金计划，个人缴纳自己工资收入的 3.5%，雇主缴费则不固定。该计划规定的退休年龄为 65 岁。新的政府雇员如果没有选择参加伙伴养老金计划，则自动加入该计划。

2.1.2.3 新加坡养老保险制度

新加坡公务员与其它国民一样，参加国家建立的中央公积金制度，由中央公积金局统一管理。1953 年，新加坡颁布了《中央公积金法》，并于 1955 年正式建立了公积金制度，该制度针对所有雇员，是一项强制性的储蓄计划。1972 年以后加入公务员队伍的人按要求参加该制度，而 1972 年之前参加工作的公务员实行现收现付制，雇员个人缴纳比例较小，财政负责比例较大。

1. 新加坡公务员的范围

新加坡采用宽泛的公务员定义方式，其公务员范围包括政府各部工作人员、独立机构工作人员和教师。根据新加坡政策规定，除特定受聘者外，所有级别的公务员均纳入中央公积金计划。

2. 新加坡中央公积金计划

（1）筹资。以雇员的工资为标准，雇主和雇员都必须按法律规定的比例缴费，缴费额存入雇员公积金账户并享受利息。政府财政负责制定严格的法律制度，实行积极经济社会政策，不负担任何费用，但提供税收、利率等方面的优惠。中央公积金局每年和全国工资理事会共同研究确定公积金缴交率，政府就是公务员的雇主。目前，按规定，对 55 岁以下的公务员共缴费比例为其工资的 40%，其中包括政府缴纳的 17.5% 和公务员自己缴纳的 22.5%。对 55 岁以上的公务员，其个人缴纳比例要低，主要是为了鼓励各单位能雇用高龄雇员，以缓解劳动力短缺带来的压力。

（2）退休资格。公务员达到以下任何一个条件可以退休：一是公务员达到法定退休年龄 60 岁；二是由于健康原因不能继续工作；三是达到选择退休年龄 55 岁；四是因机构庞大，人员过剩而被裁减等。领取普通退休金（即退休补偿）必须达到法定退休年龄，且须有 10 年以上的工龄。中央公积金公务员会员符合下列条件，才可以领取公积金：一是达到法定退休年龄 55 岁；二是 35 岁以上因健康原因不能继续工作；三是经批准退休；四是精神不正常；五是永久性离开新加坡的外国公民。公积金会员死亡后，其公积金余额可以支付给指定的受益人。如果生前没有指定受益人的，余额将被充公。

（3）待遇计发。一般公积金有三个账户：一是普通账户，约为全部基金的 75%，可用来购买养老保险、购屋、投资等；二是特别账户，约为全部基金的 10%，只能用于养老金；三是保健账户，约为全部基金的 15%，主要用于医疗保健，支付公立和私立医院的费用。

退休金按月支付，不需缴纳所得税。按规定，对工龄不满 10 年的，只能领取一次性退休金，相当于公务员在职期间工资总额的 10%。新加坡公务员退休金不与物价挂钩，主要由政府财政预算支付，公务员参加该制度的优越性主要体现在，个人缴纳大约相当于中央公积金计划中个人缴费额的 60%，基金采用现收现付模式。

2.1.3　经验与启示

公务员养老保险制度是整个社会保险制度的重要组成部分，许多国家都建立了比较完善的公职人员养老保险制度。按照公职人员养老保险制度与其它养老保险制度的关系来划分，一般来说，国外公职人员的养老保险制度主要有以下两种模式。

第一种模式是单独建立公职人员养老保险金制度，主要代表国家有美国（实行的是公务员退休金制度和联邦雇员退休金制度）、法国、德国、澳大利亚等。根据国际社会保障协会统计，在全世界已经建立养老保险制度的 172 个国家中，大约有 78 个国家建立了单独的公职人员养老保险制度，占总数的 45%。其中，OECD 国家中有 13 个国家建立了单独的公职人员养老保险制度，占总数的 43%；欧盟 27 个国家中有 8 个建立了单独的养老保险制度，占总数的 29%。

第二种模式是将公职人员纳入国家基本养老保险制度。其中，这一模式又分为两种情况，一种情况是除将公职人员纳入国家统一基本养老保险范围之内，同时设立补充性养老保险制度，主要代表国家有英国、瑞典等。这种模式并没有为公职人员设立专门的养老保险制度，而是将公职人员纳入全国统一的养老保险制度范围，通过设立补充性养老保险制度等措施来体现公职人员养老保险制度的优越性。如瑞典公职人员除享受全国统一的基本养老保险待遇以外，还可以享受公务员退休计划以及其它津贴，公职人员凡达到65岁，工龄满30年即可退休，养老金替代率可达到100%。第二种情况是公职人员与其它人员一样只能享受国家基本养老保险待遇，不享受特殊优越性待遇，如智利、新加坡等。智利在20世纪80年代改革以后实行全国统一的养老保险制度，实行由个人缴费、个人拥有、完全积累、私营化运营的养老保险制度模式。其中，将公职人员纳入国家基本养老保险制度是大多数国家采取的模式，也是各国养老保险制度发展总的潮流与趋势。

当前国外对公职人员养老保险制度的研究主要集中在以下几个方面：一是对各国公职人员养老保险制度进行比较分析，从而借鉴其它国家的有效做法，为不断丰富和完善本国的公职人员养老保险制度提供对策和建议；二是对养老金的成本与缴费研究，养老金的成本与缴费问题是养老金制度制定与改革必然面对的基本问题，对该问题进行分析，评价制度运行的效益，为养老金的制度设计及改革提供有益参考；三是对养老金的法律问题研究，欧美发达国家对养老金的立法问题极为重视，整合各国养老保险的法律，分析各国养老保险的法律环境，也是业界研究的重点。

2.2 国内养老保险制度研究综述

2.2.1 国内养老保险制度理论研究

2.2.1.1 基于效率的事业单位养老保险改革研究

有专家认为，养老保险制度有收入再分配的作用，社会统筹的养老保险制度可以提高低收入群体的福利水平，在合理范围内缴费有利于社会整体福利的提升。有专家认为，事业单位养老金不宜与企业职工并轨。虽然养老金双轨制带来了一系列的社会矛盾，但将事业单位和企业养老金制度简单"并轨"的改革路径可能会带来新的一系列问题。在学者反对"并轨"的这一类论证上，经常会看到理性经济人追求效率的思想。刘钧认为："事业单位不宜像企业那样推行以缴费为核心的'统账结合'的养老保险制度改革。"

因为事业单位岗位尤其是高校教师、医院医生等，往往需要更长时间的人力资本投入。若简单地将事业单位职工养老金制度向企业的方向并轨，按照"多缴多得"的设计原则，事业单位职工会因为缴费年限较短而只能领取较低的养老金，这就产生了新的不公平。而之前的试点改革也是由于没有提出具体可行的保障事业单位职工退休待遇不降低的制度设计，导致试点地区出现大规模的高校教师、医生提前退休的现象，造成事业单位人才流失。另外，由于工资制度存在差异，事业单位职工退休后较高的养老金替代率正是弥补了其在职工资对于自身人力资本投入补偿的不足。因此，"如果事业单位职工退休后获得的养老金等于或者低于企业职工退休后获得的养老金，难以体现人力资本投资的价值，也会扭曲社会收入分配制度"。

反对养老金并轨的另一原因是我国统账结合的养老金制度本身不宜并轨。首先，统账结合的养老金制度下，个人账户是实施基金积累制，个人要承担基金投资风险和通货膨胀风险，而这种投资收益差别风险应由社会而非个人承担。其次，我国目前的社保基金管理成本高、信息不对称，养老金个人账户具体收益情况不明确，对职工个人来说，养老金替代率无法预期，而事业单位养老金是财政拨付，不存在这些问题。再次，现行的养老保险个人账户收益率低，跑不赢通货膨胀，养老金替代率一直在下降，事业单位则不存在这一问题。最后，现行养老保险制度的社会统筹问题是养老保险关系转移、劳动力流动的一大障碍，而这些问题并不会由于事业单位的进入而消失，反而会被进一步扩大。此外，事业单位职工收入主要来自财政，本身就来自二次分配，没有必要再缴费、支付，"空转"一圈，降低效率。

另一方面，现收现付制和基金积累制优劣的争论一直存在。理论上，"艾伦条件"下，即当人口增长率与实际工资增长率之和大于市场利率时，现收现付制能比基金积累制更有利于养老保险福利的帕累托改进；而事实上，"世界上绝大多数国家和地区现在还是在基本养老保险的制度模式上选择了现收现付制"。我国实施基金积累制是因为担心人口老龄化的到来会使现收现付制难以为继，这就需要结合我国国情反思基金积累制和现收现付制优劣，基金积累制的风险或许远比认知的要大，投资收益的预测也不宜过于短视和乐观。

有的学者对养老金制度"并轨"后的效果持怀疑态度，因为企业职工待遇可能因此被拉低。唐钧认为，简单地让事业单位职工现在开始缴费意味着财政对其养老金支付义务的解放，而养老基金要承担这一部分"新人"的养老金支付并弥补之前他们没有缴费的部分，结果就是并轨后企业职工的养老金待遇可能被拉低。

此外，有些学者对养老金制度"并轨"的态度虽尚不明确，但观点其实还是偏向"不并"。王延中、龙玉其通过比较十个国家的公职人员养老保险制度，认为我国事业单位在制度模式的选择上应该坚持设立独立的改革方案，"应该与企业职工养老保险制度既相互统一，又有所区别"。只要事业单位可以采取与企业相似的缴费方式，职工个人和单位也承担相应的缴费义务，建立专门的事业单位人员主权养老金，就没必要把双方的养老金并到一起去。例如，可以建立完全积累的、中央集中管理的、缴费确定型的主权养老基金，来取代当前的"国家保险型"养老金制度，并通过公共部门投资运营获取较高的投资回报率。换言之，由于主权养老金所属不同，实际上只是在事业单位人员之间实现了养老风险共担，而企业职工和其它参保人员之间实现了风险共担。

2.2.1.2 基于公平视角的事业单位养老保险改革研究

近年来，支持养老金并轨的呼声越来越高，认为"并轨"有利于实现社会公平、和谐，有利于人才流动等，有的学者从"碎片化"角度论证制度"多轨"的危害，从而证明"并轨"的必要性。葛延风认为，我国的养老保险制度存在覆盖率低、持续性差、管理不简便等问题，事业单位养老保险制度改革是完善中国社会保障制度的重要一步。秦建国认为："促进事业单位养老保险改革是建立健全社会保障体系的内在要求，有利于社会公平的实现。"林东海认为："并轨可以把社会理性（公平）和经济理性（可持续）两者互相融合，促成改革的政治动力。"郑秉文认为："碎片化社保制度是不可取的，不适应中国的现实和国情，不利于未来的改革。"在他看来，多种退休制度必然引起攀比，改革必然遭到反对，时间越久，待遇差距越大，福利刚性越大，改革越困难，甚至引发社会动荡。蔡向东、蒲新微认为，由于事业单位包办退休养老，员工不必缴费，个人自我保障意识淡薄，社会化程度低，难以应对人口老龄化；而且事业单位内部养老待遇差距悬殊，与企业养老待遇的差异过大，不仅会引起社会争议，还会影响人才流动，弊端很多，改革势在必行。李真男从终生潜在收入的角度分析我国当前养老保险体制代内平等性，认为目前的体制存在不平等性，"应统一事业单位和企业养老保险规则，取消缴费下限设置，在养老金发放规则上更进一步地体现平等性"。

支持"并轨"的改革建议很多已自成体系，如职工养老保障体制框架、"三个联动"加"大过渡"、"双层养老保险制度"、"多支柱"体系下的"一体化"策略、"基本养老金＋职业年金"等，这些建议或制度设计主要可以归纳为以下几个方面。

一是要建立统筹的基本养老保险，将事业单位人员纳入社会养老保障体系之中。基本养老保险具有统一和强制的特点，"统一"即要求制度完全"并轨"，事业单位及其职工也要按照与企业缴费水平一致的费率缴费，建立个人账户并参与社会统筹，并且企业、事业单位同级别岗位养老金替代率应该保持一致；"强制"则说明了基本养老保险的合法性，由一种制度进化为一种公民义务，统筹层次应达到省级或以上。

　　二是加强年金建设，用年金作一种补充养老保险，既要建立事业单位的职业年金制度，也要加强企业的年金建设。由于事业单位养老保险制度改革试点失败的主要原因就是缺乏一个保障待遇不降低的制度设计，因此学者们提出这种年金形式的补充养老保险来推进"并轨"改革。

　　三是在统筹基础上转变目前的养老金增长办法，建立健全与经济发展相适应的长效增长机制。因此，可以认为养老制度并轨现在确实是大势所趋，但也需要清醒对待"并轨"设计中的隐性福利安排，防止出现程序公平但是结果不公的困局。

　　具体来说，在基本养老保险的缴费问题上，养老金制度"并轨"改革的重点之一就是事业单位及其职工要参与养老保险的缴费，并且缴费费率应该和企业保持一致。缴费体现了权利义务相一致原则，费率一致体现了公平原则。但是，也有学者认为，企业养老保险现状本身就不容乐观，"事业单位养老金制度改革方案简单复制一个不成熟、存在缺陷的制度模式，其未来发展前景也令人堪忧"。而矛盾的是，目前20％的基本养老保险缴费率对于效益一般的企业来说，已经负担沉重，而对事业单位来说，要保持其职工退休后待遇不降低，如果按照目前的与企业缴费水平一致的费率缴费的话，是达不到预期目的的。

　　在支付问题上，"并轨"的主要目的就是为了缩小退休待遇差距，实现社会公平公正。"这就需要在事业单位和企业之间实行养老保险统一运营，使所有退休人员均享受同等退休待遇。"有学者认为，事业单位养老保险制度改革应当实现同级别的退休人员基本养老金替代率相等的目标。而现行的试点方案规定，基本养老金月标准以当地上年度在岗职工月平均工资和本人指数化月平均缴费工资的平均值为基数，缴费每满1年发给1％，基本上做到了与企业基础养老金发放水平一致。但是，也有学者认为，应"调整事业单位退休职工基础养老金发放办法，适当提高基础养老金发放比例，缴费满15年的以不低于当地在岗职工月均工资的20％为宜"。而在待遇的问题上，大部分学者从可行性的角度出发，更愿意认可"老人老待遇"的做法，但对事业单位"新人"的待遇设计，有的认为应该逐渐过渡到和企业一样，需要由职工来承担养老金投资收益和通货膨胀的风险，根据当期社保基金运行收益确定待遇，建立确定缴费型（DC式）养老保险制度；有的则认为应该是确定待遇型（DB式），即不论养老基金收益如何，对公共部门职工来说，单位都有义务保障他的退休待遇。因为"任何改革，如果没有良好的预期，如果只有暗淡的预期，如果感到福利水平是绝对的下降，那么，这项改革势必流产或造成社会震动"。

　　统筹改革得以推行的动力有两个：一是机关要和事业单位一起改才有动力；

二是保证"老人"改革后的退休待遇不降低。不论是从福利刚性的角度还是从可行性角度，事业单位人员待遇不降低似乎都是合理的。渐渐地，保障事业单位人员退休后待遇不降低几乎成为"并轨"的一项原则性要求，而不仅仅是为了操作落实。例如，北京大学赵子涛认为"从改革推进的条件看，保持待遇不降低是基本前提"。还有学者基于76位省部级领导干部研讨意见提出改革应"从政策层面上保障改革对象'身份有改变，待遇不降低'"。但笔者认为，这种事业单位DB式的养老模式只能是一种过渡性的制度安排，不是一项具有可持续性的设计。

此外，还有学者从精算角度测算如果从"中人"❶就开始逐步调整事业单位退休待遇的话，新的养老保险制度对财政支出的影响以及在实施上的可行性。他们通过测算分析得出的结论是：改革后财政在养老金上的支出不会立刻缩减。根据他们的预期，即使用最快的转轨方式❷，也需要等到2024年，新制度才能首次比老制度退休支付所需的财政支出更低。但是随着事业单位缴费的积累和职业年金的完善，新老制度间的财政支出差距会逐年拉大；到2050年，新制度可以比老制度缩减财政支出23496亿元。因此，从长远来看，"并轨"是合理的，短期内财政需要承担"转轨"成本。

在养老金调节机制上，有学者提出，虽然2005年就出台了《国务院关于完善企业职工基本养老保险制度的决定》（国办发〔2005〕38号），其中规定："建立基本养老金正常调整机制。根据职工工资和物价变动等情况，国务院适时调整企业退休人员基本养老金水平，调整幅度为省、自治区、直辖市当地企业在岗职工平均工资年增长率的一定比例。"明确了养老金标准调整主要考虑职工工资和物价变动，但各地区还是根据自己情况制订方案。对"一定比例"具体是多少，以及物价变动怎么考虑并没有作出明确规定。有学者认为应该根据精算平衡原理，"建立一个和社会平均工资增长率联动的企业退休人员基本养老金长效调整机制"。吕志勇认为，目前我国的养老金计发办法存在难以持续的问题，他结合渐进式延迟退休，提出了一个含有可持续发展因子的兼顾公平和效率、激励与约束机制共融的养老金指数化计发公式。

2.2.1.3 事业单位补充养老保险制度相关研究

在补充养老保险方面，不论是否支持并轨，大部分学者都认为应当加强年金的建设。这里的年金主要包括两种，一种是针对企业的企业年金，一种是针对事业单位的职业年金。

---

❶ 作者假设"中人"是指假设改革从2013年开始，49岁以下的机关事业单位人员。
❷ 即从改革年开始，所有尚未退休的人员在退休时都按新制度计算待遇。

在年金缴费问题上，郑秉文认为，对于职业年金，事业单位职工个人和单位均需按 4％缴费，其中"单位缴费"来自财政补贴。国务院办公厅 2011 年印发的《国务院办公厅关于印发分类推进事业单位改革配套文件的通知》（国办发〔2011〕37 号）中的第九个配套文件《事业单位职业年金试行办法》规定："职业年金所需费用由单位和工作人员个人共同负担。单位缴纳职业年金费用的比例最高不超过本单位上年度缴费工资基数的 8％。职业年金单位缴费的列支渠道按照国家有关规定执行。个人缴费比例不超过上年度本人缴费工资基数的 4％"，基本上也是复制了《企业年金试行办法》的费率设计❶。财政部财政科学研究所专家苏明等认为："职业年金采取单位或个人强制缴费形式，可以由单位和个人共同缴费，也可以只由单位缴费，缴费率不超过 8％为宜。"

在年金的支付问题上，由于事业单位的补充养老保险往往是作为待遇不降低的保障而设计的，而且年金一般不进入社会统筹，因此会带有单位保障而非社会保障的特点。由于目前我国金融市场发展不完善，缺乏有效经营的基金运作机构和环境，企业年金的收益很难保证，只能是 DC 式的。相较之下，事业单位则可以通过行政垄断或是规制保证自身利益，实现 DB 式的补充养老保险。因此，有学者出于公平的考虑，提出这种 DB 式的补充养老保险应该随着经济发展，基本养老保险比重的不断提高而渐渐被取消。不过，更多的观点是补充养老保险不能取消，反而应该做大，要把事业单位建立职业年金当作制度设计的重要部分纳入到"新人"的养老金制度中。例如，上海财经大学的董力塑认为，应当加大补充养老保险的建设力度。王晓军和乔杨也认为应当建立职业年金，并采取混合型计划类型。厦门大学林东海认为："公务员职业年金由政府主办、强制执行，由财政预算拨款和个人缴费筹资，采取个人账户记账方式并且待遇水平预先设定。"而北京大学专家赵子涛则认为，年金不仅可以保证待遇不降低，而且可以激励和约束职工，有利于提高效率。

但是，同基本养老保险一样，在年金的设计上，企业年金存在很多问题。对很多企业来说，基本养老保险已是一个沉重负担，再加上医疗保险和失业保险的费率负担，除非效益特别好的企业，大部分企业没有余力为职工建立年金，且各地区企业年金优惠政策不统一也不明确。相较之下，事业单位的缴费有财政做后盾，目前来看几乎没什么压力。企业年金"碎片化"的问题尚未解决，事业单位再建立职业年金，就很容易引发新一轮双轨矛盾。因此也有学者从这个角度提出不该由年金作为补充养老保险，而是"应该由商业保险承担起发展

---

❶ 《企业年金试行办法》规定："企业缴费每年不超过本企业上年度职工工资总额的十二分之一，企业和职工个人缴费合计一般不超过本企业上年度职工工资总额的六分之一。"

补充保险的重任"。

2.2.2　国内养老保险制度实践研究

2.2.2.1　中华人民共和国成立初期企事业单位养老保险制度逐步建立

中华人民共和国成立初期企事业单位养老保险制度具有个人不缴费、现收现付制、企业与机关各成系统的特征，这一时期主要包括以下两个阶段。

一是我国养老保险体系初具雏形阶段。总体来讲，为了巩固和发展国民经济，中华人民共和国成立初期我国养老保险参照对象主要为苏联城镇职工的社会福利计划和其社会保障模式，结合解放区供给制基础上建立的退休福利制度。1950年3月15日，新中国成立后发布了第一个关于退休养老保障方面的法规《关于退休人员处理办法的通知》，该办法适用范围仅覆盖在过去有退休金的机关、铁路、海关、邮局等单位的职工，虽然适用范围有局限性，但是此通知的下发标志着我国从国家层面开始确立职工退休养老保障体系，这是我国职工养老保障体制发展的雏形，同时也为进一步建立和完善我国职工养老保障体制奠定了基础。1951年颁布的《劳动保险条例》是一个包括养老、疾病、工伤、生育等多方面内容的综合性社会保险行政规定，其中关于养老保险的规定标志着新中国的养老保险制度初步建立。

二是机关事业单位、企业养老制度分开执行阶段。1955年12月，国务院发布了《关于颁发国家机关人员退休、退职、病假期间待遇等暂行办法和计算工作年限暂行规定的命令》（国秘字第245号），其目的是为了适当地处理国家机关职工退休、退职、病假期间待遇和计算工作年限等问题。该命令指出各民主党派、各人民团体和国家机关所属的事业费开支的单位，都可以参照这个命令所颁布的各项办法和规定执行，企业仍执行1951年2月颁发的《劳动保险条例》。

虽然机关事业单位、企业养老制度分开执行，但是1958年2月，国务院发布施行《关于工人、职员退休处理的暂行规定》，明确了企业、机关事业单位养老保险制度的统一性。该规定范围包括国营、公私合营企业、事业单位、国家机关、人民团体的工人、职员，内容涉及退休年龄、待遇水平的调整等。

2.2.2.2　企事业单位养老保险制度改革继续发展

自1978年改革开放以来，我国养老保险制度进入到恢复和发展时期，我国事业单位养老保险制度就在这一时期开始逐渐从职工养老保体系中分离出来，实行单独的规定与办法。

企事业单位养老保险制度恢复第一步：事业单位和企业实行独立的退休制度。

1978 年 6 月，《〈国务院关于安置老弱病残干部的暂行办法〉和〈国务院关于工人退休、退职的暂行办法〉的通知》（国发〔1978〕104 号）的颁布实施，标志着机关事业单位和企业各自独立的退休制度的确立。以往的退休制度是按单位性质不同规定相应退休办法，在此通知中改为按职工的不同身份规定相应的退休办法，即机关、事业和企业都按照干部和工人分别作了规定，内容包括退休条件、退休待遇、退休后的安置和管理、抚恤善后等。干部和工人在退休年龄和工龄方面有所区别，退休养老待遇水平方面没有区别。

企事业单位养老保险制度恢复第二步：国家、企业、个人三方共同筹资，设立养老保险基金专户。

1986 年 7 月，国务院发布的《关于发布改革劳动制度四个规定的通知》（国发〔1986〕77 号）中的《国营企业实行劳动合同制暂行规定》提到"国家对劳动合同制工人退休养老实行社会保险制度"，国家机关、事业单位和社会团体应当比照本规定执行。这个规定的颁布标志着我国建立了劳动合同制工人的退休养老保险制度，确立了国家、企业、个人三方共同筹集资金模式，开始设立养老保险基金专户。随着企业职工养老保险制度改革的推进，事业单位养老保险也开始实现单位保险向社会保险的转变。

2.2.2.3 企事业单位养老保险制度开启改革之路

1. 企事业单位养老保险制度拉开改革序幕

一方面，事业单位养老保险改革拉开序幕，并引起重视。

序幕之一：国务院发文明确提出事业单位养老保险制度改革。

1992 年 1 月，人事部印发了《关于机关、事业单位养老保险制度改革有关问题的通知》（人退发〔1992〕2 号），明确了机关事业单位养老保险制度改革情况和劳动合同制工人养老保险基金管理问题，要把退休金实行现收现付、全部由国家包下来的做法改变为国家、集体、个人共同负担，城镇各类职工逐步建立社会养老保险制度。

序幕之二：对事业单位养老保险制度进行了修改。

1993 年 12 月，国务院颁布了《关于印发机关、事业单位工资制度改革三个实施办法的通知》（国办发〔1993〕85 号），人事部下发了《关于印发机关事业单位工资制度改革实施中若干问题的规定的通知》，都对事业单位职工的养老制度进行了修改和调整。

序幕之三：事业单位养老保险进入了试点改革阶段。

1997 年 1 月 28 日，人事部、财政部向国务院呈报起草的《关于机关和事业单位工作人员养老保险制度改革试点的意见》，这个方案改革了事业单位养老金计发方法，其中一部分养老金和企业职工养老金水平保持一致，由基础养老金、个人账户养老金和过渡性养老金组成，另一部分是专门针对事业单位增发的退休津贴，但这方法未得到有效执行。

另一方面，企业养老保险"统账结合"的养老保险制度正式确立，并在全国范围内进行试点。1991年6月，国务院颁布的《关于企业职工养老保险制度改革的决定》（国发〔1991〕33号）正式宣告以《劳动保险条例》（1951年）为基础的"国家养老保险模式"时代结束，自此所有企业职工个人都开始缴纳养老保险费。1993年党的十一届三中全会通过了《关于建立社会主义市场经济体制若干问题的决定》，正式提出"统账结合"的养老保险模式。1995年3月，国务院发布了《关于深化企业职工养老保险制度改革的通知》，在全国范围内开始试行"统账结合"的基本养老保险制度。在此后两年多的时间里，全国各地根据当地情况试行方案，积累了经验，也暴露出一些问题。

2. 企事业单位养老保险制度在改革中发展

1998年3月，我国成立了劳动和社会保障部，负责职工社会保险工作，表明了我国对社会保险的重视，并加大社会保险完善和改革的力度。

一方面，事业单位养老保险改革在这一阶段有了初步成效，并逐步完善。

发展步骤之一：对部分财政供款事业单位的养老保险办法进行试点调查。

2000年12月颁布《国务院关于印发完善城镇社会保障体系试点方案的通知》（国发〔2000〕42号），该通知规定由财政供款的事业单位维持现行养老保险制度，部分财政供款事业单位的养老保险办法在调查研究和试点的基础上分别制定，已经进行改革试点的地区继续完善和规范，通知中没有提到规范和完善养老保险制度的细则。

发展步骤之二：初步提出机关、事业单位和企业之间流动时的养老保险衔接问题。

2001年9月颁布《关于职工在机关事业单位与企业之间流动时社会保险关系处理意见的通知》（劳社部〔2001〕13号）中规定："公务员及参照和依据公务员制度管理的单位人员，在进入企业并按规定参加企业职工基本养老保险后，根据本人在机关（或单位）工作的年限给予一次性补贴，由其原所在单位通过当地社会保险经办机构转入本人的基本养老保险个人账户，所需资金由同级财政安排。"但是因为实践中各地试点情况不一样，规定没有得到贯彻落实，职工在事业单位与企业之间流动时的社会保险衔接一直没有解决。

发展步骤之三：事业单位养老保险制度改革在各种会议中重申。

自2003年10月开始，十六届三中全会通过的《中共中央关于完善社会主义市场经济体制若干问题的决定》中提到要加快建设与经济发展水平相适应的社会保障体系并积极探索机关和事业单位社会保险制度改革。随后，党的十六届六中全会《关于构建社会主义和谐社会若干重大问题的决定》将"加快机关事业单位养老保险制度改革"作为"加强制度建设，保障社会公平正义"的一项重要任务明确地提了出来。党的十七大报告提出使全体人民"老有所养"，事业单位工作人员养老保险制度改革再次被提上日程。

另一方面，企业养老保险在这一阶段正式确立了统一的养老保险制度，实现了实质性的突破。1997年7月，通过总结各地试行经验，权衡各方利弊，国务院颁布了《关于建立统一的企业职工基本养老保险制度的决定》（国发〔1997〕26号）正式向全国推广"统账结合"的养老保险制度，这一文件标志着我国的养老保险制度发生了革命性的变化，是中国养老保险制度的里程碑。

3. 企事业单位养老保险制度改革走向深入阶段

（1）事业单位养老保险改革走向关键时期。

深入阶段一：事业单位养老保险制度改革与分类改革配套进行。

2009年1月，人力资源和社会保障部正式下发了《事业单位工作人员养老保险改革试点方案》，确定在山西、上海、浙江、广东、重庆5省（直辖市）先期开展试点。试点内容涵盖养老保险费用由单位和个人共同负担、退休待遇与缴费相联系、基金逐步实行省级统筹、建立职业年金制度、实行社会化管理服务等，并表示事业单位养老保险制度改革与企业基本一致，将与事业单位分类改革配套进行。

深入阶段二：事业单位养老保险纳入《社会保险法》。

2010年颁布的《社会保险法》将事业单位职工纳入基本养老保险制度覆盖范围，明确了事业单位职工和企业职工归为一个养老保险体系，改革成本由政府承担。

深入阶段三：对事业单位职业年金进行试点。

2011年3月23日，中共中央、国务院印发《关于分类推进事业单位改革的指导意见》（中发〔2011〕5号），文件中提出要推进社会保险制度改革，统筹考虑企业单位、事业单位、机关离退休人员养老待遇水平，也对事业单位工作人员基本养老保险改革提出了思路，明确试点方案继续在山西、上海、浙江、广东、重庆进行，《事业单位职业年金试行办法》适用于上述5个试点地。

（2）企业职工养老保险制度得以完善和沿袭。2000年12月，国务院发布了《关于完善城镇社会保障体系的试点方案》，调整了两个账户的比例。企业缴费全部进入统筹账户，不再支援个人账户。2005年12月，国务院颁布了《关于完善企业职工基本养老保险制度的决定》（国发〔2005〕38号），其中有两项变化：一是养老金计发办法调整，更加注重与缴费挂钩；个体工商户和灵活就业人员开始纳入养老保险范围，并正式实施企业按缴费工资20%计入统筹账户，个人按缴费工资 8% 计入个人账户。

4. 目前养老保险改革情况

（1）事业单位养老保险改革全面铺开。2014 年政府工作报告中明确提出改革机关事业单位养老保险制度，鼓励发展企业年金、职业年金和商业保险。事业单位养老保险改革作为 2014 政府工作重点提上日程。

2015 年 1 月国务院印发《关于机关事业单位工作人员养老保险制度改革的决定》（国发〔2015〕2 号），规定从 2014 年 10 月 1 日起对机关事业单位工作人员养老保险制度进行改革，机关事业单位实行社会统筹与个人账户相结合的基本养老保险制度，由单位和个人共同缴费。这标志着我国机关事业单位将建立与企业相同的养老保险制度，实行多年的养老金双轨制最终破除。

（2）事业单位养老保险制度与职业年金同步建立。在国发〔2015〕2 号文件基础上，国务院颁布了《关于印发机关事业单位职业年金办法的通知》（国办发〔2015〕18 号），文件中职业年金与基本养老保险制度同步建立，形成多层次保障体系，在优化养老保险待遇结构的同时保持待遇水平不降低，实现新老制度待遇的平稳衔接。单位按本单位工资总额的 8% 缴纳，个人按本人缴费工资的 4% 缴纳，两部分资金构成的职业年金基金都实行个人账户管理。工作人员退休后，依据其职业年金积累情况和相关约定按月领取职业年金待遇。

（3）事业单位养老保险制度与工资制度同步改革。2015 年 1 月，国务院办公厅转发了《人力资源社会保障部财政部关于调整机关事业单位工作人员基本工资标准和增加机关事业单位离退休人员离退休费三个实施方案的通知》（国办发〔2015〕3 号），调整机关事业单位在职人员基本工资结构。

（4）事业单位老办法待遇计发标准建立正常增长机制。按照《关于机关事业单位养老保险制度改革有关问题的通知》（人社厅发〔2016〕38 号）规定，自2016 年 1 月 1 日起，每年老办法待遇计发标准的增长率根据上年度在岗职工工资增长率、当年调整机关事业单位和企业退休人员基本养老金的水平、上年度物价水平等因素确定，由国家统一公布。

（5）统筹考虑事业、企业退休人员以及城乡老年居民基本养老金调整办法。目前政策规定，基本养老金调整办法突出与个人缴费多少和长短挂钩，强化激励约束机制，有利于体现再分配公平原则，避免由于待遇调整机制不同造成相互攀比。在此基础上，逐步建立健全兼顾各类群体的社会保障待遇调整机制，进一步规范再分配秩序，促进社会公平。

（6）企业养老保险逐步完善并建立正常待遇调整机制。截至 2015 年，中央政府已经连续 11 年提高城镇职工养老金待遇。依靠行政的手段来调整企业退休人员基本养老金，对改善企业退休人员生活、促进社会公平发挥了积极作用，但是正常的待遇增长机制还有待建立。同时，完善企业职工养老保险制度，实现养老金的保值增值，也是目前企业职工养老保险制度改革的紧迫任务之一。

（7）明确了工作人员调动工作的养老保险转移接续问题。《关于机关事业单位养老保险制度改革几个具体问题处理意见的通知》（人社厅发〔2015〕121号）文件规定：工作人员经组织批准调动工作且符合参加机关事业单位养老保险条件的，由调入单位办理其参保手续并补缴其间的养老保险费；经组织批准从机关事业单位调动到企业工作，或辞职、辞退、开除的，由原单位办理其参保手续并补缴其间相应时间段的养老保险费后，按有关规定转续其养老保险关系。

第 3 章

事业单位养老保险制度改革理论基础

养老保险制度改革问题可以从效率、公平、合法性等多种角度进行分析，涉及经济学、社会学、政治学等多个学科理论。在不同理论视角下，制度设计的侧重点和结果可能截然不同。为了全面、客观地分析事业单位养老保险改革问题，科学、有效地推进养老保险改革实践，本文运用了多种理论作为分析基础，以期对事业单位养老保险改革问题形成更为深刻的认识。

3.1 经济学基础

3.1.1 自由主义视角下的养老保险制度改革

"芝加哥学派"经济学家信奉竞争机制可以使市场自我调节，实现经济的有效性，在这一理论支撑下，他们提出养老金私有化改革方案。此后，世界银行试图在多个国家推广养老金私有化改革，其中，智利是私有化改革相对彻底的国家。

20 世纪 80 年代之前，拉美国家多为现收现付（Pay－As－You－Go，PAYG）的社会统筹的养老金制度，由于财务状况恶化、参保覆盖面小、收入分配不等等因素，各国展开了养老金改革探索。20 世纪 80 年代，智利进行了养老金私有化改革。智利成功实现私有化改革后，拉美各国开始效仿。在缴费方面，不论是私人部门还是公共部门的雇员都要将个人收入的一部分（10％）缴纳养老保险基金，雇主不承担缴费，雇员缴纳的养老金直接进入个人账户，基金的管理者是由缴费者个人选择的私人养老金管理机构，即 AFP。AFP 是私人股份制公司，可以按照智利的法律规定运营养老基金并赚取利润；在待遇方面，雇员缴费满 20 年，并且男性达到 65 岁、女性达到 60 岁就可以开始领取养老金；在收益方面，AFP 的收益率需保持在 4％以上，否则公司可能面临破产，但是不论收益率低于 4％还是公司破产，养老金损失的部分都会由国家财政承担。对于改革之前的"老人"，可以自由选择是否参加新养老金制度，对于依旧留在原现收现付制度下的参保人员，其养老金的支付由政府财政承担。

养老金私有化改革理论相信完全竞争市场调节机制的有效性，强调个人自由和经济效益，国家干预和收入分配公平不是理论分析重点。私有化理论认为完全积累的个人账户可以提高个人缴纳养老金的积极性。通过私人养老保险基金公司在市场上的竞争可以提高养老基金的运营效率和收益率。同时，养老金私有化可以提高养老金规模，从而对资本市场发展有正外部性。

例如，智利到 2004 年养老基金已达到 608 亿美元，是 1985 年的 40 倍，1995 年的 2.4 倍，占当年 GDP 比例为 67%。可见私营养老金体制对于个人缴纳养老金的激励和养老金快速积累有着重要意义。在投资收益方面，根据郑秉文、房连泉的测算，智利的养老基金累计从 1981—2005 年平均每年的实际投资回报率达到 10.2%。即雇员若 1981 年参保，缴费率为 10%，连续缴费至 2005 年，假设他每年的收入水平固定不变，按照每年 10.2% 的收益率，他缴满 25 年后，他的个人账户中，本金只占 25%，其余 75% 全部是基金运营获得的投资收益。可见养老金私营化可以大大提高基金运营效率。在正外部性方面，有经济学家测算表明：1981—2001 年，养老金私有化改革对智利的经济增长率（4.6%）的贡献为 0.49 个百分点。

通过养老金私有化改革的理论和实践研究，可以看到养老金私有化对于激励个人缴费、扩大养老金积累、提高养老金运营效率和投资收益率有着重要意义。但是这一理论基础本身有其局限性。首先，养老保险市场并不符合完全竞争市场的全部假设，存在信息不完全、外部性和规模效益。其次，私有化改革过于重视效率，忽视了社会保险的共济性和公平性，而随着斯蒂格利茨等"新凯恩斯学派"经济学家对于养老金改革的反思，"芝加哥学派"在养老金私有化理论方面的一些问题也逐渐暴露出来。

根据斯蒂格利茨的论证，私营固定缴费计划对于劳动力市场的激励不一定是有效的，固定待遇计划也不一定会刺激提前退休。因为对于雇员来说，除了养老金缴费之外，还要承担累进的工资税，而边际税率可能会影响到低收入者，使他们不能享受其它的福利。在固定待遇制度下，推行延期退休信用对于鼓励老年员工继续工作可以产生巨大影响。

个人账户积累制不一定比现收现付制收益率更高，私人积极管理公司的管理成本也有可能比公共部门养老金管理的成本更高。原因是多方面的：首先，不能忽视转制成本，一个制度转向另一个制度，尤其是在养老保险制度上，涉及代际间的养老金缴费和支付，根据斯蒂格利茨的分析，不论是以何种形式，这一成本最终还是要由某一代或几代人承担；其次，在有效率的市场中，收益与风险是相称的，高收益率意味着高风险，不同年份的投资收益可能存在巨大差异，宏观上对于国家来说这种波动是可以接受的，但对于微观上每个个体来说，任何一年养老金投资收益的亏损都有可能直接影响到他的退休生活水平；再次，许多名义上固定待遇的制度都存在各种残余风险，比如"不当指数化的风险"和"财政为应对人口结构变化调整待遇的风险"等；最后，虽然存在竞争，但竞争排除的是超额佣金，而非潜在成本，养老保险基金的管理也存在规模经济，个人账户分散化的管理成本可能很高。

总之，"私营养老金可能有助于深化国内资本市场，但也使老年人面对更大的风险，且在管理成本上浪费更多的资源"。

在智利的养老金私有化改革中也反映了斯蒂格利茨论证的这些问题：由于行业门槛和行政规制，智利的私人养老金管理公司出现了垄断，到2005年，智利市场上仅有6家基金管理公司，其中三家大型公司占据了市场份额的70%以上，这种垄断造成了AFP高额的管理费用和超额利润，管理佣金累计占到了整个养老基金资产的20%。

综上，从追求自由和效率的角度出发进行的养老保险私有化改革存在较多弊端，尤其是在发展中国家劳动力市场跟资本市场都不完善的情况下，将养老保险完全私有化的做法并不明智，不利于维持社会公平、和谐，但是这一经济理论视角可以为我们分析机关事业单位养老保险改革，建立多支柱的养老保险体系，尤其是选择职业年金的运营模式提供思路。

3.1.2 国家干预主义视角下的养老保险制度改革

国家干预主义认为，国家应当积极地干预市场和经济，市场失灵的部分应当通过国家干预来弥补，国家不只做"守夜人"，还要做"管理者"。在社会政策方面，国家必须承担"文明和福利"的责任，通过建立社会保险、改善劳动条件等社会政策缓和阶级矛盾，"以税收作为再分配的工具来实现社会保障"。属于国家干预主义的学派包括新历史学派、费边社、凯恩斯学派等。

德国是世界上最早建立社会保险制度的国家，虽然它在当时并不是世界上工业化程度最高的国家，但却比英国、法国等国家先建立起了社会保险制度，很大程度上是因为德国国家干预主义流派的产生。19世纪末，德国劳资矛盾日益加剧，一批学者针对这一问题提出应由政府通过立法，提高劳动者的生活待遇，以缓和阶级矛盾，维持资本主义生产关系，他们强调国家除了要保证社会安全和发展军事之外，还应承担经济管理职能，他们认为应当法律至上，法律决定经济发展。俾斯麦政府接受了这一政策主张，在1883—1889年通过颁布《疾病保险法》《工人赔偿法》《伤残和养老保险法》等一系列的工人保险法奠定了德国的社会保险基础。德国的养老保险制度分为法定养老保险、企业补充养老保险和个人自愿养老保险，法定养老保险由雇主和职工共同承担，缴费率约占职工工资总额的 20％，雇主和职工各承担一半缴费，财政补贴约 20％，采取现收现付制，由于德国受老龄化问题影响，因此法定养老保险的缴费率越来越高，替代率逐渐降低。法定养老保险是德国的基本养老保险，覆盖了几乎所有的雇佣者，高收入者可以自愿选择是否参保，德国的公务员和法官属于国家终身雇佣者，有一套自己的养老保险制度，不参加法定养老保险。需要注意的是"德国的退休保险制度是从法定退休年龄 70 岁的完全积累制开始的，当时男性的预期寿命还不足 45 岁"。而目前的现实是男性的预期寿命已经超过了 75 岁，而平均退休年龄却降低了。

在德国建立社会保险制度之后，随着 20 世纪 30 年代爆发的经济危机，资本主义经济的市场失灵问题充分暴露，凯恩斯主义开始盛行。凯恩斯（John May-nard Keynes）倡导积极国家，认为市场自主调节的能力是有限的，国家应当积极参与经济管理，他提出了有效需求理论，即商品的总需求与总供给达到均衡状态时的供求关系就是有效需求。有效需求不足包括消费需求不足和投资需求不足，凯恩斯通过消费倾向法则、资本边际效率法则和流动偏好法则解释社会有效需求不足的原因，在经济危机时期，由于资本家信息不足，货币政策对于投资的激励比较有限，政府应当采取扩张性的财政政策，走出预算平衡的局限，接受财政赤字。在此基础上，美国政府开始扩大财政支出，通过压低利率和税收政策鼓励资本家进行投资，进行公共福利建设，提高劳动力的有效需求，采取"普遍福利"和"充分就业"政策，通过社会保险缓和阶级矛盾，"主张国家通过累进税转移财富和举办社会福利来重新调整收入分配，发挥'经济稳定器'的作用"，即在经济繁荣时期，由于企业和个人缴费的增加，社保基金可以大量积累，而到了经济不景气的时期，这些积累的社保基金就可以发挥作用，除了保障失业者的基本生活，还可以拉动内需，刺激经济。

根据凯恩斯主义的分析路径，社会保障基金可以成为发展资本市场的重要后盾。胡晓义认为我国有必要发展统账结合的养老保险制度的一个重要原因也是因为一笔庞大而稳定的社保基金可以为我国的资本市场发展"托底"。"二战"结束后，凯恩斯主义成为资本主义国家制定公共政策的主要理论依据。国家通过累进税、遗产税、赠与税等财税手段和经济政策积极地参与到个人的收入分配和企业的治理中，通过转移支付消除贫困，凯恩斯主义也因此成为社会保障制度发展的重要理论支持。

然而，凯恩斯主义虽然为政府干预经济提供了理论支撑，但它的有效需求理论也存在局限性。20 世纪 70 年代，资本主义国家出现滞胀，"看得见的手"

也失去了经济调节作用。但这并不能将国家干预完全否定，尤其在经济全球化的时代，一国经济风险可以很快转移到别国，但国际层面的政府干预并不存在，各国只有建立风险预警机制想办法降低对本国经济的影响，这时一国政府干预能力对本国经济的稳定会起到重要作用。

在机关事业单位养老保险改革的问题上，凯恩斯主义为国家干预养老保险基金和资本市场提供理论支撑。我国部分积累制的养老保险制度将现收现付制和基金积累制结合，机关事业单位如果建立养老保险同样采取这种模式。而按照"十二五"规划要求，应当在"十二五"期间实现基础养老金全国统筹，人社部部长尹蔚民也提到要力争在2015年出台全国统筹方案。养老保险基金实现全国统筹有着重大意义：首先，养老保险基金社会统筹的部分显然需要国家层面的调控，尤其是各省份老龄化程度、负担比差异较大，有的省份社会统筹部分收不抵支，需要中央调控，但机关事业单位由于编制问题，各省的负担比差异应当不会像企业那样大，但在各个单位之间也需要国家调控；其次，个人账户方面，机关事业单位职工开始缴纳养老保险后，将逐渐积累一笔庞大的个人账户资金，这笔养老保险基金的运营显然不能像智利那样完全依靠养老金管理公司，通过市场化竞争进行投资收益，因为一方面我国的资本市场发展有限；另一方面是因为智利的实践证明，养老金公司最后会形成寡头垄断；并且基本养老保险的共济性也不允许将风险再度割裂。因此，有必要通过国家干预手段保证养老保险基金的运行，并通过养老保险基金维持资本市场的稳定性，避免金融危机。

3.1.3 第三条道路视角下的养老保险制度改革

福利制度与国民经济是密切相关的，福利制度的发展程度由经济发展程度所决定，如果福利水平超越了当时的经济水平，福利反而会成为经济发展的负担。

"二战"后西方国家经济迅速发展，这一时期也是福利国家发展的"黄金时代"，但是，这一黄金时期仅仅持续到20世纪70年代末，随着石油危机的爆发，"滞胀"成为了资本主义国家面临的新难题；与此同时，经济的衰退导致了大量的失业，越来越多的人开始依赖福利国家的各种福利政策，政府财政开始出现危机。英国学者安东尼·吉登斯（Anthony Giddens）在他的《第三条道路：社会民主主义的复兴》中提到"福利国家如今制造出来的问题比它所解决的问题还要多"。传统社会民主主义的缺陷日益突出，而与之相对立的新自由主义，反对国家福利和市场干预，导致社会分化加剧，不利于社会稳定，因此也逐渐走向衰落。在这一背景下，吉登斯提出了第三条道路的福利思想。

第三条道路是资本主义国家为应对全球化、经济危机和福利国家危机等问题，对凯恩斯主义和自由主义所作出的折中，是新自由主义和社会民主主义的融合，它既不完全支持凯恩斯主义，也不像古典自由主义那样完全依赖市场"看不见的手"。它不是简单地走在"中间"，而是对资本主义和社会主义的糅合。吉登斯试图超越老左派的社会民主主义和新右派的新自由主义，他的第三条道路的福利模式承认市场存在失灵，政府存在失败，它追求市场自由和国家干预的平衡。它对福利的态度是："它主张国家是解决社会问题、消除不平等和不公正的责任主体，应对福利的提高负有主要责任，避免市场失灵带来的问题等"，但它也为国家福利紧缩提供了退路，福利思想强调权利义务相一致，强调国家责任与个人责任并重；转变福利供给模式，既不是单纯依靠政府提供福利也不是完全依靠个人从市场中竞争获取福利，而是倡导积极型福利，主张从"welfare"到"workfare"，以人的技能开发取代事后的再分配，福利投入从救济失业到培训就业，把教育和培训投资看作是再分配的基础和机会。从"授之以鱼"到"授之以渔"，鼓励人们去工作，注重建设社会投资型国家。

第三条道路的实践是从 20 世纪 90 年代左右开始，代表是英国的布莱尔政府，在福利方面的主要措施是增加就业机会，帮助失业者获得工作岗位，支持小企业，实施短时间就业岗位制，创造一些低收入岗位。1998 年，布莱尔政府发表了《新福利契约：养老金中的合作》绿皮书，提出在法定的国家基本养老金（第一支柱）的基础上，建立包括国家收入关联养老金计划（SERPS）、职业年金、个人养老金和存托养老金计划在内的法定第二养老金支柱，对第一支柱补充建立了"最低收入保证"制度；2003 年，政府专门针对企业破产后雇员的养老金保障问题建立了"救生船"基金，资金来源是向实施"最终薪金计划"的企业强制征收特种税，这就为企业职工养老保险构建了"安全网"；2002 年，布莱尔政府推出了国家第二养老金制度（S2P），替代 SERPS，为中低收入者、特殊职业者和残疾人提供补充养老保险，与 SERPS 相比，S2P 的准入门槛更低，而待遇水平更高；2004 年，针对人口预期寿命延长和职工提前退休问题，养老金委员会发布了《养老金：挑战和选择》，决定延长退休年龄、提高税收支付养老金、将养老金增长与人均收入增长率挂钩而不再与通货膨胀率挂钩；2006 年发布《退休安全：一项新的养老金体系》，提出逐步提高领取养老金的年龄，逐步建立全国性的个人账户，国家基本养老金在 2012 年开始与平均收入挂钩。英国通过养老金改革建立了个人账户和私营养老金基金管理公司，在养老金体系中纳入了市场机制，提高了保险的自利性。

通过英国的养老保险制度改革历程可以看出，在第三条道路福利思想的影响下，个人的责任逐渐提高，但政府也没有因此"甩包袱"，而是加大了对于基本养老保障的国家责任，扩大了养老保险的覆盖率，为个人账户提供最低收益率保证，改善了老年贫困现象，整体上提高了老年福利。

在我国机关事业单位养老保险改革问题上，改革之前的机关事业单位养老金制度是单位福利，养老金完全由国家和单位承担，缺乏个人的责任，职工的工作激励比较有限；改革后，机关事业单位养老保险的责任主体包括国家、单位和个人，加强了对个人的激励，同时，实现养老保险的社会化将有利于职业流动、风险分担和养老金制度的可持续性。第三条道路福利思想是在福利国家充分发展后，老派社会民主主义实践出现障碍，而新自由主义发展又面临瓶颈的情况下，试图寻找的一条新道路；我国的社会保障制度虽然仍处于发展阶段，但是第三条道路的实践依然可以为我国养老保险制度的改革方向提供一定的借鉴。

3.2　社会学基础

3.2.1　风险社会理论视角下的养老保险改革

风险社会理论认为，我们生活在一个风险社会。微观上，我们每个个体都面临着养老、医疗、工伤等各方面的风险。宏观上，制度改革、经济开放都增加了整体福利制度的风险。很多学者认为全球化加剧了福利制度的压力，同时也有学者认为越来越开放的经济面临着越来越高的风险，促进了福利制度作为一种风险补偿的发展。

风险并不等于危险，风险无处不在、无时不在。风险是通过对某一事件在大样本中发生概率的进行计算所得出的一种判断，是对未来的判断。风险虽不可完全消除，但可以合理规避。经济学视角对于风险理论的研究主要围绕金融和保险的问题展开，风险理论是保险业出现的必要条件；社会学视角对于风险理论的研究则是围绕社会制度和社会发展展开，代表学者是贝克、吉登斯、哈贝马斯等。

德国学者乌尔里希·贝克（Ulrich Beck）对风险社会的阐释是现代化社会的一个阶段。工业社会制定制度的原则是分配财富和权力，风险社会的制度原则是分配风险和不确定性，现代化转型是从工业社会向风险社会转型。人类面临着来自社会的风险，西方社会中的经济、政治、法律制度都存在着风险并且可能掩盖风险的真相，风险制造者为保护自己的利益可以牺牲风险承受者。

英国学者安东尼·吉登斯（Anthony Giddens）主要论述了制度性风险和风险对人的影响，他认为风险的全球化是共识的，风险的普遍性是超越富人和穷人、国家与国家、社会与经济的界限的；人们的风险意识本身成为了一种风险，个人的选择导致了风险个人化，一个典型的例子是人们对于自己健康风险的决策。他提到人们的风险意识普遍提高了，但意识的提高并不意味着判断理性化的提高，有时人们对于自己高度意识到的风险会反应过度，结果反而作出非理性的决策。

德国学者哈贝马斯（J. Habermas）提出资本主义社会的风险包括经济风险、合理性风险和动因风险。现代资本主义社会国家干预的作用大大增强，这本身是对自由资本主义的一种冲击，但这并不代表着本质上资本主义生产关系的改变，经济风险也不会因此消除，而是以"持续的通货膨胀、不断的生产停滞、严重的财政赤字"的形式存在；合理性风险又被称之为行政管理的合理性赤字，私有制和国家干预之间出现矛盾时就会出现合理性风险；传统的资产阶级意识形态失去了作为普遍价值基础的地位，西方社会出现资本主义社会文化危机。专业化、分领域的生产、科学、政治吞噬着人们交往行为的社会基础，逐渐形成以功利主义为价值取向的风险社会。

按照来源，风险可以分为社会风险和自然风险。人们对社会风险的评估除了包括对事实的分析外，还包含着对个体的价值判断，风险主体目标和感受会影响到他对某种风险的"估价"。社会风险不是始源性的，它主要来源于社会转型，社会转型必然会带来新的社会风险，对社会风险的有效控制可以促进社会转型，推动社会发展。

回归到我国的养老保险制度改革的问题，这一问题的出现源自我国的社会主义市场经济体制改革。市场化转型带来了职工下岗失业风险，企业改制瓦解了职工生、老、病、死的"单位包办"，单位福利责任推向了社会，城镇职工、城镇居民、农民的基本养老保险、医疗保险都逐渐建立起来。社会保险是将单位保险社会化，是将原本分散到单位的风险分散到了整个社会，相较于单位保障，社会保障支撑基础更广泛也更稳定。就目前来说，我国处于社会主义现代化发展的重要时期，处于社会转型之中，必然会出现新的社会风险，因此对机关事业单位职工的各种保险进行社会化改革是有必要的，并且从长远角度上看是有利于机关事业单位职工自身的职业发展需求和劳动力流动需求的。

机关事业单位养老保险制度从缺失到建立是一个转型，转型这一过程会产生风险，比如职工对于养老金缴费支付的接受程度和满意度，老、中、新人的制度安排是否会产生新的矛盾，单位的过渡机制和编制问题等。而在制度建立过程中必然伴随创新，制度创新同样会产生风险，比如我国在制度创新上常用试点的方法进行改革，但是试点容易出现试错或是实验结果不具代表性的问题，尤其是事业单位改革。本身事业单位内涵丰富，并且一直存在分类困难的问题，即使部分地区的某些单位进行试点改革并且获得成功，由于各事业单位的职能、实际业务、管理体制存在较大差异，有些试点的制度创新也难以有效推广，因此单位要承受制度创新的风险。同时，制度创新其实是对旧制度的一种重新洗牌，是对既定利益的重新分配，必然会产生新的矛盾。任何一种创新都是非"帕累托最优"的，总有一部分人的利益要受到伤害。但是制度创新存在的风险并不是停滞改革的借口，而是提醒人们对制度创新要保持反思，用更理性的态度对待制度创新，反思建立机关事业单位养老保险制度可能带来的风险，从而做好合理规避，将风险降至最低。

3.2.2　底线公平理论视角下的养老保险改革

公平是一种主观判断，公平不等于平等，公平可以是平等的，也可以是存在差距的，公平是社会对于应然的判断。时代不同，对社会的整体认知不同，公平的内涵也不同；即使在同一时代，不同领域的不同人群对于公平也有着各自不同的判断。正如罗尔斯（John Rawls）在他的《正义论》中提到的那样，人们只有在不知道自己将会是什么角色的情况下才能对于社会上的不同角色的待遇提出不偏颇的要求。即便不考虑群体，单从公平这一概念自身就可以分为起点公平、过程公平及结果公平，但考察人类社会发展史，可以发现除原始社会外，结果的公平事实上并不存在。公平是一种主观判断，它只能是相对的判断，绝对的公平并不存在。在允许生产资料私有制的情况下，劳动者必然会感受到利益分配的不公平。

公平是社会保障的核心理念。2006年，中国共产党第十六届中央委员会第六次全体会议通过的《中共中央关于构建社会主义和谐社会若干重大问题的决定》中提到："逐步形成社会公平保障体系，促进社会公平正义。"国家提出："在社会财富的分配过程中，注重公平与效率相结合，达到动态的相对平衡。初次分配注重效率；再次分配注重公平，通过国家建立的分配和保障机制，使社会成员共同富裕；第三次分配让先富的人在自愿的基础上贡献出自己的财富，与社会分享劳动成果。"社会保障制度的产生源于民众对于公平的诉求，社会保障制度的设计应该体现公平原则，社会公平可以分为起点公平、程序公平及结果公平。社会保障制度设计应当以保障机会公平、程序公平，弥补起点不公平和缩小结果不公平为目标。

社会保障机会公平包括确保获得社会保障的机会是相同的，即在满足某种情况下的所有人均有享受某种社会保障项目的权利，同时，运用"差别原则"改善"最少受惠者"的状态，为人们提供利用平等机会的资源或能力。但是，这种机会公平也是相对的，公平不等于平等，各国社会保障制度在设计上都会注意到"积极差别原则"，因此才会有对于一些社会强势群体存在反向歧视，对弱势群体存在政策倾斜，从而实现实质的公平。保障程序公平，一是要保证义务承担的合理性，如各行业承担的养老保险缴费比例应当具有普适性，比如，按照个人收入缴费，而不是按照行业进行分割；二是要保证利益分配的合理性，例如在养老保险支付上确定一个统一的支付标准和一个合理的支付区间；三是要保证风险分摊的合理性，根据"大数法则"将个体的风险分担到整个社会中。

我国目前还处于社会主义初级阶段，人口众多，人均 GDP 水平较低，与西方福利国家相比，我国社会保障的整体水平应当是以维持底线公平，即保障待遇能够"满足基本生活需求"为目标。景天魁认为底线公平并不是低水平的公平，也不是低水平的社会保障，而是针对政府、社会必须承担的责任的底限。在养老保障制度设计方面，底线公平应当是政府承担老人最低生活保障、医疗救助和卫生保健等基本的社会责任，社会组织、个人和家庭承担养老金、企业年金、个人储蓄、家庭照护等方面的责任。与一般社会公平理论不同，底线公平既承认权利的无差别性，也承认权利的有差别性；底线以下是无差别的公平，底线以上是有差别的公平。养老金制度作为底线之上的社会保障，应当体现一定的差异性，这并不违背底线公平原则。

养老保险属于社会保障的重要组成部分，是实现收入再分配的重要工具之一。我国是以公有制为主体的社会主义国家，"劳动者在生产资料公有权利方面的平等，决定了其养老保险的权利也应该平等，而不应该在不同工作性质职工之间存在不同的养老保险制度"。唐钧认为：国家公务员和事业单位职工参保，与其社会身份和地位无关，同样也是按收入的一定比例缴纳保险费后，与政府的社会保障部门建立起社会保险关系。这样的政策设计，在"基础"层面排除了"双轨制"乃至"多轨制"的干扰。

事业单位属于公共部门，其工作性质和服务内容存在公益性和正外部性，因此职工工资多依靠财政拨付。由于事业单位职工日常工作难以按照"成本-收益法"进行评估，一般企业的绩效考评对于事业单位职工来说也存在局限性，单位年度的结余不能作为职工奖励进行分红，这些都限制了事业单位职工的工资制度。这就导致事业单位职工工资相对固定，传统的养老金制度是作为一种单位福利吸引人才的。

组织行为学中，亚当斯（J. Stacey Adams）认为，人们对于公平的判断是通过与他人、与历史，横向与纵向的比较获得的，可以用方程式表达为

$$Q_p / I_p = Q_o / I_o$$

其中，Q_p 是 A 对他所得的报酬的感受，I_p 是 A 对他所做投入的感受，Q_o 代表

A 将自己与 A' 所获得报酬进行比较后的感受，I_o 代表 A 将自己与 A' 所做投入进行比较后的感受，当等式左边等于右边时，A 主观上是觉得公平的，若左边小于右边，A 会觉得不公平或是今不如昔，若左边大于右边，A 会觉得投入少、收入多，可能会窃喜，也可能会负疚。但是这些都是人的主观感受，并没有客观的评价指标，报酬可以直接看工资与福利，但是付出的劳动的多少却是不易测量的，我们不能简单地只看劳动的时间、强度，还要考虑劳动的技巧、知识、经验等。

现在社会舆论的焦点在企业和机关事业单位养老保险待遇差距这一问题上，但这只是问题的终端。如果仅仅是从制度的输出结果上，横向论证企业和事业单位退休者的养老金差异，必然会得出事业单位养老金水平过高、不利于社会公平的结论。但是，如果从问题的开端进行考虑，从纵向的、人力资本投入、劳动投入的角度进行比较，事业单位在岗职工平均学历水平更高，工作内容对于知识、技术、经验的要求更高，但在学历相当的情况下事业单位职工工资和奖金平均水平大多低于企业职工，而劳动投入的多少并不好直接比较，单从整体的人力资本投资回报上，企业和事业单位的养老金待遇差距是有其合理性的。因此，社会公平理论的运用应当是从更宏观的角度看待事业单位养老保险改革的问题，而不是仅仅从输出结果上，与企业职工进行横向比较，事业单位养老金的社会化改革应当考虑到在岗职工工资制度的局限性，以保障公平为原则。

由此可见，公平应当是养老保险制度设计的核心理念，同时我们也应分清养老保险制度是在底线公平之上的一项保障，应当允许差距的存在；养老保险制度应当保障全体参保者的机会公平和程序公平，但并不能确保完全的结果公平；从组织行为学的角度判断机关事业单位和企业的劳动投入与回报是否公平是一个复杂的问题，不能简单地只从问题的终端评判一项制度是否公平，而是应当纵向与横向、主观与客观相结合，综合考虑，作出相对理性的判断。

3.3 政治学基础

3.3.1 马克思主义视角下的养老保险理论改革

马克思主义认为政治是经济的集中体现，"人的本质不是单个人所固有的抽象物，在其现实性上，它是一切社会关系的总和"，政治就是在一定的经济基础上，人们为了维护和实现自身利益，围绕社会公共权力所从事的一切活动和由此产生的社会关系。

社会保障的产生、资产阶级的发展以及生产方式的变化，三者密切相关。

英国中世纪的圈地运动导致了大量贫民的出现，直接促成了《济贫法》的诞生；而最早建立的社会保险制度的德国，建立社保的主要原因也是由于工业化导致劳资双方矛盾日益加剧，需要社会保险制度调节和保障劳动阶级的利益，俾斯麦在19世纪80年代颁布一系列法律（1883年《疾病保险法》、1884年《工伤事故保险法》、1889年《残疾和老年保险法》）建立了俾斯麦型即社会保险型的社会保障模式。《济贫法》的保障对象是贫困者，而德国社会保险制度的保障对象是工人阶级，但是不论保障对象的差别，二者产生的共同原因都是工业化，矛盾的产生都是来自资产阶级和工人、农民阶级。我国是无产阶级专政的社会主义国家，中国共产党是中国工人阶级的先锋队，中国社会主义事业的领导核心，中国各族人民利益的代表者，理论上没有资产阶级与无产阶级的矛盾，不存在剥削与被剥削，主要矛盾是人民群众日益增长的物质文化的需要同落后的社会生产力之间的矛盾。但现实是我国尚处于社会主义发展的初级阶段，各个阶层间存在差异，存在不公平的现象；而全体公民都面临着全球化、工业化所带来的风险，因此需要社会保障制度作为社会的安全网。

马克思认为，社会保险基金来源于人的剩余劳动，资产阶级和工人阶级的生产关系决定了社会保障的必要性，社会保障基金是劳动力再生产的必需条件，它体现了人与人的依存关系。列宁提到，资产阶级对工人阶级剩余价值的剥削，使得工人阶级没有余力进行储蓄，从而对于医疗、养老风险没有能力防范，资本主义国家社会保险的出现，其实是社会矛盾和经济危机的产物，是资产阶级和工人阶级博弈的结果，因此国家有义务为公民提供社会保障，"最好的工人保险形式是国家保险"。在此基础上，社会保障是国家的责任，是政府的义务，社会保障应当以强制的形式推行，保证其社会性和广泛性。苏联和中国等社会主义国家都建立了国家社会保障制度，但在养老保险方面，机关和企业的养老金制度在一开始建立时便是分开建立的两套制度，1954年宪法明确规定："中华人民共和国劳动者在年老、疾病或者丧失劳动能力的时候，有获得物质帮助的权利，国家举办社会保险、社会救济和群众卫生事业，并且逐步扩大这些设施，以保证劳动者享受这种权利。"由此可见，不论是企业还是机关事业单位，其职工的社会保障都应当是由国家承担的，企业职工通过建立社会基本养老保险已经实现这一权利，但机关事业单位职工养老金的发放理论上还是单位保障。由于时代局限性，最初建立的这些社会保障制度都存在不同程度的问题，比如缺乏激励、没有效率，因此之后各国纷纷进行了改革。

另一方面，马克思主义认为，权利和义务是相辅相成、不可分割的，权利和义务是对立统一的，没有无权利的义务，也没有无义务的权利，权利和义务不能单独存在，而是应当互为前提。这就要求在设计机关事业单位职工养老保险制度时，同样应当保持权利义务相一致的原则，缴费比例与支付比例应当保持一致。但要注意的是，缴费支付相一致原则并不意味着养老金模式一定是 DC式，而是应当结合机关事业单位工资制度和其工作内容的正外部性，保证一定的待遇水平，但财政压力和与企业的养老金差距等现实要求也意味着机关事业单位职工养老保险制度不可能是完全的 DB 式，因此，在改革方向上，可以选择 DC 与 DB 相结合的形式，但两者在制度中的比重仍有待进一步分析。

3.3.2　新制度主义理论视角下的养老保险改革

制度主义强调制度分析对现实问题的解释，制度是一种关系的约束，它被广泛运用于经济学、政治学和社会学分析中。例如，经济学方面，制度变迁理论、制度成本、交易费用等理论或概念对于解释经济问题提供了新的思路；社会学方面，社会学家认为制度影响着人类的经济行为和社会行为；政治学方面，与行为主义政治学的分析路径相比，新制度主义政治学的分析认为行为不能成为政治分析的基本要素，重点回归到组织和法律制度之上。它的假设基础是"社会人"而非"理性人"，与理性人相比，社会人强调人的社会性需求，认为人与人的关系以及组织归属感同样可以提供激励。社会人不仅追求收入，而且追求社会认同，因此社会人会强调义务和责任，但也不否认个人的利益。在此基础上的新制度主义政治学认为人的偏好内生于制度，因此对人的行为、观念的分析也需要放在制度框架内，好的制度应当是制度价值可以被个人所认同且对个人行为产生有效规制的制度。

新制度主义建立的代表人物是马奇（James G. March）和奥尔森（Johan P. Olsen），他们对理性选择进行了批判，提出制度约束应该是政治学研究的重点。个体偏好并不一定是明智的，集体决策也不一定是大多数个体偏好的结果，而是由决策制度所决定的。这一观点使传统的理论学者进行了反思并开始将理性行为和制度约束结合起来，由此发展出了理性选择制度主义流派。尼（Victor Nee）和英格拉姆（Paul Ingram）认为制度是社会治理关系的一种正式或非正式的规范网，它通过相互作用使人们产生群体行为，小至家庭大至整个经济体都受到制度的规范。但新制度主义本身发展比较分散，并未形成一个完整统一的流派，盖伊（B. Guy Peters）将新制度主义划分为了规范制度主义、理性选择制度主义、历史制度主义、经验制度主义、社会学制度主义、利益代表制度主义和国际制度主义七个流派；克拉克（William Roberts Clark）从方法论的角度将之划分为了"结构主体论"和"行动主体论"两种流派；而霍尔（Peter A. Hall）和泰勒（Rosemary C. R. Taylor）则将新制度主义划分为了历史制度主义、理性选择制度主义和社会学制度主义三种流派，他们的三分法在推出后被学界广为接受。但这三种流派的理论假设和分析路径并不相同，历史制度主义的假设基础是压力集团的利益竞争构成了政治过程，因此它们的分析路径是不同国家不同制度对压力集团行为的影响及其结果差异；理性选择制度主义其实是套用了制度经济学的经济理性人假设，构建了政治人假设，分析路径是如何通过制度解决政治过程中的从个体理性到集体非理性的问题，从而达到符合相关行动者利益的政治结果；社会学制度主义其实是社会组织理论革新的结果，该流派认为组织体制同质化的动力是场域内的合法性压力，即个体角色认同的源头是制度提供了"行为规范"。

由于新制度主义流派的分散，不同视角和理论假设对于同一问题的分析路径可能完全不同，但是单从新制度主义整体的基本理论视角来说，它为我们理解养老保险改革问题提供了另一种分析思路，即养老保险制度的建立会对个人的行为产生怎样的影响。机关事业单位养老保险制度的建立会带来一系列正式制度和非正式制度的变革，这势必对制度内群体的观念和行为造成直接冲击，而制度外群体也会受影响。如何才能满足相关行动人即制度参与者的利益，并在社会文化背景和组织场域内保持制度的合法性是机关事业单位养老保险改革需要解决的重要问题。

综上，本部分从经济学、社会学和政治学的有关理论视角下对事业单位职工养老保险制度改革的必要性、可行性和有效性进行了探讨。对于事业单位养老金的待遇问题、模式选择问题、制度影响进行了反思，为养老保险改革的实践提出了需要进一步探讨的理论问题。

第 4 章

水利事业单位现状与改革历程

4.1 水利事业单位现状分析

4.1.1 单位基本情况

目前，水利部所属各级事业单位共有 507 家，其中中央编办批准设立的事业单位 43 家（含水利直属事业单位 27 家）；流域机构所属各级事业单位 456 家。水利部所属各级事业单位中，水电局、移民局、流域机构以及其所属各级河务管理机关、水资源保护机关等 182 家单位为参照公务员法管理的事业单位。

4.1.2 分类改革情况

分类推进事业单位改革，是继国有企业改革、政府机构改革之后的又一项重大改革。水利直属事业单位具有分级管理、规格高、业务内容广泛、规模大、专业性强的特点。水利系统内部比较复杂，管理层级多达 6 个层级，人员数量众多。在推进水利单位分类改革的过程中，面临着以下形势：一个是区域差别比较大；二是单位性质差别比较大，有些单位由公益性单位转为企业，加入了企业养老保险，具备一定的特殊性；三是很多事业单位办企业，导致有些企业职工是事业编制，甚至工资也是事业单位发的。可见，推进事业单位分类改革进程情况比较复杂。

4.1.3 职工基本情况

4.1.3.1 职工分布情况

目前，水利部直属事业单位正式编制人员为 22796 人，在研究中为了更好地了解事业单位现有企业的人员情况和养老保险情况，扩大了数据分析范围，也分析了企业编制人员的相关情况。

截至 2014 年年底，水利部直属事业单位从业人员总数为 74208 人，其中，在岗职工为 67338 人，占到从业人员总数的 91%，劳务派遣人员 4829 人，占比为 6%，其它从业人员为 2041 人，占比 3%，如图 4.1 所示。

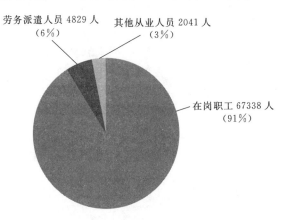

图 4.1　水利部直属单位从业人员数量构成

在岗职工中，其中党政人员 5147 人，专业技术人员 28416 人，经营管理人员 6535 人，工勤技能人员 27240 人，如图 4.2 所示。在全部在岗职工中，其中女性职工总数为 18672 人，占比 27.73%，男性为 48666 人，占比 72.27%。

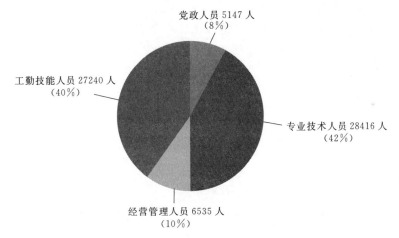

图 4.2　水利部直属单位各类职工数量分布

4.1.3.2　年龄结构

将部直属单位职工分为 35 岁以下、36～45 岁、46～54 岁、55 岁及以上 4 个年龄段从纵向上进行考察。

2014 年，部直属单位 35 岁以下年龄段职工人数为 23245 人，36～45 岁年龄段职工人数为 19216 人，46～54 岁年龄段职工人数为 19211 人，55 岁及以上年

齢段职工人数为 5666 人。4 个年龄段职工人数占职工总人数的比例分别为
34.52%、28.54%、28.53%、8.41%，如图 4.3 所示。

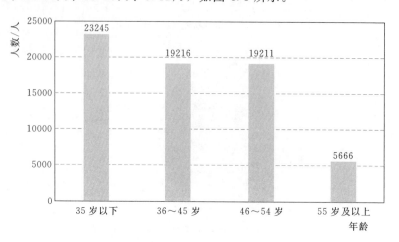

图 4.3　2014 年各年龄段职工数量

4.1.3.3　学历结构

在全部职工中，截至 2014 年年末，拥有研究生学历的人数为 7218 人，大学
本科学历人数为 24848 人，大学专科学历人数为 15646 人，中专学历人数为
5295 人，高中及以下学历人数为 14331 人。各学历人数占职工总人数的比例分
别为 10.72%、36.90%、23.24%、7.86%、21.28%，大学本科学历占比最大，
如图 4.4 所示。

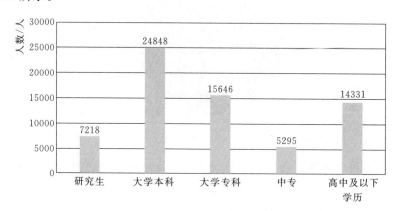

图 4.4　2014 年部直属单位职工的学历情况

如表 4.1 所示，其中，在党政人员中，大学本科人数最多，为 3283 人，占
比为 63.78%，其次是研究生学历，人数为 1052 人，占比为 20.44%，大学专
科、中专、高中及以下人数分别为 647 人、122 人、43 人，占比分别为

12.57%、2.37%、0.84%。

表 4.1		2014 年部直属单位职工学历分布情况				
各类人员数量及占比	学历水平	研究生	大学本科	大学专科	中专	高中及以下
党政人员	人数/人	1052	3283	647	122	43
	所占比例/%	20.44	63.78	12.57	2.37	0.84
专业技术人员	人数/人	5620	14727	6073	1447	549
	所占比例/%	19.78	51.83	21.37	5.09	1.93
经营管理人员	人数/人	506	3832	1586	253	358
	所占比例/%	7.74	58.64	24.27	3.87	5.48
工勤技能人员	人数/人	40	3006	7340	3473	13381
	所占比例/%	0.15	11.03	26.95	12.75	49.12

在专业技术人员中，同样是大学本科人数最多，为 14727 人、占比为 51.83%，其次是大学专科，人数为 6073 人，占比为 21.37%，研究生、中专、高中及以下学历的人数分别为 5620 人、1447 人、549 人，占比分别为 19.78%、5.09%、1.93%。

在经营管理人员中，依旧是大学本科人数最多，为 3832 人，占比为 59.00%，其次是大学专科，人数为 1586 人，占比为 24.00%，研究生、中专、高中及以下学历水平的人数分别为 506 人、253 人、358 人，占比分别为 8.00%、4.00%、5.48%。

在工勤技能人员中，高中及以下人员的人数最多，为 13381 人，占比为 49.12%，其次是大学专科，人数为 7340 人，占比为 26.95%，研究生、大学本科、中专学历水平的人数分别为 40 人、3006 人、3473 人，占比分别为 0.15%、11.03%、12.75%。

4.1.4 发展趋势
4.1.4.1 人才总量变化
在人员数量上，通过近四年的数据不难发现，部直属单位职工总人数呈现下降的趋势，从业人员由 2011 年的 80846 人下降到 74208 人，减少了 6638 人，降幅 8.21%。在岗职工由 2011 年的 75126 人下降到 2014 年的 67338 人，减少了 7788 人，降幅 10.37%。

4.1.4.2 年龄变化
在年龄上，35 岁以下职工数量变化趋势不大，总体平稳，略有上升，到了 2014 年已经成为人数最多的群体。36～45 岁、46～54 岁两个年龄组的职工数量

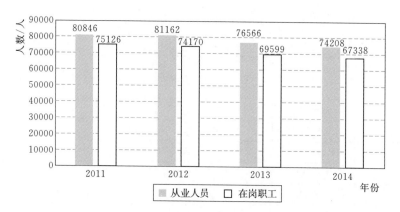

图 4.5　2011—2014 年部属单位从业人员和在岗职工总数

均呈现明显的下降趋势，前一个年龄组减少了 5001 人，后一个年龄组减少了 3617 人，55 岁以上职工人数略有上升后，又稳中有降，总体上较之前增加了 300 多人。见表 4.2、图 4.6。

表 4.2　　　　　2011—2014 年部直属单位各年龄段职工人数　　　　　单位：人

年份	总人数	35 岁以下	36~45 岁	46~54 岁	55 岁以上
2011	75126	22828	24217	22756	5325
2012	74170	23642	23180	21278	6070
2013	69599	23047	21147	19573	5805
2014	67338	23245	19216	19211	5666

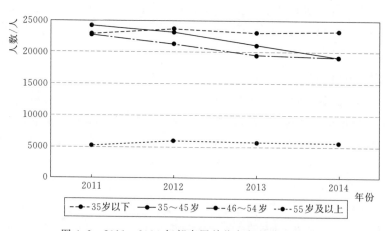

图 4.6　2011—2014 年部直属单位各年龄段人数情况

4.1.4.3 学历变化

从学历上看，研究生学历、大学本科的学历水平的人数是递增的，其中研究生学历的人数从 2011 年的 5458 人增加到 2014 年的 7218 人，大学本科人数从 2011 年的 23586 人增加到 2014 年的 24848 人。而大学专科、中专、高中及以下的学历人数都是递减的，其中，大学专科人数从 2011 年的 17830 人下降到 2014 年的 15646 人，中专人数从 2011 年的 7974 人降低到 2014 年的 5295 人，高中及以下学历的人数下降的幅度最大，人数最多，从 2011 年的 20278 人下降到 2014 年的 14331 人，减少了 5947 人。见表 4.3、图 4.7。随着人才学历结构的改善，拥有高学历的职工会越来越多，并且偏向年轻化，高技能人才的整体素质越来越高。

表 4.3　　　　　　　　　2011—2014 年各学历水平人数情况

年份	学历水平	研究生	大学本科	大学专科	中专	高中及以下
2011	人数/人	5458	23586	17830	7974	20278
2011	所占比例/%	7.27	31.40	23.73	10.61	26.99
2012	人数/人	6033	24254	18237	6892	18754
2012	所占比例/%	8.13	32.70	24.59	9.29	25.29
2013	人数/人	6770	24494	16765	6301	15269
2013	所占比例/%	9.73	35.19	24.09	9.05	21.94
2014	人数/人	7218	24848	15646	5295	14331
2014	所占比例/%	10.72	36.90	23.24	7.86	21.28

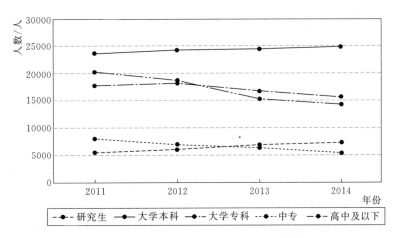

图 4.7　2011—2014 年各学历水平人数情况

4.2 水利事业单位养老保险改革历程

4.2.1 水利部成立社保局、养老保险行业统筹阶段

4.2.1.1 水电部开始行业统筹

1986年，原水电部考虑水利电力直属单位离退休职工队伍庞大、年龄老化严重，同时存在住地比较分散、条件比较艰苦的实际困难，加上在行政管理上属于"条条管理"的情况，经国务院批准，水利电力系统的机关事业单位中的合同制工人开始实行养老保险行业统筹。

4.2.1.2 水电部撤销、水利部成立阶段

1988年，水电部拆分、水利部成立，水利系统直属单位的养老保险行业统筹也独立出来，由水利部离退休经费统筹办公室领导与管理，自此水利部直属单位的养老保险行业统筹进入独立运行的第二阶段。当时，有十几个单位的27444人参加，其中离退休职工4556人，占总数的16.6％。1993年，水利部成立专门的社保管理机构——水利部社会保障管理局，统一负责水利部直属系统的社会保险工作。

4.2.1.3 水利行业职工养老保险制度改革阶段

1996年1月1日起，水利部在直属单位进行养老保险制度改革试点，这是水利行业养老保险改革历程中的里程碑。试点主要针对部直属企业、企业化管理的事业单位和部直属单位所办的控股企业，凡申请参加水利行业养老保险统筹的单位应有完整的可行性报告和基金收缴、支付的预测及分析报告，报水利部审批后执行。

同时，按照基本养老保险社会统筹与个人账户相结合的原则，按照职工个人工资收入的12％建立职工基本养老保险个人账户。职工退休时，其基本养老金分为两部分：第一部分为社会性养老金，按水利行业职工平均工资的20％计发；第二部分为个人账户养老金，按照个人账户储存额的一定比例计发。

4.2.2 行业统筹移交地方（1998—2002年）

4.2.2.1 行业统筹的水利企业职工基本养老保险移交地方

从1998年1月1日起，按照《国务院关于建立统一的企业职工基本养老保险制度的决定》，水利行业养老保险向统一的企业职工基本养老保险制度并轨。单位按全部职工工资总额的18％缴纳基本养老保险费，职工个人按本人缴费工资的4％缴纳基本养老保险费，以后每两年提高1个百分点，最终达到本人缴费工资的8％。个人账户按职工本人缴费工资的11％建立，由个人缴费和企业划入

两部分组成。行业统筹移交地方后退休的人员，执行省（自治区、直辖市）的办法（即统一的国家基本养老保险制度在地方的具体实施办法），按地方办法计算的待遇低于原基本养老保险行业统筹计发办法的部分，采用补贴的形式发放。

4.2.2.2 直属事业单位劳动合同制职工基本养老保险移交地方

1998 年行业统筹移交地方管理时，原行业统筹的水利企业职工基本养老保险已移交有关省（自治区、直辖市）管理，但部直属事业单位劳动合同制职工基本养老保险尚未移交。为妥善解决原水利行业统筹遗留问题，促进水利事业单位的改革和发展，自 2000 年 9 月 1 日起，水利部直属事业单位劳动合同制职工基本养老保险移交所在省（自治区、直辖市）社会保险机构管理。移交后缴费比例、待遇计发等政策按国家有关规定执行。水利事业单位劳动合同制职工积累的基本养老保险基金，全部移交到所接收的省（自治区、直辖市）社会保险机构，由行业统筹转变为地方统筹。

4.2.2.3 事业单位转制为企业的按企业参加养老保险

事业单位转制为企业的按企业参加养老保险的单位包括：长江勘测规划设计研究院、中国水利水电出版社及 6 家流域机构所属的勘察设计企业。

自 2000 年开始国务院及有关部门连续下发了《国务院办公厅转发建设部等部门关于中央所属工程勘察设计单位体制改革实施方案的通知》（国办发〔2000〕71 号）、《关于国家经贸委管理的 10 个国家局所属科研机构转制后有关养老保险问题的通知》（劳社部发〔2000〕2 号）、《关于印发建设部等 11 个部门（单位）所属 134 个科研机构转制方案的通知》（国科发政字〔2000〕300 号）等文件，国家开始进行勘察设计单位体制改革和科研体制改革，经国务院批准，国家经贸委所属的原 10 个国家局管理的 242 个科研机构、中央所属的 178 家工程勘察设计单位及建设部等 11 个部门（单位）所属的 134 个科研机构均转制为企业，在职人员退休后参加企业养老保险。水利部流域机构的长江勘测设计研究院等 6 家勘测设计单位转制为企业，同时参加企业养老保险。

自 2012 年开始，根据中央关于分类推进事业单位体制改革的意见，国家研究制定完善新闻出版事业单位改革的实施办法，加快推进新闻出版事业单位人事、收入分配、社会保障制度和管理机制改革，健全考核、激励和约束机制。2014 年，中央出台了《深化新闻出版体制改革实施方案》，推动党政部门与所属新闻出版企事业单位进一步理顺关系，推进新闻出版单位体制改革，探索国有出版企业股权激励机制，部分新闻出版单位由原来的事业单位转为企业，离退休人员和在职人员的养老保障政策参照勘测设计单位体制改革的政策执行。水利部直属的中国水利水电出版社按统一政策进行改革转制为企业，在职人员按规定实行企业养老保险制度，参加了北京市社会保险。

4.2.2.4 水管单位转制为管护企业的基层水管单位按企业参加社会保险

为了保证水利工程的安全运行，充分发挥水利工程的效益，2002年国务院办公厅下发了《国务院办公厅转发国务院体改办关于水利工程管理体制改革实施意见的通知》（国办发〔2002〕45号），决定通过深化改革，初步建立符合我国国情、水情和社会主义市场经济要求的水利工程管理体制和运行机制，分类推进人事、劳动、工资等内部制度改革。其中对企业性质的水管单位，明确要落实社会保障政策。各类水管单位应按照有关法律、法规和政策参加所在地的基本医疗、失业、工伤、生育等社会保险。

在全国统一的事业单位养老保险改革方案出台前，保留事业性质的水管单位仍维持现行养老制度。转制为中央企业的水管单位的基本养老保险，可参照国家对转制科研机构、工程勘察设计单位的有关政策规定执行。各地应做好转制前后离退休人员养老保险待遇的衔接工作。水利部流域机构所属的转为企业的水管单位职工全部参加企业养老保险。

4.2.2.5 水利部驻上海的事业单位参加上海市的改革试点

水利部驻上海的事业单位参加上海市的改革试点，这些单位包括：太湖局、长委水文局所属的长江口局。

上海市是实行机关事业单位养老保险制度改革起步较早的地方之一，要求凡是在上海市境内的机关事业单位全部参加养老保险。水利部太湖流域管理局机关及其所属的7家事业单位、长江水利委员会水文局所属的长江口水文水资源勘测局、长江流域水资源保护局上海局自20世纪90年代开始就参加了上海市的机关事业单位养老保险。

第 5 章

水利事业单位养老保险改革执行情况分析

5.1 水利事业单位职工调查问卷分析

为了解水利事业单位职工对于机关事业单位养老保险改革所持态度、对于养老保险的了解情况，实证分析职工对于养老保险改革的期望和态度，更贴合实际地分析推进养老保险改革的影响因素，引入了 SPSS 软件进行改革实践基础分析以下为分析结果。

5.1.1 水利事业单位养老保险相关情况分析

5.1.1.1 职工基本情况概述

本书编写人员以水利事业单位职工为例，进行了实地问卷调查，涉及单位共计 40 家，采用滚雪球抽样法，发放问卷 820 份，回收有效问卷 785 份。调查样本中，男性比例为 55.5%，女性比例为 44.5%，男女分布比较平均，受访者最大年龄为 60 岁，最小年龄为 22 岁，平均年龄为 40.4 岁。受访者的单位性质以事业单位为主，占到 68.8%；其次为企业，占到 29.2%；受访者单位是机关和社会团体的，所占比例较低，约 2%。

从调查中看出，受访者普遍学历水平偏高，学历的频次分布情况如图 5.1 所示，87.2% 的受访者都是本科学历及以上，其中硕士和博士占到 40% 以上，专科及以下学历水平占的比例最低。

在受访者职称的分布情况上，86.0% 的受访者为干部身份，14.0% 为工人身份，他们的职称分布情况见表 5.1。可以看出，干部职称比例最大的是高级职称，比例为 40.3%，其次为中级职称，比例为 34.6%；工人之中，中级工比例最高，占到 36.3%，其次为高级工，比例为 29.2%。

受访者职位的频次分布情况如图 5.2 所示，60% 以上是一般职工，科室负责人占 17.9%，部门负责人占 15.3%，单位负责人占 3.2%，比例随着职位的提高逐级递减。

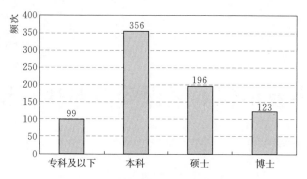

图 5.1　受访者学历的频次分布情况

表 5.1　　　　　　　　　　受访者的职称分布情况

干部职称			工勤技术等级（工人）		
职称	频次	比例/%	技术等级	频次	比例/%
初级及以下	92	13.5	初级工	20	17.7
中级	235	34.6	中级工	41	36.3
高级	274	40.3	高级工	33	29.2
正高级	79	11.6	技师	19	16.8
总计	680	100.0	总计	113	100.0

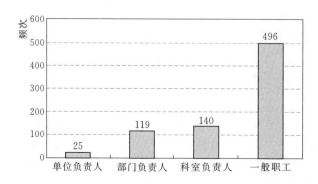

图 5.2　受访者职位的频次分布情况

受访者月均收入的频次分布情况如图 5.3 所示，可以看到，月均收入在5000 元以上 10000 元以下的人数最多，收入水平比较集中。根据受访者收入分布情况可以推测水利单位系统 70％以上的人月均收入在 10000 元以上。

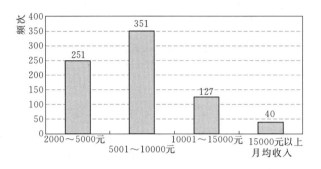

图 5.3　受访者月均收入的频次分布情况

　　受访者退休年份的频次分布情况如图 5.4 所示，可以看到 50％以上的受访者距离退休还有 15 年以上的时间，也就是说，这部分人完全可以做到个人缴费缴满 15 年，不需要额外的过渡措施，此类人越多意味着转轨成本比较低，对养老保险改革推进来说是利好的。然而与此同时，也需要注意到还有超过 40％的职工是在 15 年内要退休的，即单纯靠他们本人的个人缴费是不能满足缴满 15 年的最低的养老金发放标准的，这一部分人如果之前没有参加过社会养老保险的话，是需要单位和政府去补差的，否则他们连领取养老金的基本条件都达不到。而根据衔接政策的规定，对于"中人"的制度安排是给了单位十年的过渡期，十年内比照新老办法，保证中人较老办法待遇不降低，单位为他们补齐个人缴费，这里的"中人"其实包括了所有现在已经在职的职工。"保证待遇不降低"这一标准看似简单，但其实包含了很多种假设：一种是新的养老金办法一定比旧的养老金办法待遇低，那这就意味着单位要在十年过渡期内根据职工工龄补齐所有视同缴费的养老金；第二种是新的养老金办法一定比旧的养老金办法待遇高，衔接政策规定要求对高出的部分进行限制，具体如何限制没有要求，但

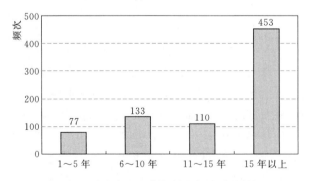

图 5.4　受访者距退休年份的频次分布情况

是如果按照保险的原则,待遇与缴费是挂钩的,退休后的高待遇水平意味着在职时个人和单位的高缴费,如果退休后发现待遇太高了就开始限制待遇,对于在职时承担了大量养老保险缴费的个人和单位来说其实也是不公平的,因此,比较合理的限制应该是对未来的待遇有一个明确的预测,如果预测到未来待遇水平可能会超过衔接政策规定,那么在缴费环节就进行限制,而不是在缴完费后发现待遇太高,又降低待遇,这种限制是违背保险原则的。

综上所述,调查结论为:受访者男女比例相当,年龄分布较为分散,整体教育水平较高,收入高于北京市社会平均水平,职业分布多为一般职工,职称多为中高层干部,整体素质较高;超半数职工距离退休还有 15 年以上,"保证待遇不降低"这一原则虽然看似简单,但在实际操作上,还存在很多问题需要慎重把握,否则很容易形成改革的反复。

5.1.1.2 职工参保及养老金情况概述

在受访者中,社会养老保险参保和未参保的比例大致相当,参保者略高于未参保者,见表 5.2。参保年限超过 10 年的,占到全体受访者的 32%,占到参保者的 60% 以上,说明很多人在本轮养老保险改革之前就已参保,参保的员工主要是随单位参保,很多人对社会养老保险实际并不了解,对于这一问题,下文将进一步深入分析。

表 5.2　　　　受访者参加社会养老保险以及参保年限的分布情况

参保情况	频次	所占比例/%
未参保	342	46.0
已参保	401	54.0
不到 1 年	17	2.3
1～5 年	60	8.1
5～10 年	85	11.4
10～15 年	61	8.2
15 年以上	177	23.8
总计	743	100.0

进一步将受访者的社会养老保险参保年限和距离退休年龄的年限进行交叉分析,得到的频次分布见表 5.3。通过表 5.3 可以看到,除去未参保的,参保者的参保年限和距退休年龄年限大致是相反的关系,即工龄越长的,参保年限越长。可以看到,近 10 年内将退休的参保者参保未满 10 年的仅为 20 个,因此本次养老保险改革对于之前单位就已经实施社会养老保险制度的单位来说转轨压力较小,相对的,对于从未参保的单位来说压力就明显较大。

表 5.3　　社会养老保险参保年限和距离退休年龄的年限交叉后的频次分布表

参加社会养老保险的年限 ＼ 距离退休年龄的年限	1～5 年	6～10 年	11～15 年	15 年以上	总计
不到 1 年	1	2	1	13	17
1～5 年	5	3	0	52	60
5～10 年	1	8	3	73	85
10～15 年	6	10	18	27	61
15 年以上	28	53	52	42	170
未参保	26	50	32	229	337
总计	67	126	106	436	735

　　受访者补充养老保险参保分布情况见表 5.4，参加商业养老保险的受访者比例更低，仅占 8.1％。参加企业或职业年金的比例相对较高，占到 29.4％，还有 22.4％自己也不知道是否参加了年金，职工参加年金也主要是因为单位规定要参加，很多人并不清楚为什么要参加。

表 5.4　　　　　　　　　受访者补充养老保险参保分布情况

商业养老保险			企业或职业年金		
是否参与	频次	所占比例/％	是否参加	频次	所占比例/％
是	62	8.1	是	222	29.4
否	680	86.6	否	364	48.2
其它	18	2.3	不知道	169	22.4
总计	760	97.1	总计	755	100.0

　　本次养老保险改革的一个重要方面是加强以职业年金为主体的补充养老保险的建立，因此本书编写人员对职工参加年金的情况进行了更深入的分析，表 5.5 进一步描述了受访者参加企业或职业年金的年限分布情况，除去 71.1％未参加或不知道自己是否参加年金的受访者，可以看出，在参加者中，大部分参加年限分布在 5～10 这个阶段上，占到 14.0％，其次为 1～5 年，占到 8.4％，参加年金 10 年以上的受访者仅占 5.5％，单位年金制度的建设仍需进一步推进。

　　在单位养老金水平方面，受访者对目前单位退休金水平的横向主观判断情况见表 5.6，50.1％的受访者认为本单位与同类单位相比退休水平差不多，还有超过 40％的受访者认为与同类单位相比本单位的养老金水平偏低，极少的人认为本单位的养老金水平偏高了，仅有1.3%。而与当地其它类单位相比，受访者对于本单位退休水平的评价会相对高一些，55.3%的人认为养老金水平差不多，3.7%的人认为相对偏高，认为偏低的受访者虽然比与同类的单位相比要少一些，但也有32.9%。可见很多受访者对目前单位的退休水平并不是很满意。

表5.5　　　　　　　　受访者参加企业或职业年金的年限分布情况

参加年限	频次	所占比例/%
不到1年	8	1.0
1～5年	66	8.4
5～10年	110	14.0
15年	25	3.2
15年以上	18	2.3
未参加或不知道	558	71.1
总计	785	100.0

表5.6　　　　　　受访者对目前单位退休金水平的横向主观判断情况

退休水平与同类单位相比			退休水平与本地其它类单位相比		
退休水平	频次	所占比例/%	退休水平	频次	所占比例/%
偏高	10	1.3	偏高	28	3.7
中等	381	50.1	中等	421	55.3
偏低	306	40.3	偏低	250	32.9
其它	63	8.3	其它	62	8.1
总计	760	100.0	总计	761	100.0

以上横向比较了单位退休金水平和其它单位的退休金水平，表5.7则从纵向比较了职工个人退休收入和在职收入的水平，可以看到，超过90%的受访者认为退休收入会低于在职收入；而超过60%的受访者能够接受的最低养老金替代率是70%，即退休收入与在职收入之比是70%。而根据学者对目前企业养老金替代率的测算，2013年养老金替代率大约是47%左右，相比之下，能够接受这一替代率的受访者仅占9.9%，可见大家对于退休水平还是有一个偏高的期待，偏高的养老水平预期对于改革的推进是不利的，这也是之前机关事业单位养老保险试点改革难以推进的一个重要原因，因为旧制度对于养老金替代率的承诺是很高的，大部分职工可以达到80%～90%的替代率，对于大多数职工来说养老金是在职收入的70%已经是可以

接受的最低水平了。不过机关事业单位养老金替代率虽然高，但是退休金的绝对水平并没有太高，替代率高很大程度上是因为在职收入偏低。因为机关事业单位原有的薪酬制度和养老金制度本身是相互关联的，是靠养老金来弥补薪酬方面的不足。

表 5.7　　　　受访者对目前单位退休金水平的纵向主观判断情况

预计退休收入与在职收入相比			能接受的最低养老金替代率		
收入比较	频次	受访人数所占比例/%	受访人数所占比例/%	频次	养老金替代率/%
			70	496	67.6
上升	37	7.5	60	106	14.4
下降	454	92.5	50	59	8.1
			低于 50	73	9.9
总计	491	100.0	总计	734	100.0

在养老方式的选择上，80%以上的人偏向于社会养老，同时也有40%受访者选择自我养老，选择家庭养老的比例最低，仅占24.80%，如图5.5所示。

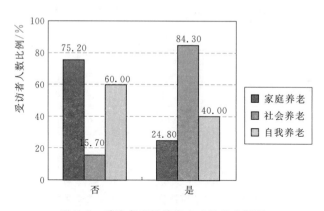

图 5.5　受访者选择养老方式的分布情况

综上所述，受访者社会养老保险参保和未参保的比例大致相当，参保者略高于未参保者，占到54.0%，参保年限超过10年的，占到全体受访者的32.0%，对于之前就实施社会养老保险的单位来说本次改革的转轨成本相对较低，但对从未参保的单位来说压力就大得多；参加商业养老保险和企业年金或是职业年金的受访者比例较低，分别占8.1%和29.4%，参加年金超过10年的仅占5.5%；在单位养老金水平方面，大部分受访者认为本单位养老金水平和其它单位差不多或者偏低，超过 90% 的受访者认为退休收入会低于在职收入，超过 60% 的受访者能够接受的最低养老金替代率是 70%；在养老方式的选择上，职工更倾向于社会养老。

5.1.1.3 养老方式比较分析

为了进一步分析是什么因素影响了人们对于养老方式的选择，本书编写人员进行了变量间的卡方检验，将受访者的学历、年龄、性别等个人因素和工作相关因素分别与养老方式的选择进行了相关性检验，发现这些变量大多关系都是不显著的，只有平均月收入和距退休年龄的年限具有显著性。

为进一步分析月平均收入和距退休年龄的年限这两个变量对社会养老方式的选择存在怎样的分布，本书编写人员分别就这两个变量与社会养老方式进行了交叉分析，见表 5.8、表 5.9。从表 5.9、表 5.10 可以看到，月收入处于中下水平的受访者选择社会养老的倾向更高，因为实际频次与期望频次差距最大，相对收入中上的，对于社会养老的倾向会更低；而在距退休年龄方面，越接近退休的受访者选择社会养老的倾向越大，反之越小。由此可以得出结论，越接近退休的收入相对较低的职工越倾向于社会养老，这是符合经验判断的。

表 5.8　　　　　　　月收入情况与是否选择社会养老方式交叉表

是否选择	月平均收入/元	2000~5000	5001~10000	10001~15000	15000 以上	总计
否	频次	41	39	32	5	117
	期望值	37	54	20	6	117
是	频次	191	303	93	35	622
	期望值	194	288	105	34	621
总计	频次	232	342	125	40	739

表 5.9　　　　　　　距退休年龄与是否选择社会养老方式交叉表

是否选择	距退休年龄/年	1~5	6~10	11~15	15 以上	总计
否	频次	5	17	10	84	116
	期望值	11	20	17	68	116
是	频次	65	110	98	353	626
	期望值	59	107	91	369	626
总计	频次	70	127	108	437	742

综上所述，目前影响人们养老方式的主要因素还是收入、距退休年龄等客观因素，而非学历、个人偏好等主观因素，社会养老对于即将退休的低收入群体来说是最迫切需要的养老方式，传统的家庭养老已经逐渐不适合目前的社会结构和家庭结构，任何性质的单位职工加入社会养老保险都是非常必要的。

5.1.2 水利事业单位职工养老保险改革认可与期望分析

5.1.2.1 养老保险认知度分析

在分析职工对养老保险改革的认知度之前，先分析一下职工对养老保险的了解情况和认同情况。由表5.10可见：近60%受访者对于社会养老保险并不了解，了解社会养老保险的受访者中，也有少部分的人并不清楚单位缴费比例（20%）和个人缴费比例（8%），与之相对应的，单位是否宣传过养老保险的比例与是否了解养老保险的比例大致相当；但近80%受访者认为有必要参保，认为没有必要参保的仅占8.8%。由此可以看出，虽然大部分职工对于社会养老保险的了解程度并不高，但是对它的认同度却是很高的，在这种情况下，加强相关宣传教育的边际效益是很高的。

表5.10　　　　　　　社会养老保险认知度和宣传度的分布情况

是否了解社会养老保险 （所占比例/%）	单位是否宣传过养老保险 （所占比例/%）	职工参保是否必要 （所占比例/%）
了解（40.1）	是（41.4）	是（78.8）
不了解（59.9）	否（20.6）	否（8.8）
	不知道（38.0）	无所谓（12.4）
总计（100.0）	总计（100.0）	总计（100.0）

补充养老保险的认知度方面，与基本养老保险一致的是，大部分职工虽然不了解年金，但是大部分职工还是认为参加年金是必要的。

在对本次养老保险改革的了解情况上，如图5.6所示，可以看到大部分人并不了解本次养老保险改革，认为自己了解本次养老保险改革的受访者仅占19.0%。

在对养老金并轨的原因分析上，见表5.11，40%以上的受访者同意养老金并轨是因为国家财政压力过大以及养老金差距过大，但也有近30%的受访者反对养老金并轨是因为财政的原因，反对养老金差距过大是并轨重要原因的受访者比例相对较低，占17.2%。

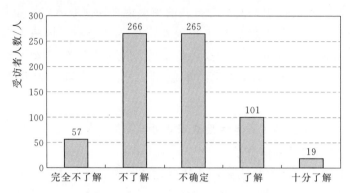

图 5.6　对本次养老保险改革的了解情况

表 5.11　　　　　　　　　养老金并轨的重要原因

财政压力是养老金并轨的重要原因			养老金差距是养老金并轨的重要原因		
是否同意	频次	所占比例/%	是否同意	频次	所占比例/%
非常不同意	45	6.3	非常不同意	34	4.8
不同意	144	20.2	不同意	88	12.4
中立	209	29.3	中立	260	36.6
同意	249	34.9	同意	267	37.6
非常同意	66	9.3	非常同意	62	8.7
总计	713	100	总计	711	100

此外，随着人口老龄化的加剧，越来越多的人意识到养老保险所面临的严峻问题，如图 5.7 所示，62.2%的人同意养老保险缴费压力越来越大，反对者仅占 8.0%。

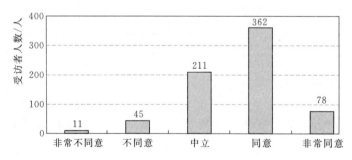

图 5.7　养老保险缴纳压力越来越大

然而，虽然越来越多的人意识到了逐渐加大的养老保险缴费压力，但对于如何缓解这一压力的具体措施还不是十分了解。在保障基础养老金待遇的前提下，西方国家降低缴费率最常见的做法是延长缴费年限，即近几年讨论的热点——延迟退休问题，但是，如图5.8所示，受访者对延迟退休可以缓解养老金缴费压力大多还是持怀疑态度，51.2%的受访者并不认为延迟退休可以缓解缴费压力，仅有23.7%的受访者认为延迟退休可以缓解缴费压力。因此，大部分受访者也并不认为延迟退休是一项利好政策。

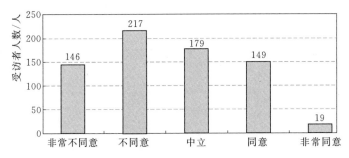

图5.8 延迟退休可以延缓养老保险缴纳压力

综上所述，目前职工对于社会基本养老保险和补充养老保险的认知度并不高，但是不了解却能认同它们——大部分人都认为参加社会基本养老保险和补充养老保险是必要的；另外，人们对养老保险改革的了解程度也很低，对于一些问题的看法也存在偏颇，例如对养老金并轨和延迟退休的问题大家还存在一定的抵触心理。

5.1.2.2 养老保险改革期望分析

在受访者对本次养老保险制度改革效果的预期上，见表5.12，55.3%的受访者认为参加社会养老保险对于个人的退休收入可以产生积极影响，认为会产生消极影响的受访者占16.3%，说明大家对于改革效果持积极态度；同时，受访者对于年金的改革效果更加看好，认为会产生消极影响的比例仅为9.6%。

表5.12 受访者对本次养老保险改革效果的预期

参加养老保险对个人退休收入有积极影响			参加年金对个人退休收入有积极影响		
是否同意	频次	所占比例/%	是否同意	频次	所占比例/%
非常不同意	22	3.1	非常不同意	12	1.7
不同意	94	13.2	不同意	56	7.9
中立	203	28.5	中立	229	32.5
同意	318	44.6	同意	320	45.4
非常同意	76	10.7	非常同意	88	12.5
总计	713	100	总计	705	100

很多受访者认为此次改革将会利大于弊，反对这一观点的受访者仅占

13.9%。但同时，受访者在表达了对养老保险参保的积极态度的同时，对于养老保险并轨表现出了相对消极的态度。由表 5.13 可以看到，不认为并轨后养老金水平会下降的人很少，仅占 10.1%，近 50%的受访者认为并轨后自己的养老金水平会下降，与此同时，人们对于个人利益是否受损的预期和养老金水平下降的预期大体一致，不再赘述。

表 5.13　　　　　　　受访者对养老金并轨对个人影响的预期

并轨后个人养老金会下降			并轨后个人利益受损		
是否同意	频次	所占比例/%	是否同意	频次	所占比例/%
非常不同意	6	0.8	非常不同意	9	1.3
不同意	66	9.3	不同意	83	11.7
中立	287	40.3	中立	308	43.3
同意	283	39.7	同意	254	35.7
非常同意	70	9.8	非常同意	58	8.1
总计	712	100	总计	712	100

同时，在对养老金并轨对于社会的宏观影响方面，由表 5.14 可见，认为养老金并轨会影响到本单位就业吸引力的受访者相对较多，占到了近 60%，认为不会降低吸引力的受访者仅占 12.6%；而认为并轨后整个社会养老保险水平会更公平的受访者占到 48.0%，说明很多受访者意识到养老金双轨制存在不公平这一问题，并轨可以改善这种不公平现象，但是出于对自身利益的考虑，并不十分支持养老金并轨。

表 5.14　　　　　　　受访者对养老金并轨对社会影响的预期

并轨后机关事业单位职业吸引力会降低			并轨后社会养老保险会更公平		
是否同意	频次	所占比例/%	是否同意	频次	所占比例/%
非常不同意	19	2.7	非常不同意	29	4.1
不同意	71	9.9	不同意	66	9.2
中立	211	29.5	中立	277	38.7
同意	329	46.0	同意	288	40.3
非常同意	85	11.9	非常同意	55	7.7
总计	715	100	总计	715	100

综上所述，由于受访者对于养老保险制度改革本身并不十分了解，虽然很多人对改革结果持乐观态度，但是对于养老金并轨却持消极态度，这种矛盾的观点体现了职工对于社会基本养老保险本质上的盲目性，一方面需要政府加强

相关知识的宣传教育，另一方面也需要单位的有关部门积极推进职工观念的转变，认清养老保险改革的本质和并轨的积极意义。

5.2 基于典型单位参加养老保险改革的分析

分析典型水利事业单位参加养老保险改革的情况，对于做好养老保险改革工作具有重要的借鉴意义。根据单位的性质及改革历程选取八家单位作为典型，分为以下类型，即由企业转制为事业单位；由事业单位转制为企业；具有代表性的事业单位；具有代表性的企业；改制不成功的单位以及曾参加养老保险改革试点的单位。

5.2.1 典型单位基本情况介绍

5.2.1.1 由企业转事业，养老保险始终未停的单位

1. 单位基本情况

该单位隶属于水利部，驻地在某中部城市，由企业转制为事业单位。截至2014年年底，职工总数为 56 人，其中男职工 40 人，女职工 16 人；干部 54 人，工人 2 人。

2. 养老保险情况

该单位参加的是所在省企业职工统筹的养老保险，单位缴费比例为 20％，个人缴费比例为 8％。自 1995 年开始缴纳至今，没有中断过。

3. 企业年金

该单位职工参加了企业年金，单位缴费比例为上年度单位工资总额的 1/12（8.33％），个人缴费为职工个人年功工资的 1/2（年功工资等于工龄乘以 10）。给职工的返还方式为：企业年金单位缴费分为两部分分别计入个人账户，即按参加人工龄计算的工龄年金和按职务与职称计算的效益年金。

一是工龄年金按参加人当年年功工资的 2 倍计算；二是当年提取的企业缴费首先满足工龄年金的分配，剩余部分按效益工资系数分配效益年金。

4. 缴费基数核定

单位缴费基数为单位上年度工资总额（不封顶），个人缴费基数为本人上年度工资总收入按所在省上年度在岗职工平均工资的 300％封顶和 60％保底。

5.2.1.2 由事业转企业，实行企业养老保险的单位

1. 单位基本情况

该单位隶属于水利部，驻地在某中南部城市，属于事业单位转制为企业的单位。下设职能部门 10 个、子公司 11 个，截至 2014 年年底，职工总数为

3069 人。

2. 养老保险情况

（1）单位参加情况。2005 年开始执行所在省统筹的企业职工养老保险制度，单位缴费比例为 20％，个人缴费比例为 8％。转制成企业以后，之前的工龄视同缴费，视同缴费指数为 1。

（2）企业年金。2008 年为职工建立了企业年金，按照规定成立了企业年金管委会，执行的是所在省的试点政策，按缴费基数的一个半月缴费，比例为 12.5％。个人缴费是企业缴费的 1/4，两者加起来不超过上年度职工工资总额的 1/6。

（3）缴费基数核定。单位缴费基数为单位上年度工资总额，个人缴费基数为本人上年度工资总收入按所在省上年度在岗职工平均工资的 300％ 封顶和 60％ 保底。

5.2.1.3　按行业政策统一由事业转制为企业的单位

1. 单位基本情况

该单位是水利部直属单位，驻地在北京市，属于按照有关改革要求统一转制为全民所有制企业的单位。截至 2014 年年底，在职职工总数为 230 人。

2. 养老保险情况

该单位参加的是北京市企业职工统筹的养老保险，单位缴费比例为 20％，个人缴费比例为 8％。自 2010 年 7 月开始缴纳至今，没有中断过。

3. 缴费基数核定

在职职工以本人上一年度月平均工资作为缴费工资基数，2010 年 7 月 1 日前按国家规定计算的连续工龄为视同缴费年限，不再补缴基本养老保险费。

4. 退休人员待遇水平平稳衔接

参加基本养老保险后，基本养老金计发办法实行五年过渡期。2010 年 7 月 1 日至 2015 年 6 月 30 日期间达到国家规定的退休年龄并办理退休手续的人员，按照企业办法计发的养老金，如低于按原事业单位计发办法计发的退休费差额部分加发补贴，加发比例逐年递减，所需费用从基本养老保险统筹基金中支付。

5.2.1.4　由事业转企业的行业外单位

1. 单位基本情况

该单位是大型国有建筑设计院，1979 年开始实行事业单位企业化管理，自收自支、自主经营、自负盈亏，属于由事业单位转制为企业的单位。

2. 养老保险情况

该单位参加的是北京市企业职工统筹的养老保险，单位缴费比例为 20％，个人缴费比例为 8%。2008 年研究院为职工补缴了 5 年的养老保险费用，即补缴到 2013 年。

3. 养老金情况

2013 年以后退休的职工领取养老金低于事业单位工资的部分还要补差，补差分为两个部分，其中一部分由社保承担，另外差额部分由单位自己补。

4. 缴费基数核定

作为整体转制企业，社保直接接收"老人"，缴费基数按照实际情况进行申报，需要职工签字确认。转企改制之后就按照事业单位 2012 年 6 月的工资来做比照标准进行补差，至 2017 年进行过渡，目前没有为职工参加企业年金。

5.2.1.5 事业单位参加养老保险改革的单位

1. 单位基本情况

该单位是水利部的派出机构，代表水利部行使所在流域内的水行政主管职责，为具有行政职能的事业单位。

该单位现有直属事业单位 8 个，所属事业单位 13 个。截至 2015 年 7 月，在职职工总数为 433 人。

2. 养老保险情况

按照政策，该单位于 2015 年 7 月 25 日完成了事业单位的调整工资和养老保险及职业年金的初步预缴预扣工作。单位所属事业单位的合同制工人和聘用制干部 31 人参加地方统筹养老保险，但是并未缴纳职业年金。部分在原单位参加过地方统筹养老保险的职工调入机关或所属事业单位，按照规定其养老保险账户暂时封存。

5.2.1.6 始终参加企业养老保险的单位

1. 单位基本情况

该单位为隶属于水利部的国有企业，拥有近万名职工，2000 多名各类专业人才，2014 年资产总额达 141.51 亿元。该单位为职工参加养老保险，改制后的单位管理比较规范，社保制度建立相对完善。

2. 养老保险情况

该单位为职工参加的是所在省企业职工统筹的养老保险，单位缴费比例为 20%，个人缴费比例为 8%。截至 2015 年 5 月，在职职工总数为 7457 人。

3. 企业年金

2004 年该单位为职工参加了企业年金，单位按上年工资总额（缴费基数）的一个半月缴费，职工按本人上年缴费工资基数的 1% 缴费，单位和个人缴费合计不超过上年度职工工资总额的 1/6。

5.2.1.7 之前参加养老保险改革试点地区的单位

1. 单位基本情况

该单位隶属于水利部，驻地在某沿海城市，属于之前养老保险试点改革推行地区的单位。截至 2014 年年底，在职职工为 234 人。

2. 养老保险情况

该单位自 1993 年 1 月参加养老保险，实行的是当地城镇职工基本养老保险办法，单位缴费比例为 25.5%，个人缴费比例为 8%。

目前，该单位在当地参公单位和事业单位完成了与所在地区社保政策对接。其中在当地社保方面完成了在职职工基本信息、缴费基数及退休职工的养老金标准的材料审核。2014 年 9 月起按照核定的在职职工缴费基数缴纳社保，10 月起按社保审定发放退休人员养老金。

3. 养老保险缴费基数核定

该单位的缴费基数 2007 年 1 月前按本单位职工上一年度月平均工资收入之和确定，2007 年 1 月至 2014 年 9 月按本单位职工上一年度月平均基本工资之和确定；当地事业单位均按照本单位职工上一年度月平均工资收入之和确定。

5.2.1.8 事业单位转企业不成功的单位

1. 单位基本情况

该单位 2002 年根据国家科研机构管理体制改革的要求，进行实质性重组后，该单位建制并入某事业单位，并注册了企业法人，截至 2014 年年底，在职职工总人数为 162 人。

2. 养老保险情况

（1）单位参加情况。2015 年 7 月下旬，该单位按照水利部建立养老保险工作要求，完成了养老保险和职业年金的预扣缴工作。

（2）单位缴费基数和比例。在职事业编制人员 2014 年 10 月至 2015 年 6 月，共 9 个月单位应缴纳基本养老保险费，按照 2014 年职工工资总额的 20% 计入基本养老保险期初记账缴费数。

（3）个人缴纳基数和比例。个人缴费分类记账管理，分 A、B、C 三类。

A 类：表示 2014 年 10 月 1 日至 2015 年 7 月底前退休人员（以前均未建立养老保险）。按照实际在岗月数建立养老保险的个人应交基本养老保险和职业年金记账。

B 类：表示 2015 年 7 月开始建立基本养老保险和职业年金的在编在职人员。2014 年 10 月至 2015 年 6 月共 9 个月，个人应缴纳基本养老保险和职业年金，按照 2014 年工资收入基数的 12% 记账。

C 类：表示已建立基本养老保险的在编在职人员。养老保险按 2014 年工资收入基数的 8％记账，个人职业年金按基数的 4％记账。

（4）职业年金。在职人员 2014 年 10 月至 2015 年 6 月，单位应缴纳 9 个月职业年金，按照 2014 年职工工资总额的 8％计入职业年金期初记账缴费数，个人职业年金按基数的 4％记账。

（5）已缴费部分。该单位在职事业编制人员已在 1999 年转到当地地方社保部门，并已缴纳基本养老保险等费用，单位缴纳比例为基数的 25％。

5.2.2　8 家典型单位养老保险改革经验总结

在水利部人事司的指导下，在各调研单位的大力配合下，经过各地走访调研，项目组对各类型的水利事业单位改革前后的情况进行了摸底，对各单位的基本情况、参加改革后可能面临的难点及管理经验进行了总结。

5.2.2.1　确定缴费基数和视同缴费指数是重要工作

1. 缴费基数的确定

已经参加过养老保险的单位，职工会与原来参加养老保险的基数进行对比，因此要注意基数申报问题。比如，某单位已经参加企业养老保险 20 多年，大部分职工缴费基本都在封顶线，目前职工退休养老金普遍较高。参加养老保险改革后，有些工资项目不能纳入缴费基数，基数势必要降低，将直接影响工作人员退休后的待遇，改革前后的对比不容易平衡。

2. 视同缴费年限和视同缴费指数的确定

"中人"的视同缴费指数会影响养老金待遇水平。视同缴费指数根据本人退休前的岗位和薪级等因素来核定，因此不同级别人员之间视同缴费指数会有较大差距。这种确定办法对于参加多年企业养老保险，并按封顶线缴费的单位来说将无法体现"多缴多得，长缴多得"的激励意义。

5.2.2.2　确定政策执行标准和加强沟通是重要工作

1. 属地原则执行中存在问题

养老保险应执行属地原则，但是省市间的平均工资标准差异大。比如，某单位大部分位于 A 省，既有省级社保机构又有市级社保机构，但由于 A 省的社会平均工资水平在全国排名中偏低，而作为省会城市的 B 市社会平均工资水平会明显高于 A 省社会平均工资。另一方面，A 省和 B 市的社保政策存在一定差别，在征缴原则、缴费额度相同的前提下，按 B 市社会平均核定的退休工资会略高于按 A 省社会平均核定的退休工资，因此如何执行标准成为现阶段外地单位改革面临的问题。

2. 驻地人员养老保险核算计发原则不明确

以某单位为例，某单位共有 5 支驻外支队，各水政支队自成立以来，支队工作人员始终工作生活在支队驻地，其人员档案、户口等人事关系都在当地，其现行的住房公积金、医疗保险等社会保障均在当地缴纳，但按照现行财务预算体制要求，由于支队驻地所在的事业单位没有行政职能，运行经费无法保障，人员经费只能按照水政监察总队（B市）标准拨付并发放，但与支队所在地的地方政策标准存在差异，由此会带来工资待遇、社会保障、退休待遇方面的问题。

3. 流域机构与地方社保政策对接存在问题

以某单位为例，在与当地社保政策对接中，该单位社保按照国家和上海市机关退休人员补贴费项目标准核定发放该单位退休"老人"养老金标准，对该单位发放的"国家统一规定的津贴补贴、改革性补贴"暂不审核，相应标准不予发放，因此会影响养老金金额。驻地人员参加当地社保之后，因为流域机构的发放标准高于当地社保的标准，若是依照当地社保政策，则职工收入会相应减少，继而影响到职工养老金。

5.2.2.3 解决遗留问题是关键工作

1. "事转企"单位遗留问题多

职工工作关系由事业单位转到企业或是从企业转到事业单位，均存在缴费的空档期：一是已经按照企业交的，职工认为之前所缴纳的意义不大，因为按照视同缴费年限计算待遇高；二是职工个人缴费部分，如果不缴纳也视同缴费，之前所交个人账户的钱如何处理和转移接续等问题操作繁琐，情况复杂。比如像转企不成功的单位，若存在经营不善的问题，单位无力缴费，职工工资发放都是问题，参加改革又给单位增加了负担。

2. 基础资源清理和认定存在问题

首先，在档案审核中存在一些问题。诸如关键的年龄因素，不是单位确定，而是由省社保确定。再如某省一般是以参加工作的第一份档案记录的出生年月来认定，年龄的解释权在省社保。这与一直以来个人档案由组织人事机构管理的现实不尽一致。其次，身份问题。事业单位实行岗位设置后，比如某单位有很多任务人已转聘到专技岗位或管理岗位，并按新聘任的岗位执行相应的工资待遇。同时已有部分工人转聘干部岗位满10年，如按现行规定其退休后可按退休前所聘岗位享受相应的退休待遇，但在纳入社保后此类人员在当地是否可以继续按干部身份认定退休年龄并享受相应的退休待遇，缺乏明确具体政策依据。

5.2.2.4 典型单位可借鉴的做法

1. 采用补贴政策来缓解待遇差

经调研，由于单位改制，某单位为保证退休人员待遇平稳衔接，按照相关政策对职工给予补贴。根据所在地的政策，为1998年以后退休的职工建立了退休时每月领取补充养老保险，以达到平稳过渡。因此，可采用补贴政策来保证职工养老保险待遇的平稳过渡。

2. 加强养老保险改革宣传力度

政策知晓度是养老保险改革得以实施的重要保障。经调研，某单位在参加养老保险时做了很多政策解读的工作，另一单位是整个行业转制的单位，在实施事业养老保险转为企业养老保险过程中，用网上宣传和召开宣讲会两种方式来做宣传工作，单位也采取多种形式，向职工宣传养老保险政策，比如建立宣传栏、举办培训班等，这些措施为推进养老保险工作起到了积极的作用。

3. 规范参保人员管理

做好参保人员管理工作会提高工作效率，某单位职工所参加的养老保险为所在省统筹，省社保为每个职工建立了电子档案，养老局每年给职工邮寄缴费权益相关记录，企业内部的人力资源系统也提供员工自主查询，可以借鉴这种既方便职工又提高工作质量的管理方式。

4. 做好改革前期测算工作

在改革推行之初，测算养老金、单位缴费以及替代率对于改革顺畅推行具有重要意义，经调研，多家单位都进行了基础资料清理和认定以及相关测算工作，顺利实现了养老保险的平稳过渡，有效保障了职工利益，提前测算工作应在改革推行初期开展。

第 6 章

水利事业单位养老保险资金与测算分析

在养老保险改革的大背景下，根据机关事业单位养老保险改革原则——立足增量改革，实现平稳过渡，将导致中央、地方财政短期内面临较大压力。因此，研究水利事业单位养老保险改革资金具有重要意义。以下将就水利事业单位养老保险改革前后的资金情况展开分析。

6.1 水利事业单位养老保险资金分析

6.1.1 改革前水利事业单位养老保险概况

6.1.1.1 资金情况

本次养老保险改革前，水利事业单位实行的是财政供养型的退休制度，即资金现收现付，个人不承担缴费义务，由中央财政和单位负担。以 2014 年为例，水利事业单位支付退休费 10.74 亿元（中央财政支付退休费 9.3 亿元）。其中，财政补助的水利事业单位支付退休费 10.72 亿元，经费自理的水利事业单位支付退休费 0.02 亿元；虽然财政补助和经费自理的水利事业单位的退休费不是由国家全部负担，但是其退休费领取发放却执行的是国家标准，依据国家政策调整，因此财政还承担着最终的支付责任。

6.1.1.2 待遇给付

（1）待遇的组成部分。水利事业单位职工退休后按其相关标准的一定比例给付退休金。单位可根据自身情况的不同决定是否给离退休人员发放各种补贴。

（2）待遇领取的资格条件。待遇领取须达到法定退休年龄。正常退休年龄为：男职工年龄达到 60 岁；女干部 55 岁/60 岁、女工人 50 岁/55 岁。

（3）待遇的计发办法和待遇调整机制。实行"就业工资关联"支付原则，水利事业单位职工退休后的养老金领取标准，以该职工退休前最后一个月的工资为依据。

6.1.1.3 统筹范围

按照文件《劳动和社会保障部、财政部、水利部关于水利部直属事业单位劳动合同制职工基本养老保险移交地方管理的通知》（劳社部函〔2000〕168号），规定水利部直属事业单位劳动合同制职工基本养老保险移交所在省（自治区、直辖市）社会保险机构管理，由行业统筹转变为地方统筹，自此养老保险制度更为完善。

6.1.2 改革后水利事业单位养老保险概况

6.1.2.1 资金情况

本次养老保险改革后，水利事业单位实行的是"基本养老保险＋职业年金"的模式，基本体制与费用分担模式与之前相比发生了变化。一是单位与个人的缴费建立基本养老保险即实行社会统筹与个人账户相结合的基本养老保险制度，部分引入了养老金基金积累制度，其基本养老保险资金是由单位和个人按照政府规定费率共同缴纳。二是职业年金的缴纳。由于水利事业单位经费来源主要为中央财政拨款，若单位自身创收能力不高，将导致养老保险改革成本提高，进一步加重中央财政的负担。

以某水利部事业单位养老保险改革试点 T 单位为例，2015 年养老保险制度改革后，该单位全年养老保险支出较改革前大幅增加。增加的主要原因主要有两个：一个原因是缴费基数增加。养老保险改革前，T 单位月缴费基数按照上一年度全市在职人员月平均工资收入的 60％确定，财政补助事业单位按本单位职工上一年度月平均工资收入之和确定；养老保险制度改革后，T 单位月缴费基数为职工基本工资、规范津补贴和年终一次性奖金，较改革前增加幅度较大，财政补助事业单位缴费基数也有不同程度增加。另一个原因是事业单位（不含参公单位）新增加了职业年金。

6.1.2.2 待遇给付

（1）待遇的组成部分。改革后的水利事业单位养老保险的领取标准在一定程度上与劳动者缴费相联系，强化激励机制和责任分担机制，坚持"多缴多得、长缴多得"的原则，受益模式属于混合型。计发分为三部分：一是个人账户养老金，计算基础是个人账户中的存储额；二是基础养老金，计算基础是当地上一年度在岗职工的月平均工资；三是职业年金的领取，工作人员退休后，按月领取或一次性领取职业年金待遇。

（2）待遇的计发办法。一是《人力资源社会保障部、财政部关于贯彻落实〈国务院关于机关事业单位工作人员养老保险制度改革的决定〉的通知》（人社部发〔2015〕28 号）实施后参加工作、个人缴费年限累计满 15 年的人员（"新人"），退休后按月发给基本养老金。基本养老金由基础养老金和个人账户养老金组成。退休时的基础养老金月标准以当地上年度在岗职工月平均工资和本人指数化月平均缴费工资的平均值为基数，缴费每满 1 年发给 1%。个人账户养老金月标准为个人账户储存额除以计发月数，计发月数根据本人退休时城镇人口平均预期寿命、本人退休年龄、利息等因素确定。二是《人力资源社会保障部、财政部关于贯彻落实〈国务院关于机关事业单位工作人员养老保险制度改革的决定〉的通知》（人社部发〔2015〕28 号）实施前参加工作、实施后退休且缴费年限累计满 15 年的人员（"中人"），按照合理衔接、平稳过渡的原则，在发给基础养老金和个人账户养老金的基础上，再依据视同缴费年限长短发给过渡性养老金。三是《人力资源社会保障部、财政部关于贯彻落实〈国务院关于机关事业单位工作人员养老保险制度改革的决定〉的通知》（人社部发〔2015〕28 号）实施前已经退休的人员（"老人"），继续按照国家规定的原待遇标准发放基本养老金，同时执行基本养老金调整办法。

（3）待遇的增长机制。根据职工工资增长和物价变动等情况，统筹安排水利事业单位的基本养老金调整，逐步建立兼顾各类人员的养老保险待遇正常调整机制，保障退休人员基本生活。

6.1.2.3　统筹范围

自水利事业单位养老保险由行业统筹变为地方统筹后，虽制度形式改变，但是由于地方统筹层次较低，水利事业单位仍存在着转移接续问题。

6.1.3　改革过程中养老保险的财政压力

事业单位与企业不同的是，事业单位的经费来源主要依靠财政拨款。因为无论是单位缴费还是个人缴费，对于事业单位来讲，其实质仍是以财政拨款作为最终供款渠道。因而，在水利事业单位养老保险改革中，养老金面临的压力主要带来的是财政压力。

6.1.3.1　财政承担预测

首先，财政承担来自多个方面。养老金的历史缺口是由现收现付制度向统账结合制度转变的历史债务和隐性成本，它的存在是制度转轨的必然成本，与现行制度设计无关，需要政府承担相应的责任，来化解成本。事业单位养老保险改革过程中，不仅制度需要转轨，而且还将进一步得到完善，尤其是职业年金的建立。因此，制度转轨一是需要弥补个人账户的空账；二是不降低当前工资水平；三是建立职业年金。制度转轨后缴费增多并要求做实账户，因此也对财政产生了压力。

其次，不同类型的事业单位财政承担不同。例如水利事业单位中绝大部分是财政补助的事业单位，主要提供公益服务，单位创收压力大、困难多。对于职业年金的建立能力有限，是由单位创收来消化职业年金缴费，还是由财政增加拨款，政策并不明晰，支出压力增大不可避免。

再次，"中人"的"视同缴费年限"的视同缴费部分的养老金资金缺口、职业年金的建立所带来的资金缺口将再次增加财政承担。

最后，财政压力的短期增大是必然的，当然也是制度可以承受的。从长期看，为事业单位人员缴费并建立养老保险可以大幅降低财政承担，但在改革初期，由于财政既要为"老人"支付养老金，又要为"中人"和"新人"支付前述的改革成本，相当于"双重支付"，财政压力较大。然而随着时间推移，"老人"数量和"中人"过渡性养老金不断减少，改革效果逐渐显现。

6.1.3.2 针对不同群体的差异分析

首先，不同地区水利事业单位的政策存在差异，因而财政承担也各不相同。水利事业单位分布全国，各省政策差异大。起初水利单位养老保险是行业统筹，之后行业统筹逐步取消，这就需要界定一个问题：养老保险的统筹标准是以单位来界定还是以人来界定。有些单位跨地区甚至跨省市，例如京内单位有京外单位的人，京外单位也有京内单位的人，情况复杂，需要制定一个统一的标准来分析。事实上，当实现养老保险基金全国统筹时，这些问题便迎刃而解。因此，提高养老保险的统筹层次是未来的发展方向。

其次，单位性质不同的水利事业单位养老保险财政承担的差异。例如同是财政补助的事业单位由于财政补贴比例各不相同，未来财政承担比例也尚未确定，是由单位创收来消化，还是由财政增加拨款，现在还模糊不清。如Y单位是水利部直属的财政补贴事业单位，由于单位创收能力不高，财政补贴比例相对较大。在未来，无论是单位还是个人缴纳的基本养老保险费和职业年金，这部分资金缺口全部需要中央财政予以解决；如Z单位作为水利部直属的财政补贴事业单位（科研单位），每年支付退休金约6000万元。随着养老保险改革的实施，单位负担进一步加重，虽然养老保险改革的资金缺口可以通过单位创收来弥补一些，但是改革的成本还是需要中央财政给予支持。再如X单位作为水利部直属的经费自理事业单位，中央财政不承担单位的人员经费，其养老保险资金缺口需要由单位自己解决，对单位创收提出了更高要求。

最后，人员混编问题。水利事业单位内部的人员也比较复杂，比如H单位属于水利部流域机构，有大量的护堤工或是编外人员，还有一部分是原本企业职工转到事业单位退休的人员，原先已经缴费，而这部分个人账户资金如何处理仍存在争议。

6.2 养老保险测算分析

6.2.1 改革关键群体测算分析
6.2.1.1 参加改革"老人""中人""新人"的分析

  测算参加本次养老保险改革的"老人""中人""新人"数目,对于摸清改革概况具有参考价值。由于"老人老办法","新人"的数目较少,本次养老保险改革的关键群体在于"中人"。

  从表 6.1 可以看出,参加此次改革的"中人"有 21776 人,做好这部分职工的工作,相当于就做好了此次养老保险改革的工作。

表 6.1   水利部直属事业单位"老人""中人""新人"数目表

类别	概 念	人数/人	比例
老人	养老保险改革前已经退休的人员,即 2014 年 9 月 30 日前退休的人员	40469	63.97%
中人	改革前参加工作、改革后退休的人员,即 2014 年 9 月 30 日前参加工作、2014 年 9 月 30 日后退休的人员	21776	34.42%
新人	改革后参加工作的人员,即 2014 年 9 月 30 日后参加工作的人员	1020	1.61%

6.2.1.2 改革十年过渡期说明

  对改革前参加工作、改革后退休的"中人",由于改革前的工作年限里没有实行个人缴费,其退休时的个人账户储存额中没有体现这段时间的劳动贡献,因此将这段时间确定为"视同缴费年限",在发给基础养老金和个人账户养老金的同时,再依据视同缴费年限长短等因素发给过渡性养老金。

  为更好的保持"中人"待遇衔接,此次养老保险改革设定了 10 年过渡期,在过渡期内实行新老办法对比,新办法计发的养老金低于老办法的,按老办法补齐;新办法计发的养老金高于老办法的,对高出部分有所限制。

  截至 2014 年年底,水利部直属事业单位 50 岁以上的职工为 6049 人,其中男职工为 5187 人,女职工为 862 人。这部分职工就是近 10 年内要退休的职工,也是首批会执行养老保险改革后按照政策领取养老金的群体。经分析男职工占 83.5%,女职工占 16.5%,干部占 81.7%,工人占 18.3%。

  水利部直属事业单位 50 岁以上职工数目表见表 6.2。

身份	男职工	女职工	总人数
表 6.2	水利部直属事业单位 50 岁以上职工数目表		单位：人
干部	4127	815	4942
工人	1060	47	1107
总计	5187	862	6049

6.2.2 典型单位养老保险测算分析

2011 年 3 月，中共中央、国务院印发《关于分类推进事业单位改革的指导意见（中发〔2011〕5 号）》，在原有事业单位的分类基础上，根据职责任务、服务对象和资源配置方式等标准将从事公益服务的事业单位分为公益一类与公益二类。

选取水利部四家不同类型单位为例，分析预测参保情况以及参保后职工待遇可能发生的变化。

6.2.2.1 四家单位基本情况

四家单位职工工资、退休费情况见表 6.3。

表 6.3	四家单位职工工资、退休费情况表		
单位	职工数目/人	在职职工人均月工资/元	退休职工退休费总额/万元	退休职工人均月退休费/元
A	246	13987	71	8491
B	152	11357	56	6905
C	1421	14925	1218	4696
D	592	17370	192	7303

由图 6.1 所示，各类单位由于职能结构和所处地区的不同，在职、退休职工的收入情况各不相同，从左至右为 A、B、C、D 四家单位，分析其现有基本

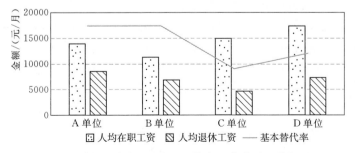

图 6.1 典型单位职工在职工资与退休费对比分析图

替代率发现，这四家单位基本替代率存在一定差距，A、B单位有较高的退休工资替代率，而其它两家单位替代率相对较低。

6.2.2.2 参保后养老金与退休金对比情况分析

四家单位已于2014年10月起参保，根据政策规定，结合以上分析，目前事业单位养老保险参与最多的人群为"中人"，将机关事业单位养老保险覆盖面积最大、属于"中人"政策的职工缴费工资对养老保险待遇的影响进行分析，将其自变量在职收入与因变量养老金数额的影响关系拟合得出养老金理论线。经测算，此条养老金理论线的路径也符合当前社会养老保险所具有的线性特征，可以将其作为当前养老保险改革的参照值。

按照四家单位当前退休金情况，将数据带入，得到四家单位退休金与理论线比较图（图6.2）。

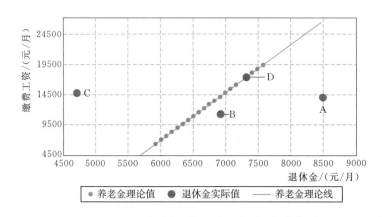

图6.2 四家单位退休金与理论线比较图

图6.2中，纵坐标为缴费工资，横坐标为退休金。经分析，只有C单位现有退休金数值在养老金理论线的左侧，即职工退休收入相对较低，难以满足替代率要求。参保后，预计坐标将右移，即职工退休待遇将得到改善。

6.2.2.3 参保前后财政负担情况变化分析

为分析参保前后单位财政负担情况的变化，以C单位为例，参保前单位在退休金方面，总支出为退休金总额，资金构成为财政拨款加单位实际承担部分；参保后单位在退休金方面，总支出为养老金缴费和养老金补差部分（假设存在），资金构成为财政拨款加单位实际承担部分。

经分析，结合C单位当前工资总额、退休金总额、单位承担退休金总额、财政退休金拨款等数据，可测算得出表6.4中的相应数据。C单位参保前后支出对比图见图6.3。

表 6.4   **C 单位参保前后单位财政负担测算表**

参 保 前			参 保 后				
退休金总额 /万元	财政拨款 /万元	单位实际 承担/万元	在职工资 总额/万元	预计养老金 缴费/万元	财政拨款 /万元	单位实际 承担/万元	承担增长率 /%
6864	5486	1378	25450	7126	5486	1640	19

注   假设参保后财政拨款不增加。

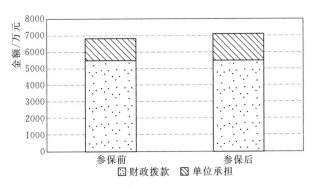

图 6.3   C 单位参保前后支出对比图

由此可见，事业单位参加单位养老保险改革后，将可能面临着财政压力增大的风险。因此，在事业单位统一参保的同时，应尽快出台相关方案办法，保证改革顺利过渡。

6.2.3   职工养老金测算分析

测算分析职工个人养老金数额对于说明改革前后成果具有更为直观的参考价值，为说明养老金的计算办法，我们选取具有代表性的职工情况，其条件在职工群体中处于中段水平，具体情况见表 6.5。

表 6.5   **水利部直属事业单位某职工基本情况表**

身份	职称	性别	出生日期	参加工作时间	退休时间	缴费工资
干部	专业技术五级	男	1960 年 10 月	1980 年 10 月	2020 年 10 月	12100 元

根据政策规定，该职工应于 2014 年 10 月 1 日起参加机关事业单位养老保险，属于 2014 年 9 月 30 日以前参加工作、2014 年 10 月 1 日之后退休的人员类别，符合养老保险办法中的"中人"政策，按规定应为其发放过渡性养老金。

6.2.3.1   基本概念介绍

1. $Z_{\text{实}}$

$Z_{\text{实}}$ 指实际缴费后的缴费工资平均指数，就是将缴费工资指数化，把绝对数变成相对数。计算办法就是用当年缴费工资除以对应年份该地区职工平均工资，所得是一个比值，大于1表示缴费工资高于社会平均工资，小于1表示低于社会平均工资。比值的大小表明了该职工在社会经济生活中的相对位置。

2. $Z_{同}$

$Z_{同}$指该职工从参加工作起至2014年10月1日实际参保前的有效工龄应视同缴费期间采用的缴费工资指数，根据规定，该指数由职工退休时所处的职务职称等级确定。按照相关预扣标准，具体职务职称对应等级见表6.6。

表6.6   水利部直属事业单位职务职称对应等级表

定量岗位等级	对应行政管理等级	对应专业技术等级	对应工勤技术等级
1	行政管理一级	专业技术一级	
2	行政管理二级	专业技术二级	
3	行政管理三级	专业技术三级	
4	行政管理四级	专业技术四级	
5	行政管理五级	专业技术五级	
6	行政管理六级	专业技术六级、七级	技术工人一级
7	行政管理七级	专业技术八级	技术工人二级
8	行政管理八级	专业技术九级、十级	技术工人三级
9	行政管理九级	专业技术十一级、十二级	技术工人四级、五级
10	行政管理十级	专业技术十三级、见习期	普通工人

在此模拟计算中，因为视同缴费系数尚未公布，暂定该职工岗位等级为五级，$Z_{同}$为1.2。

3. $N_{实}$、$N_{同}$

$N_{实}$指参加机关事业单位养老保险后的实际缴费年限；$N_{同}$即视同缴费年限，指实行实际缴费前按国家规定计算的工龄。

综上，某职工的养老金参数数值见表6.7。

表6.7   某职工养老金参数表

参数	$C_{平}$	$Z_{实}$	$Z_{同}$	$N_{实}$	$N_{同}$
数值	6463	1.87	1.2	6	34

注　$C_{平}$为当年度社会平均工资。

6.2.3.2　养老金计算办法

1. 基础养老金

平均缴费指数 $Z_{平} = (Z_{实} \times N_{实} + Z_{同} \times N_{同})/(N_{实} + N_{同}) = 1.30$。

基础养老金＝$(C_平+C_平×Z_平)/2×(N_实+N_同)×$过渡系数$1\%$。

其中$(C_平+C_平×Z_平)/2$就是退休时上年社会平均工资与历年指数化缴费工资的平均值，即以职工退休时上一年本市职工月平均工资与本人指数化月平均缴费工资的平均值为基数，按被保险人的全部缴费年限（含视同缴费年限）每满一年发一个过渡系数1%，此过渡系数视地区相关标准确定。

综上，基础养老金＝$[(6463+6463×1.30)/2]×(6+34)×1\%=2972.98$元/月

2. 个人账户养老金

个人账户养老金＝个人账户储存额/个人计发月数标准。个人养老保险账户储存额，是指个人的基本养老保险账户上的资金额度。

个人账户储存额＝12100元$×8\%×6$年（72个月）＝69696元。

按照国家统一规定，养老金个人账户计发月数表见表6.8。

表6.8   养老金个人账户计发月数表

退休年龄（周岁）	计发月数	人员类别
50	195	女工人
55	170	副处级及副高级职称以下的女干部
60	139	男干部、男工人，副处级及副高级职称以上女干部

个人账户养老金＝$69696/139=501.41$元/月。

3. 过渡性养老金

该职工属于"中人"，其过渡性养老金G即按视同缴费年限计算的过渡性养老金。

$G=C_平×Z_同×N_同×$过渡系数$=6463×1.2×34×1\%=2636.90$元/月

据此，养老金部分的合计为基础养老金＋个人账户养老金＋过渡性养老金＝$2972.98+501.41+2636.9=6111.29$元，即该职工退休后养老金部分的替代率＝养老金/在职工资$×100\%=(6111.29/12100)×100\%=50.51\%$

4. 职业年金

按照预期，仅50.51%的替代率难以满足养老保险设计要求，也将会对职工退休后的生活造成较大影响，因此年金的建立必不可少。

职业年金缴费率为单位工资总额的8%及职工个人缴费工资的4%，两部分缴费都进入职工个人账户，在其退休后可选择按养老保险发放的月标准提取或以此购买商业保险。

按照按月提取的方法计算职工职业年金：职业年金储蓄额＝缴费工资$×$（$8\%+4\%$）$×$实际缴费月数$×$国家规定的利息额度（根据利息额度参照社会平均工

资增长率的原则，此计算中年利率设定为 10%）＝12100×12%×72×110%^{6}＝185206.07 元。

职业年金＝职业年金储蓄额/个人计发月数标准＝185206.07/139＝1332.42 元。

由此，可以测算出该职工作为一名事业单位职工参加养老保险之后的养老金收入水平，直至其年满 70 周岁前，每月至多可领取退休收入数额为基础养老金＋个人账户养老金＋过渡性养老金＋职业年金＝2972.98＋501.41＋2636.90＋1332.42＝7443.71 元。

因此，测算参加本次养老保险改革后的养老金替代率＝（7443.71/12100）×100%＝61.52%。

水利事业单位分类改革与养老保险制度改革

事业单位分类改革与养老保险制度改革都是事业单位改革的重要方面，二者相互影响，紧密关联。科学划分事业单位类别是加快推动事业单位改革的基础和条件。党和国家也一直重视事业单位的分类改革及养老保险制度改革工作，做好事业单位分类改革工作，激发事业单位活力，使其更好地发挥提供公众服务的作用，促进社会公平。

7.1 事业单位分类改革背景

7.1.1 全面深化改革的关键时期

全面深化改革是完善和发展中国特色社会主义制度，推进国家治理体系和治理能力现代化的重大抉择和唯一途径。事业单位分类改革是我国全面深化改革的一个重要方面，是建立与市场经济体制相适应的社会主义现代公益事业制度的伟大实践。

当前，我国正处于全面建设小康社会的关键时期，加快发展社会事业、满足人民群众公益服务需求的任务更加艰巨。面对新形势新要求，我国事业单位改革虽然也在分行业分地区推进，取得了进展，但总体上相对滞后，事业单位管理和运行中仍旧存在诸多深层次矛盾和问题，教育、科技、文化、卫生等行业体制改革也遇到了一些单靠行业自身难以解决的共性问题。这些问题已经严重影响事业单位和公益事业的健康发展，影响其它领域改革的进展，改革越往后拖，矛盾越突出，从总体上推进改革势在必行。

7.1.2 社会事业发展滞后

面对新形势新要求，我国社会事业发展相对滞后，这表现在一些事业单位功能定位不清、政事不分、事企不分、机制不活。公益服务供给总量不足，供给方式单一，资源配置不合理，质量和效率不高，政策措施不够完善，监督管理薄弱。

分类推进事业单位改革，是继国有企业改革、政府机构改革之后的又一项重大改革，要通过改革体制、转变机制，激发事业单位活力和提高事业单位整体素质、服务水平，强化政府责任和加大财政投入，鼓励社会力量兴办公益事业，以促进公益事业又好又快发展，不断满足人民群众和经济社会发展对公益服务的需求。

7.1.3 为建设服务型政府提供组织支撑

近年来，公共服务问题日益引起人们的广泛关注。如何向社会公众提供更公平、更便捷、更高效的公共服务，是 21 世纪各国政府面临的共同课题。随着社会政治、经济、文化建设的发展，我国事业单位改革一直稳步推进。理论界也从机构、职能、权限、人事和体制本身等方面对事业单位改革的相关内容进行了广泛研究。我国事业单位在推动社会事业发展和公益服务供给方面起着十分重要的作用，他们是公共服务的主要提供者，广泛分布在文教科卫、基础设施、社会管理等领域。然而，在以建立和完善社会主义市场经济体制为目标的今天，事业单位体制的局限性日益显现，影响了公共服务供给的数量和质量，通过分类推进事业单位的改革，可以更好地发挥出事业单位作为服务型政府的重要组织支撑的作用。

7.2 事业单位分类改革的政策演进

自 20 世纪 70 年代起，我国即逐步准备和启动事业单位改革的进程，尤其是 2002 年党的十六大以来，各个地区和领域都在认真探索事业单位改革，事业单位改革的步伐从未停止，并在事业单位职能、人事制度、收入分配制度、养老制度等诸多方面开展了有效实践。

1996 年，中央机构编制委员会办公室（简称"中央编办"）出台《关于事业单位机构改革若干问题的意见》（中办发〔1996〕17 号），明确提出"根据事业单位的不同情况，分类进行改革"的方针，标志着事业单位分类改革的开端。2006 年，中央编办制定《关于事业单位分类及相关改革的试点方案（征求意见稿）》，在事业单位现有功能的基础上，将其划分为承担行政职能、从事公益服务和从事生产经营活动三个大类。2008 年 2 月，党的十七届二中全会审议通过《关于深化行政管理体制改革的意见》，提出"按照政事分开、事企分开和管办分离的原则，对现有事业单位分为三类进行改革"。2008 年 11 月，中央编办印发《关于事业单位分类试点的意见》（中办发〔2008〕45 号），为事业单位分类改革的目录编制与实施程序提供了指导原则，并将从事公益服务的事业单位进一步细分为公益一类、公益二类、公益三类。2011 年 3 月，中共中央、国务院印发《关于分类推进事业单位改革的指导意见》（中发〔2011〕5 号），在原有事业单位的分类基础上，根据职责任务、服务对象和资源配置方式等标准，将从事公益服务的事业单位分为公益一类与公益二类。

除了国家层面，地方层面也始终没有停止积极的探索。2001 年 10 月，浙江省出台《关于深化事业单位改革的意见》，开启了我国地方行政单位推进事业单位分类改革的探索。2003 年 7 月，浙江省出台《关于省属事业单位分类实施工作的意见》，按照政事分开、事企分离、以功能确定类别、精简效能的原则，进一步明确浙江省省属事业单位的分类改革工作。2007 年，广东省制定出台《广东省事业单位分类改革试点指导意见》和《广东省省直事业单位模拟分类目录》。2010 年，广东省正式印发《广东省事业单位分类改革的意见》，依据社会功能将事业单位分为行政类、公益类和经营服务类，并将公益类事业单位进一步分为公益一类、公益二类、公益三类三种，其划分与 2008 年中央编办印发的《关于事业单位分类试点的意见》中的分类结果基本一致。2006 年 7 月，深圳市全面启动事业单位体制改革，将事业单位划分为监督管理、经营服务和公共服务三类。2016 年，山西省出台相关规定，指出山西省将从公共教育、劳动就业、社会保障、住房保障等方面，全方位展现基本公共服务均等化。此外，其它省（自治区、直辖市）如北京、上海、江苏等在事业单位改革方面也进行了创新性的探索，实际上，中央层面的分类改革思路与地方层面的探索结果基本一致，仅在具体表述上存在细微差别，由此可见中央精神与地方试点在深化我国事业单位分类改革过程中的互补意义。

7.3 水利事业单位分类改革实践探索

7.3.1 水利事业单位分类改革面临的形势

2011 年 3 月，党中央、国务院印发了《关于分类推进事业单位改革的指导意见》（中发〔2011〕5 号），随后又印发了 10 个配套文件，对分类推进事业单位改革作出了全面部署。中发〔2011〕5 号文件是指导我国事业单位改革的纲领性文件，是对我国事业单位改革的一次顶层设计。根据 2011 年国务院印发的意见指示，用两个 5 年来分阶段完成新一轮事业单位改革目标。当前已经进入了事业单位分类改革的下半场（上半阶段按预计在 2015 年年底结束），由数据统计的结果可知，通过分类改革，事业单位的数量减少了，但是人员数量并没有减少，由此可见国家背负的财政压力依旧很大。

对水利事业单位来说，分类改革面临的形势任务相当迫切。当前，工业化、城镇化的不断推进以及全球气候变化的不利影响使得我国的水利建设事业面临更加严峻的挑战，洪涝灾害频繁、水资源供需矛盾突出、农田水利建设滞后、水利设施薄弱等问题仍然是中国水利可持续发展的主要瓶颈。2011年中央一号文件和中央水利工作会议第一次全面深刻阐述了水利在现代农业建设、经济社会发展和生态环境改善中的重要地位，第一次将水利提升到关系经济安全、生态安全及国家安全的战略高度，第一次鲜明地提出水利具有很强的公益性、基础性和战略性，并出台了一系列加快水利改革发展的新政策新举措，提出了一系列加快水利改革发展的新任务新要求。党的十八大把水利事业放在了生态文明建设的突出位置，从水利宏观布局、水资源管理、水生态文明建设、水利基础设施建设和水利改革创新等方面作出了重要部署，提出了明确要求。面对新的国情、水情，水利事业单位亟待通过改革，进一步强化公益服务职能，创新体制机制，激发智力活力，为水利改革发展提供更加有力的支撑和保障。

7.3.2 水利事业单位分类改革的现状

7.3.2.1 机构设置及特点

水利部所属各级事业单位是支撑中国水利事业的基础，共同构成了中国的水管体系，具有分级管理、规格高、业务内容广泛、规模大、专业性强的特点。

（1）分级管理。水利直属事业单位特别是流域机构，具有明显的多层级特点。这种层级管理模式虽然使各级权力关系清晰、责任明确、目标统一，但却增加了管理的难度，信息在传达时容易失真。

（2）规格高。水利直属事业单位基本参照政府行政机关进行机构设置，注重与上级行政管理部门对口与衔接，具有鲜明的行政管理体制特征，且多为司局级别。

（3）业务内容广泛。水利直属事业单位的职责任务横跨水利、教育、科技、文化、卫生等多个行业，其中七大流域机构、水利部综合事业局以及国际小水电中心同时具有行政类、公益类和经营类职能，其它单位的职能相对单一、明确，但基本兼具行政类和公益类职能。

（4）规模大。水利部所属各级事业单位共有507家，人员数量众多，机构规模庞大。

（5）专业性强。水利直属事业单位在理论研究、技术研发、重大水利工程建设等众多领域拥有一大批高层次人才，所提供的公益服务具有极强的专业性，行业特征鲜明。

7.3.2.2 存在的主要问题

我国事业单位改革虽然也在分行业分地区推进，取得了进展，但普遍存在性质模糊、职能混杂，分布广泛、涉及领域交叉，利益关系复杂、责任边界不清等问题，水利部直属事业单位主要存在以下四个问题。

首先，政事企有待明晰。水利直属事业单位中，存在着政事不分、事企不分、管办不分的现象。这些职能结构的问题一方面导致事业单位在横向的职责分工上缺乏合理性，混淆了机关和事业单位的职责界限，使得事业单位行政化，另一方面导致事业单位在纵向的管理幅度上缺乏科学性，直接影响了事业单位内部、外部的管理绩效，并间接导致人力资源配置的浪费以及核心职能虚化等次生问题。

其次，"三混"现象有待完善。一是功能混合，定位不清。如有的具有行政职能的事业单位，既负责相关业务的管理、监督和水行政执法，还履行治理和开发，甚至是资产、工程项目的运营等职责。二是编制混合。例如，流域县级以下机构中，同一部门人员中可能既有行政事业编制，又有公益事业编制，还有编制外人员。三是经费来源混合。按照经费来源划分，事业单位分为全额拨款、差额拨款、自收自支等三类，但有的单位虽然是全额拨款事业单位，但其内部还设置了自收自支机构。有的虽然定位为自收自支事业单位，但由于种种原因，其上级部门还需要给予一定的经费补贴。

第三，财政经费保障有待加强。水利具有很强的公益性、基础性和战略性，水利直属事业单位的主要职能同样体现出了鲜明的行业特征。目前，与所承担的职责任务相比，各事业单位普遍存在财政投入总体不足、运行经费捉襟见肘等突出问题，一些单位有编制不敢进人，或者一人多岗身兼数职，另一些单位临时聘用人员增多，职工同工不同酬，还有一些单位甚至腾出大量精力"开源"。财政经费投入的不足导致了一些基层单位组织结构的畸变和管理职能的退化，职工的积极性受挫，岗位职责的履行受限，公益服务的提供受阻。

最后，管理体制机制有待创新。我国对事业单位的界定清晰明确，但管理实践中却存在偏差。目前，事业单位在管理体制上仍然要依附行政机关，应有的法人自主权不够，政府部门过多干涉事业单位的微观运行，管办不分。同时，事业单位又缺乏有效的外部监管和内部的激励约束机制，一些单位甚至已经偏离了公益中心，生机活力明显不足，人力资源优势得不到发挥，支撑保障作用得不到体现。

7.4 水利事业单位分类改革设计

7.4.1 水利直属事业单位的功能定位

水利直属事业单位应进一步明确自身的功能定位，有序剥离经营性职能，合理划转行政性职能，突出、强化公益性职能。首先，要突出水利专业业务类公益服务的功能定位。应进一步突出水利直属事业单位在水利规划计划、水资源管理、防汛抗旱、水土保持、水利建设管理等业务领域的主体功能，提高专项业务的执行能力。其次，要提升综合支撑保障能力的功能定位。进一步强化水利直属事业单位在水利人才、水利科技、水利宣传、水利后勤等综合服务领域的支撑保障功能，围绕水利专业业务能力的提升，依法管水，实现资源的高效配置。同时，还需强化流域综合管理的功能定位。应集中行使公共权力，实行全流域综合管理。通过建立权责一致的流域综合管理制度，明确由承担行政职能的流域机构行使公共权力，进行全流域综合管理。通过跨部门与跨行政区的协调管理，综合开发、利用和保护流域水土、生物等资源，充分利用生态系统功能，建成流域内适应水利改革发展需要的防洪抗旱减灾、流域水资源合理配置和高效利用、水资源保护和河湖健康保障三大体系。

7.4.2 水利直属事业单位的分类定性

按照水利直属事业单位的功能定位、公益属性等判别，对事业单位进行分类定性。

（1）行政类事业单位：将具备流域管理、水库移民、水文、农村水电等行政职能的流域机构（本级）等单位设置为行政机关，将其所承担的公益性职责转由相关所属事业单位承担。

（2）公益类事业单位：在根据目前所有事业单位的性质及所属类别进行公益职责属性评判的基础上，计算出其公益属性所占比重，按照已经细化的分类定性标准，综合评判、划分各事业单位的类别与性质。其中，对保留在事业单位序列的事业单位，强化公益属性，按照改革要求，在管理体制、法人治理结构、人事制度、收入分配制度、社会保险制度、监督管理等方面分别进行改革，通过理顺体制、完善机制、健全制度，充分调动事业单位工作人员的积极性、主动性和创造性，真正激发事业单位的生机与活力，不断提高水利公益服务的供给水平和效率。对这些事业单位所承担的行政性职责划归部机关相关司局承担，所承担的经营性职责逐步剥离，转由其所办企业承担。

（3）经营类事业单位：对具备有偿经营、自我发展能力的单位，应制定转企改制方案，并按照规定程序报批后由水利部负责组织实施。改制后，可由水利部相关机构履行出资人职责，对其进行监管。

7.5 水利事业单位改革与养老保险改革的关系

面对事业单位改革❶与养老保险改革，需要明确的是事业单位分类改革与养老保险制度改革的出发点是旨在建立与市场经济体制相适应的社会保障机制，创新事业单位管理体制和运行机制，优化资源配置，增强事业单位的生机与活力。两项改革的根本目的是推动社会事业更好更快地发展，促进基本公共服务均等化，满足人民群众日益增长的公益服务需求。在此目标下，理清事业单位改革与养老保险改革之间的关系十分重要。

7.5.1 事业单位改革对养老保险制度改革的影响

事业单位养老保险制度改革涉及面广并且情况复杂，需要集中考虑事业单位分类改革、收入分配制度改革、人事管理制度改革等多方面的发展性因素，并以相应的财政机制作为保障。

事业单位在经费来源上可分为全额拨款、差额拨款、自收自支三种类型。在养老保险制度尚未并轨之前，由于事业单位分类改革推进工作还没有真正到位，承担行政职能类与公益类的事业单位，大部分由财政全额拨款和差额拨款予以支撑，其职工的退休金列入财政预算，实行现收现付。承担市场经营开发等职能的事业单位大多实行自收自支的资金模式，其职工分为两种人员，一部分为事业编制人员，另一部分为企业编制人员，其中事业编制人员按照事业单位人员待遇实行退休金养老办法，退休金由国家财政支付，企业编制人员参照企业管理方式，加入了企业职工养老保险。

今后事业单位分类改革全面实施后，四种类型单位的养老保险经费渠道将变得更加明晰：划分至行政类和公益一类单位的养老保险支付资金将全部由国家财政负担，划分至公益二类单位的养老保险支付资金将部分由国家财政负担，部分由单位自己负担，具体比例将根据单位所承担公益职能的性质和比例等进行分别明确。划分至企业单位的养老保险支付资金将全部由企业承担。

事业单位分类改革要更加注重统筹和长远性的发展，要建立真正公平和有效的养老保险制度。否则，由于事业单位改革不完善所导致的职工抵触情绪

---

❶ 事业单位分类改革包括机构分类、人事制度改革、工资收入分配制度改革、财政政策和养老保险制度改革五个方面的内容。

（即担心事业单位改革之后待遇大幅度降低）也是影响事业单位养老保险进程的重要一环。从现有改革的措施看，聘用制度、工资制度、住房制度、社会保障制度等的改革以及权益保障措施的不完善，对事业单位工作人员与相关社会群体的利益关系产生了比较大的影响。在事业单位分类改革之前，事业单位职工在社会保障缴费方面具有一定优势，例如国家负担、单位包办或者个人分担等方式，同时享有较好的养老、医疗、住房等方面的社会福利。分类改革后，转制为企业的事业单位职工由于缺乏体制内的保障待遇，其难免担心自己将来的待遇问题与养老问题，同时公共部门内部存在的事实上的资源和利益分配的不公平，使他们对自身的职业前景感到担忧，对自身专业人力资本的价值和公共服务的意义产生怀疑。此外，由于我国事业单位失业、养老和医疗等社会保障建立相对较晚，"中人"缴纳保险时间较短，如何有效衡量其退休与养老水平同样需要考虑。如果在这一问题上采取放任态度，必将对改革动力机制的真正形成造成损害，也将不利于公共服务事业的健康发展。

7.5.2　养老保险制度改革对事业单位改革的影响

由于事业单位养老保险制度改革是事业单位改革的重要组成部分，建立完善事业单位工作人员养老保险制度是加快建立覆盖城乡居民社会保障体系的主要举措，因此养老保险制度并轨改革也被看作是事业单位改革的"牛鼻子"。

养老保险制度改革对事业单位改革有以下方面的影响。

一方面有利于帮助事业单位形成统一的人力资源市场，促进事业单位职工的流动与交流，同时也有利于事业单位聘任制的顺利推行。长期以来，事业单位传统的退休制度在很大程度上阻碍了我国体制内外人才的合理流动，事业单位养老保险制度的确立则将逐渐打破这一壁垒。在市场经济背景下，养老保险制度改革将促进建立事业单位职工的流动机制与激励机制，从而克服由于社会保险缺失、转移不畅等原因造成的弊端。此外，通过养老保险制度的实施，事业单位职工即使辞职或被辞退，其养老权益与费用也将得以保留，可以保障其基本的退休养老水平。

另一方面，养老保险制度改革弥补了长期以来我国事业单位养老保险制度方面的空白，进一步指明了我国事业单位的改革重点。回顾我国事业单位社会保障的发展，几乎很少涉及事业单位养老保险等相关制度。此次养老保险制度并轨无疑将起到"补白"的作用，也有利于解决立法滞后，缺乏相应政策、法规支持等现实问题。从职业年金的角度来看，《关于机关事业单位工作人员养老保险制度改革的决定》（国发〔2015〕2号）明确规定，"在参加基本养老保险的基础上，（机关事业单位）应当为其工作人员建立职业年金"，2015年4月，国务院办公厅印发了《机关事业单位职业年金办法》，由此可知，职业年金制度的建立和发展也将成为我国事业单位改革的重点之一。

此外，养老保险制度改革为各类事业单位职工的养老问题提供了保障途径，使得事业单位工作人员的养老保险权益有据可依、有章可循，养老制度的并轨与配套跟进能够帮助减少事业单位分类改革的阻力，让事业单位分类改革加快推进。在分类改革的大背景下，无论从内部管理、成本控制，还是从事业单位分类改革过程中诸多其它影响因素来看，养老保险费的支出无疑将成为各类事业单位改革过程中必须考虑的一个主要因素，对不同拨款类别的事业单位也将产生较大影响。

分类推进事业单位改革是一个长期的艰巨任务，不能急于求成、一蹴而就，必须循序渐进、分步实施。指导意见提出到 2020 年的总体目标是建立起功能明确、治理完善、运行高效、监管有力的管理体制和运行机制，形成基本服务优先、供给水平适度、布局结构合理、服务公平公正的中国特色公益服务体系。事业单位改革及其养老保险制度改革是一个长期且相互影响的过程，改革过程不能也无法一蹴而就。只有在实践中不断探索，积累经验，才会取得预期的效果。

第 8 章

水利事业单位收入分配制度与养老保险改革

8.1 水利事业单位收入分配制度改革历程

中华人民共和国成立以来，我国的收入分配制度历经变革，从 1978 年之前的平均主义到实行以按劳分配为主体、多种分配方式并存的制度开始，肯定了资本、技术、管理等生产要素在创造财富中的作用，并提出了分配中的公平与效率的原则，极大地调动了劳动者的积极性，使我国的收入分配制度趋于完善。然而，我国收入分配制度仍然存在着一些问题。2015 年 1 月 20 日，国家统计局发布数据显示，2014 年全国居民人均可支配收入 20167 元，扣除价格因素实际增长 8.0%，全国居民收入基尼系数为 0.469。❶ 国际上通常把 0.4 作为贫富差距的警戒线，而我国连续几年基尼系数均超过 0.4❷。城乡之间、地区之间和行业之间的收入差距持续拉大，收入分配制度并不完善。

为了缩小不合理的收入差距，从事业单位收入分配制度入手，深化事业单位收入分配制度改革，成为一项长期艰巨的任务，关系到社会稳定大局。水利事业单位顺应国家事业单位整体改革的趋势，改革历程具体分为如下几个阶段。

8.1.1 1956 年事业单位收入分配制度改革

1956 年 7 月国务院颁发了《国家机关工作人员工资方案的通知》（国议司字第 54 号）建立了职务等级工资制度，奠定了我国工资制度的基础。这是国家对

---

❶ 基尼系数是指在全部居民收入中，用于进行不平均分配的那部分收入所占的比例。基尼系数最大为"1"，最小为"0"。前者表示居民之间的收入分配绝对不平均；而后者则表示居民之间的收入分配绝对平均，即人与人之间收入完全平等，没有任何差异。基尼系数越小，收入分配越平均，基尼系数越大收入分配越不平均。基尼系数在 0.3 以下为最佳的平均状态，在 0.3～0.4 之间为正常状态，超过 0.4 为警戒状态，达到 0.6 则属于危险状态。

❷ 国家统计局公布中国 2003 年到 2014 年的基尼系数分别为 0.479，0.473，0.485，0.487，0.484，0.491，0.490，0.481，0.477，0.474，0.473 和 0.469。

事业单位的工资制度进行的第一次改革，建立了以等级为核心的薪酬制度，改变了之前多种工资制度共同存在的状况。1956年之前，我国机关、事业单位多种工资制度并存，如货币工资制（薪金制）、实物工资制（供给制）等。

8.1.1.1 改革的主要内容

此次改革主要有以下内容：一是取消了工资分配制度和物价津贴制度，实行货币工资制；二是实行了等级工资制度并将全国分区，例如全国分为11类地区的工资标准，技术人员和行政人员分别规定工资标准，实行职务等级制。如行政人员分为30个等级；机关中的技术人员分为18个等级；科学研究人员、高校教学人员实行13级工资制等。

8.1.1.2 改革的主要特点

此次改革表现为以下特点：一是取消了工资分配制度和物价津贴制度，直接以货币规定工资标准；二是统一了工资制度和工资标准。改进了工人工资等级制度，根据不同产业工人生产技术的特点，建立了不同的工资等级。改进了企业职员和机关工作人员和职务等级工资制度；按照职务的高低确定职务等级的划分及工资标准。

8.1.2 1985年事业单位收入分配制度改革

1985年中共中央、国务院颁布了《关于国家机关和事业单位工作人员工资制度改革问题的通知》（中发〔1985〕9号），同时，国务院工资制度改革小组、劳动人事部印发《关于实施国家机关和事业单位工作人员工资制度改革方案若干问题的规定》的通知（劳人薪〔1985〕19号）文件。这是我国进行的第二次全国工资制度改革，改革包括国营企业工资制度改革和机关、事业单位工资制度改革两个方面。

8.1.2.1 改革的主要内容

此次改革主要有以下内容：一是国家机关、事业单位行政人员、专业技术人员均改行以职务工资为主要内容的结构工资制，按照工资的不同职能，将工资分为基础工资、职务工资、工龄津贴和奖励工资四个部分，重点解决了职务工资的问题。二是中小学教师的工资改革问题。为鼓励中小学校和中等专业学校、技工学校的教师、幼儿教师和护士长期从事本职业，除按规定发给工龄津贴外，另外分别加发教龄津贴和护士工龄津贴。三是建立了正常的晋级增资制度，每年根据国民经济计划的完成情况，适当安排国家机关、事业单位工作人员的工资增长指标。

8.1.2.2 改革的主要特点

此次改革表现为以下特点：一是突出了职务因素。强调贯彻按劳分配的原则，强调"劳酬结合、职级相符"。二是初步建立了正常的职务晋级工资增长制度。对工作人员的实际工资水平按国民经济发展水平逐步提高进行了探索，逐步改变工资的平均主义倾向。三是体现了政企分开、事企分开的原则，顺应社会主义市场经济体制改革的潮流，反映了政治经济体制改革的深化。

8.1.3 1993年事业单位收入分配制度改革

1993年颁发了《国务院〈关于机关和事业单位工作人员工资制度改革问题的通知〉》（国发〔1993〕79号）和《国务院办公厅〈关于印发机关、事业单位工资制度改革三个实施办法的通知〉》（国办发〔1993〕85号）文件，将国家把事业单位和国家机关的工资制度分开，根据事业单位的性质制定不同的工资制度。1993年的工资制度改革是我国进行的第三次全国工资制度改革。

8.1.3.1 改革的主要内容

此次改革主要有以下内容：一是事业单位管理人员执行职员职务等级工资制、专业技术人员执行各类专业技术职务工资制；其标准工资由职务工资（固定工资）和事业人员津贴（活工资）两项构成。事业单位技术工人实行技术等级工资制，技术等级（职务）工资由技术等级（职务）工资和岗位津贴两部分组成；普通工人实行等级工资制，由等级工资、津贴两项构成。二是事业单位人员津贴以编制部门核定的全额拨款、差额拨款、自收自支三种不同类型的预算管理形式来确定不同的津贴比例。全额拨款单位固定部分70%，活的部分30%；差额拨款单位固定部分60%，活的部分40%；自收自支单位根据单位的经济效益情况核定，活的部分一般不超过50%。三是在国家宏观调控的前提下，对不同类型的事业单位实行分类管理，使工资管理体制逐步适应事业单位发展的需要。四是发挥工资的导向作用，对到艰苦边远地区及在苦、脏、累、险岗位工作的人员，在工资政策上给予倾斜。同时，通过建立地区津贴制度，理顺地区工资关系。

8.1.3.2 改革的主要特点

此次改革表现为以下特点：一是国家机关、事业单位分别执行不同的工资制度，机关干部、机关工人、事业单位管理人员、事业单位技术人员及事业单位工人分别执行各自的工资标准；二是引入竞争、激励机制，工资的增长与年度考核挂钩，设置"活津贴"模块，更好地体现了工资的激励功能；三是工作人员的工资随着国民经济的发展有计划地增长，随着生活费用价格指数的变动而调整，并在此基础上制定了正常的增资制度；四是对专业技术人员等工资和津贴进行了规定，人才激励政策机制逐步完善；五是实行分类管理，将事业单位分为五大类，对工资和津贴分别予以规定，工资制度逐步适应事业单位的发展需要，适应性不断增强。

8.1.3.3 水利事业单位相应改革

1994年5月21日，根据《国务院关于机关和事业单位工作人员工资制度改革问题的通知》（国发〔1993〕79号）和《国务院办公厅关于印发机关、事业单位工资制度改革三个实施办法的通知》（国办发〔1993〕85号）精神，人事部、水利部制定了水利事业单位贯彻《事业单位工作人员工资制度改革方案》的实施意见。

这次水利事业单位工资制度改革的实施范围，限于下列单位中1993年9月30日在册的正式职工：河湖泊水系流域事业管理单位；水库、灌区、河道、堤防、涵闸等水利工程管理事业单位；小水电、机电排灌、供水、基层水利水土保持站以及水利水电工程施工事业单位等。

改革的主要内容包括：一是水利事业单位专业技术人员、管理人员分别实行专业技术职务等级工资制、职员职务等级工资制。技术工人和普通工人分别实行技术等级工资制、等级工资制。二是工资由固定部分与活的部分两块构成。职务（技术）等级工资为工资中固定的部分，主要体现工作人员能力、责任、贡献、劳动的繁重复杂程度；津贴为工资中活的部分，主要体现工作人员岗位工作特点、实际工作的数量、质量差别。在各单位工资总量构成中，全额拨款单位固定部分占70%，津贴部分占30%；差额拨款单位固定部分占60%，活的部分占40%；自收自支单位，这次套改时，活的部分按40%的比例入轨，以后根据效益变动情况相应进行调整。

此外，对水利事业单位奖励制度、正常增资制度以及工资管理体制也作出了详细的规定。

8.1.4 2006年事业单位收入分配制度改革

2006年人社部颁发《事业单位工作人员收入分配制度改革方案》（国人部发〔2006〕56号），是我国新中国成立以来第四次事业单位工资制度改革，也是情况最复杂、难度最大的一次。这次改革的总目标是建立符合事业单位特点、体现岗位绩效和分级分类管理的收入分配制度，完善工资正常调整机制，健全宏观调控机制，逐步实现事业单位收入分配的科学化和规范化。

8.1.4.1 改革的主要内容

此次改革主要有以下内容：一是适应事业单位人事制度由身份管理向岗位管理转变的改革要求，建立岗位绩效工资制度，岗位绩效工资由岗位工资、薪级工资、绩效工资和津贴补贴四部分组成，其中岗位工资和薪级工资为基本工资；二是实行新的工资分类管理，对不同类型的事业单位实行不同的绩效工管理办法；三是完善工资正常调整机制，应事业单位聘用制和聘期管理的需要，工作人员按考核结果每年增加一级薪级工资，使事业单位工作人员收入和经济社会发展相适应；四是完善高层次人才收入分配激励机制，健全事业单位主要领导的收入分配激励约束机制；五是健全收入分配宏观调控机制，改革现行比较集中的工资管理体制，完善收入分配调控政策。

8.1.4.2 改革的主要特点

此次改革表现为以下特点：一是配套性。收入分配制度改革与事业单位分类、人事制度、财务制度、养老保险制度等改革密切相关。这次事业单位收入分配制度改革，在内容、方法及步骤上，都考虑了相关配套改革的要求和进程。二是独立性。建立体现事业单位特点的收入分配制度。事业单位在功能性质、资源配置、管理方式、用人机制等方面都不同于机关，收入分配制度改革必须体现自身的特点，进一步实现与公务员工资制度脱钩。此次改革建立起岗位绩效工资制度，突出岗位、绩效的激励功能，国家对绩效工资进行总量调控，事业单位在核定的绩效工资总量内享有分配自主权，将工作人员的收入与其岗位职责、工作业绩和实际贡献紧密联系。三是激励性。建立人才的激励机制，极大地调动了工作的积极性。例如文件规定，对高层次人才采取政府特殊津贴、一次性重奖、建立特殊津贴、建立重要人才国家投保制度等措施；对部分急需人才实行协议工资、项目工资等灵活多样的分配办法。四是层次性。明确权限，分级管理。完善事业单位工资管理体制，明确中央、地方及部门的管理权限，发挥地方和部门在调控管理和监督检查等方面的作用，逐步形成统分结合、权责明确、运转协调、监督有力的宏观调控体系。

8.1.5 近年来事业单位收入分配制度改革

目前，改革仍在继续，绩效工资改革成为了当前的重点。2012年中共中央、国务院颁布了《关于分类推进事业单位改革的指导意见》文件中再次强调了"深化收入分配制度改革。以完善工资分配激励约束机制为核心，健全符合事业单位特点、体现岗位绩效和分级分类管理要求的工作人员收入分配制度"。2013年关于《深化收入分配制度改革若干意见》同样强调推进绩效工资和正常的工资调整机制。2015年为了适应事业单位养老保险改革的要求，国务院《国务院办公厅转发人力资源社会保障部、财政部〈关于调整机关事业单位工作人员基本工资标准和增加机关事业单位离退休人员离退休费三个实施方案〉的通知》（国办发〔2015〕3号）中，国家再次对事业单位工资结构和比例进行了调整，加强了工资收入支付管理，实行分级管理，明确中央、地方和部门的权限，充分发挥地方和部门的作用。

8.2　养老保险改革受工资收入的影响分析

8.2.1　本次养老保险改革中事业单位工资的相关规定

根据《中华人民共和国社会保险法》，为统筹城乡社会保障体系建设，建立更加公平、可持续的养老保险制度，国务院决定改革机关事业单位工作人员养老保险制度。为此，2015 年 1 月 14 日，国务院发布《国务院关于机关事业单位工作人员养老保险制度改革的决定》（国发〔2015〕2 号）文件，决定明确本次改革应遵循公平与效率相结合原则，建立待遇与缴费挂钩机制，多缴多得、长缴多得，提高单位和职工参保缴费的积极性。

2015 年《国务院办公厅转发人力资源社会保障部、财政部〈关于调整机关事业单位工作人员基本工资标准和增加机关事业单位离退休人员离退休费三个实施方案〉的通知》（国办发〔2015〕3 号）中提到，工资结构将进行调整，为事业单位缴纳养老保险基数的测算作准备。国务院办公厅《国务院办公厅关于印发机关事业单位职业年金办法的通知》（国办发〔2015〕18 号）文件的出台，保证了机关事业单位养老保障待遇水平，完善了养老保险制度。

8.2.2　水利事业单位工资制度影响因素分析

马克思认为，工资只是通常被称为劳动价格的劳动力价格的特种商品。工资一般指企事业、团体、个体经济组织等用人单位依据国家有关规定或劳动合同的约定，以货币形式直接付给本单位劳动者的报酬。如图 8.1 所示，事业单位工资制度受诸多因素影响，主要有以下几个方面。

8.2.2.1　外部因素

1. 宏观政策导向和相关法律法规

由于事业单位的特殊性质，宏观政策是外部环境中的决定因素。由于政治、经济等外在的制度因素或者经济内生因素的制约，劳动力市场划分为两个或多个具有不同特征和不同运行规则的领域，不同的领域在工资决定机制、工作稳定性、劳动者获得晋升的机会方面有明显的区别，劳动者很难在不同的市场之间流动。

2. 地区经济和行业环境

地区经济决定了一个地区对于工资的支付能力。地区宏观经济的好坏决定一个企业的效益和成本控制状况，满足基本需求的工资水平也就相对较高。比如经济发达的地区平均工资随着物价水平的上升不断增长，而经济欠发达的地区工资就相对较低。薪酬水平显然会受到组织所在的行业类型的影响，而行业

图 8.1　影响事业单位工资制度的因素

特征对薪酬水平的最主要影响因素就是不同的行业所具有的不同的技术经济特点，决定了不同的生产形态所需员工技能素质是有区别的，从而也决定了薪酬水平的差异。

3. 外部组织与外部的薪酬现状

事业单位也面临着对于人才的吸引力度强弱和与外部组织如企业等岗位的竞争问题。外部组织包括企业、机关等单位，外部组织和外部薪酬若具有较强的吸引力时，对于事业单位的人才吸引和储备也形成一定挑战。公平理论又称社会比较理论，由美国心理学家约翰·斯塔希·亚当斯（John Stacey Adams）于 1965 年提出。该理论是研究人的动机和知觉关系的一种激励理论，认为员工的激励程度来源于对自己和参照对象的报酬和投入比例的主观比较感觉。组织内部的员工会将自己获得的"报偿"（包括金钱、工作安排及获得的赏识等）与自己的"投入"（包括受教育程度、所作努力、用于工作的时间、精力和其它无形损耗等）的比值与组织内外其它人做社会比较，只有相等时，他才会认为是公平的。面对劳动力市场流动的越来越频繁，市场竞争越来越激烈，信息交流越来越畅通，事业单位也受到来自外部的压力。只有外部的薪酬状况成为事业单位必须考虑的因素，才能让组织内部人员感到公平，起到正面的激励作用。此外，外部组织例如第三方压力集团（女权主义组织、公益性组织）对单位的工资制定也会产生影响，在考虑到效率的同时，也要求单位承担社会责任。

4. 人力资源供求

劳动力市场的人力资源供求制约着工资的水平。当人力资源的供大于求时，劳动力的成本相对来说较低,工资标准相对较低;当人力资源的供小于求时,劳动力的成本相对较高,工资标准较高才可以吸引到人才。事业单位由于存在着工作稳定性强、福利待遇较好等条件,基本工资的平均水平虽然少于企业,但仍然可以吸引到大量人才进入到事业单位的工作队伍中。自 2014 年 7 月 1 日起实施的《事业单位人事管理条例》适应事业单位改革发展的新形势新要求,将岗位设置、公开招聘、竞聘上岗、聘用合同、考核培训、奖励处分、工资福利、社会保险、人事争议处理以及法律责任作为基本内容,确立了事业单位人事管理的基本制度,并提出国家将建立事业单位工作人员工资的正常增长机制,事业单位人员工资由此将与机关体系松绑,并将走入长期平稳增加的通道。

8.2.2.2 内部因素

1. 组织的相关政策

组织内部合理的奖惩体系以及绩效考核制度对于营造一个公平的激励体系是很重要的。这些组织的相关政策体现的是组织的价值观念以及发展愿景。而对于事业单位来讲,组织的相关政策在工资方面体现在"活"的部分,即绩效工资,决定了工资的构成以及吸引力。

2. 定价能力和支付能力

1993 年工资制度改革时,根据不同的经费来源将事业单位分为全额拨款、差额拨款和自收自支三种类型,根据专业技术人员不同的行业特点制定了五种工资制度,有财政作为担保,事业单位的定价能力和支付能力都比较强。然而,目前事业单位财政拨款方式进行改革和调整,大部分实行财政定额或定向补助,事业单位工资分类管理失去了财政体制上的支撑。随着分类改革,部分事业单位将转制成企业,对于工资的定价能力也逐渐由按先国家规定执行转变为根据单位自身特点制定,与之前不同的是事业单位改制转企之后,定价能力的高低受企业自身状况好坏影响,支付能力受企业自身效益影响。

8.2.3 工资收入对养老保险制度的影响

养老保险制度作为整个社会保障制度的核心,是国家通过立法,多渠道筹集资金,对劳动者退休后或因年老丧失劳动能力退出劳动力市场时向其提供收入保障以保证其基本生活需要的一种社会保障制度,具有"调节器""稳定器""助推器"的一般性功能。收入分配制度关系到劳动者的劳动贡献是否得到合理的补偿,是激励劳动者努力工作、提高绩效、体现公平性的手段。而工资制度是收入分配制度的核心部分,理清养老保险制度与工资制度的关系,是维护社会公平、兼顾效率的最有效形式。养老保险作为保障国民生活水平的有效手段,以"分散风险,互助共济"为制度设计的核心理念,完善养老保险制度,进行养老保险制度改革和工资制度的建立成为当前必须完成的紧迫任务。

8.2.3.1 养老保险改革与工资制度的相关研究

收入分配主要包括初次分配和再分配。目前，我国现有文献大多是局限于养老保险的再分配作用，将初次分配尤其是工资制度与养老保险改革结合在一起的研究较少，但是仍有一些理论和研究，虽未明确提出养老保险改革与工资制度的关系，但是也提出了二者之间的紧密联系，因而对二者关系的研究提供了许多具有启发意义的探讨。

马克思在《哥达纲领批判》一书中，批判了拉萨尔所谓的"公平分配不折不扣的劳动所得"之类口号的虚伪性和荒谬性，提出在生产资料公有制条件下，社会总产品分配所应遵循的顺序及其分配原则，即社会总产品对社会成员进行分配时，必须根据社会再生产和社会公共消费的需要，依次进行一系列扣除。按照马克思的设想，社会保障基金是通过社会总产品进入分配之前的扣除来实现的。新历史学派（new historical school）主张由国家出面干涉社会保险来缓和日益尖锐的劳资矛盾，提出了劳资分配比例与养老保险制度协调的社会和政治意义。福利经济学（welfare economics）认为国民收入总量越大，福利越大；国民收入分配越是均等化，社会经济福利就越大，经济福利取决于国民收入的数量和国民收入在社会成员之间的分配情况。人力资本理论由舒尔茨（Theodore Schultz）、明赛尔（Jacob Mincer）、贝克尔（Garys Becker）不断发展和完善，为劳动者报酬的提高提供了理论基础，并成为分析劳动者收入和经济发展关系的重要理论支撑。

国内学者对二者关系也有一定的研究。王东京认为减轻企业的离退休金负担，根本出路在于尽快建立和完善企业的社会养老保险制度。董克用认为在工资报酬仅能维持温饱的情况下，很难让人们进一步缩食为未来养老而积累资金。有些学者认为养老保险缴费基数的上升会降低工资水平和企业的竞争力，周小川从企业财务的角度出发，指出养老保险缴费增加会增加企业的劳动成本，减少盈利空间，并增加企业的负担，降低企业的竞争力。马双、孟宪芮等通过全国各地市社保局制定的养老保险企业缴费比例的外生变动趋势来识别养老保险企业缴费对企业行为的影响。经研究得出，养老保险企业缴费比例每增加1个百分点，企业将挤出员工0.6%的工资。也有学者持不同的观点，顾文静认为我国企业养老保险负担目前尚未对企业投资和利润造成过大的负面影响，但养老保险负担增长速度较快，需要适当考虑。

8.2.3.2 工资收入对养老保险制度的影响

一方面，工资制度对养老保险改革的缴费基数和待遇水平保障产生影响。按照《国务院关于机关事业单位工作人员养老保险制度改革的决定》（国发

〔2015〕2 号）文件规定，基本养老保险费由单位和个人共同负担。单位缴纳基本养老保险费的比例为本单位工资总额的 20％，个人缴纳基本养老保险费的比例为本人缴费工资的 8％，由单位代扣。按本人缴费工资 8％的数额建立基本养老保险个人账户，全部由个人缴费形成，建立待遇与缴费挂钩机制，多缴多得、长缴多得。因此，工资收入的高低决定了养老保险缴费基数的多少，也决定了退休后养老保险待遇水平的高低。现行事业单位的工资制度大体是由基本工资、绩效工资和津贴组成的，但是工资总收入并不等于工资的缴费基数，工资缴费基数与其它收入福利的比例关系影响着养老保险缴费的多少，这种比例是否合理关系到养老保险缴费水平是否适度。总之，我国较高的养老保险缴费率与缴费基数直接相关，原因主要包括四个方面：一是受初次分配中劳动报酬比重下降的影响，养老保险缴费基数受到侵蚀；二是缴费基数偏离工资总额，导致缴费基数不实，缴费率虚高；三是我国养老保险转轨形成的隐形债务具有拉高养老保险缴费率的作用；四是机关事业单位改革滞后，未形成社会互助共济的机制。因而，事业单位的养老保险改革势在必行。

另一方面，工资制度对养老保险改革的需求产生影响。如果工资制度不合理，在现有的"多缴多得、长缴多得"思想的指导下，养老保险的待遇水平将会受到影响，不足以保障退休后的基本生活，需要政府给予补贴；而在合理的工资制度下，虽然制度本身会为劳动者积累养老金，但是人们往往在初次分配中获得保障基本需求的资金并储备相应的养老基金，因而会减少对养老保险的需求。

8.3　规范工资制度

8.3.1　逐步调整工资结构

主要是减少各种不合理的补贴津贴水平，扩大基本工资所占比重。一方面，彻底改革目前低工资、多补贴、泛福利的工资结构，应当以发放基本工资为主，津贴补充为辅。这样养老保险缴费基数提高，社会保障基金积累便会增加，退休者的生活待遇水平也就有了相应的保障。另一方面，减少不合理的津贴比重将会减少隐形收入造成的分配不公平，增强工资制定的透明性，努力使职工收入科学化、规范化、合理化。

8.3.2　逐步规范事业单位绩效工资管理

建立健全的考核机制是实施事业单位绩效工资管理的前提。要依据事业单位的特点和具体岗位的特点建立科学的量化的绩效考核指标，避免考核人员的主观因素带来的影响，按照考核的结果发放绩效工资，从而形成制度体系，并严格执行。在发放绩效工资时，一是要考虑当地的经济发展水平和单位的类别；二是要根据单位的性质特点并考虑如何激励不同类别的工作人员而发放绩效工资。

8.3.3 建立科学合理的收入水平决定机制和调整机制

建立正常的事业单位工资调整机制是多次事业单位改革政策文件的要求，也符合事业单位发展的长远考虑。事业单位的主要职责是向社会公众提供公益性的产品和服务，并具有聘用高层次人才的需求和特点，因而建立合理的收入待遇机制，对事业单位予以政策支持成为完善我国初次分配制度的重要方面。应当根据国家的经济发展水平、财政收入状况和居民消费水平建立正常的工资调整机制，同时综合考虑各个行业和各个地区的收入水平，减少收入差距，对科研人员适当采用年薪制和特殊人才工资制，建立合理的收入水平决定机制。

8.3.4 建立职业年金制度

职业年金相当于补充养老保险制度，应逐步完善"基本养老保险＋职业年金"的事业养老保障模式。养老金双轨制已经成为当前影响我国社会保障公平性的突出问题，迫切需要进行结构性改革，而职业年金的建立在完善事业单位养老保障的结构中起到重要的作用。同时目前我国已经具备了发展机关事业单位职业年金的现实可行性，应当坚持"增量改革，平稳过渡"的发展思路，逐步推进职业年金的建立，正确处理新的养老保险改革的过渡问题。事业单位职业年金的建立已经上升到政策层面，而逐步完善职业年金制度成为完善工资制度体系的关键部分。

8.3.5 稳步推进配套制度改革

根据工资体系的发展趋势来看，社会保障制度等配套制度的完善成为影响工资体系健全与否的关键因素。尤其是养老保险制度对工资体系的重要程度与日俱增。养老保险作为工资制度的延迟支付，健全的养老保险体系体现了国家及单位对于个人年老风险的分散，也是完善工资制度的必要条件。

在事业单位养老保险改革的背景下，完善收入分配制度和建立合理的工资机制，成为当前亟待解决的任务之一。罗尔斯在《正义论》中写道：正义是社会体制的第一美德，正如真实是思想体系的第一美德一样。无论收入分配制度的完善还是养老保险制度的改革，其核心思想都在于维护社会公平正义，保障国民应有的基本生活水平。因此，完善事业单位收入分配制度，建立合理的工资制度，成为了当前事业单位养老保险制度改革的应有之义。

第 9 章

水利事业单位养老保险改革面临的难点与政策建议

9.1 水利事业单位养老保险改革面临的难点

9.1.1 宏观层面

9.1.1.1 水利事业单位各项改革不同步

1. 各项改革不同步影响改革进程

水利事业单位分类改革、收入分配改革与养老保险改革休戚相关，由于涉及利益较多，关系错综复杂，目前上述改革并不同步。事业单位性质未确定，分类改革尚未完成，无法确定财政负担比例，这为绩效工资改革也增加了难度，具体细则难以出台，因此参保后养老保险缴费基数不好确定，养老保险缴费财政负担比例无法确定，将影响养老保险改革的进程。

2. 配套制度不健全影响管理效率

水利事业单位相关制度与养老保险制度还不协调，相应配套制度不健全成为养老保险改革存在阻力的原因之一，影响行政管理效率。养老保险制度改革要与事业单位人事制度、收入分配制度、补充养老保险制度的建立等相配套，否则将会出现政事不分、管办混淆的情况，影响养老保险工作管理效率。

9.1.1.2 养老保险改革政策不完善

1. 养老保险政策体系单一且发展滞后

水利事业单位养老保险制度实施之后，需要充足的驱动力才能使它得到后续的发展，但是当前养老保险制度的发展内驱力不足，可持续性比较弱。由于补充性的养老保险发展滞后于当前养老保险制度的发展，养老保险体系比较单一，一旦养老保险制度运行不畅，缺乏相应的补充方案。同时，若缺乏科学、高效的养老保险基金投资管理机制，养老保险金也难以实现保值与增值。

2. 财政政策的不明朗增加改革难度

水利事业单位进行养老保险改革之后，由现收现付制度向部分积累制度的转轨存在转制成本。单位既要为"老人"支付养老金，又要为"新人"和"中人"支付转轨成本，无疑会产生一定的资金缺口和财政压力。其次，事业单位的主要供款渠道是财政资金。目前，相应财政拨款政策还不明朗，养老保险改革推行存在压力。

9.1.1.3 事业单位所在地方政策不协调

1. 各地养老保险改革推行具有复杂性

水利事业单位所在的不同地区经济发展水平存在差异，所实施的事业单位养老保险政策具有多样性，比如参保对象和参保范围不统一、社会保险费的征缴政策不统一、缴费基数不同、缴费比例差异大等。不同的单位也有内部的规定，在征缴保险费用的基数、比例、方式等方面均存在较大的差异，这导致了各地方事业单位养老保险发展不平衡，因此统一参加养老保险改革就具有复杂性。

2. 下一步养老保险改革衔接存在困难

事业单位养老改革衔接是改革的核心问题，涉及了新旧养老保险制度的衔接、与企业单位养老保险制度的衔接两个方面。建立事业单位养老保险，既要保持同企业养老保险衔接时的政策统一性，又要考虑到事业单位的特殊性，对于不同类型的单位，区别对待，分类进行。比如目前部分省级河务局所属设计单位没有参加 2002 年改制，部分改制单位职工未参加企业保险，还有部分单位提前为事业单位新招录人员参加了企业职工基本养老保险等，这些情况使得下一步衔接存在困难。

9.1.1.4 水利单位特有问题

1. 水利事业单位情况较复杂

水利事业单位分布各地，情况各异。一是地方各单位的政策存在着较大差异，目前执行省级统筹与市地统筹还不确定，有的单位不同职工所参加的养老保险也属于不同层次统筹。二是单位为职工参加养老保险时存在不规范操作问题。比如有的企业为公务员和事业单位工作人员缴纳了企业养老保险。职工养老保险存在跨省统筹的情况等。三是存在转制转企遗留问题。转制不成功单位在中编办事业单位名录中不存在，没有法人证书和在地方登记的事业单位，参加本次养老保险改革也有问题，这些复杂的情况将影响改革顺利推行。

2. 水利系统职工收入偏低

2011 年以来，我国财政水利资金投入稳定增长机制逐步建立，水利事业单位职工的工资分配作为财政拨款的一部分，也相应有所提高。但是省份之间以及单位之间存在较大差异，尤其是基层工作人员的工资仍然较低，出现基层水利队伍不稳、人员紧缺、人才断层情况。在基层人员低工资的前提下，再进行社会保险缴费将会出现抵触情绪，直接影响到养老保险改革实施情况。

9.1.2 微观层面

9.1.2.1 职工情绪问题

1. 职工存在一定担忧情绪

事业单位职工普遍认为在养老保险制度改革之前不用缴纳费用就可以拿到退休费，而制度改革之后要缴费才能领取退休费，职工不能确定自己的损失是否可以及时得到补偿以及得到多大程度的补偿，因此，在各种不确定因素下，虽然大多数人从心理上支持养老保险改革的推行，但是不愿支付个人所应承担的缴费部分，存在担忧的情绪。

2. "中人"利益焦点问题

"中人"是事业单位的中坚力量，为了稳步推进改革，就要稳住"中人"。事业单位养老保险改革的关键是如何建立稳妥的"中人"过渡办法，让"中人"养老问题得到妥善解决。按照政策，"中人"将实行 10 年过渡期，按照新老办法对比进行发放，养老金基本可以保证原有的待遇水平不降低。但是十年过渡期之后退休的"中人"养老金执行新办法。如果养老金新办法低于按照原老办法计算的养老金水平，势必会引起这部分职工不满。

9.1.2.2 经办工作问题

1. 养老保险从业人员不足

目前，大多水利部事业单位并没有设置专门从事养老保险工作的科室，大部分由劳动工资或其它部门人员兼职，对养老保险专业知识并不熟悉，即便是成立相应管理部门，但受到编制限制，很少引进社保专业人才，致使人员结构不合理，工作任务量大，知识更新节奏慢，工作效率和质量受到影响，对职工答疑和办理业务不专业，影响养老保险改革发展。

2. 养老保险教育培训工作还需开展

目前，很多单位以及从业人员存在重工作轻学习的问题，没有参加系统性、专业性的养老保险业务技能培训，在实务工作中多依靠其它知识和社会经验开展工作，但养老保险知识相对复杂，需要深入的学习才能应用于工作，相应的培训学习要大力开展。

9.1.2.3 待遇衔接问题

1. 养老保险缴费基数衔接问题

养老保险正式经办后，缴费基数将发生较大变化，之前已经参加养老保险的单位职工缴费基数按照事业单位养老保险改革制度办法会有所降低。国家统一规定的津贴补贴中，京外单位水利部批复的项目中与地方单位不一致，能否全部纳入缴费基数存在问题。事业单位绩效工资实施以后，绩效工资、改革性补贴等是否纳入缴费基数仍不确定。清理规范津补贴后，到底哪些项目纳入缴费基数，哪些不纳入也存在问题。不同的基数标准会造成衔接问题。

2. 职业年金领取期限问题

职业年金是一种补充养老保险制度，也是一项单位福利制度，是为了保证事业单位职工在养老金并轨后待遇不受损所建立的制度。按照 60 岁退休政策，职业年金的缴纳领取年限是 139 个月，当职业年金领取完之后，退休职工在 70 多岁时面临无职业年金可领的尴尬境地。若仍按照原标准继续发放，资金缺口由谁承担，尚不明朗，需要提前考虑待遇衔接问题。

9.1.2.4　指标测算问题

1. 高平差及不同阶段基数不平衡问题

一是 10 年内退休人员缴费基数不影响实际领取养老保险金数额，因此职工愿意选择比较低的缴费基数，但是缴费基数低又将影响年轻职工个人养老金账户累积数额，进而影响退休金数额；二是新职工收入在一段时间内将处于偏低状态，将会影响个人账户养老金的积累；三是同一单位内职工收入水平差异较大，会造成内部不和谐。

2. 视同缴费年限和视同缴费系数问题

视同缴费年限将影响缴费年限以及本人平均缴费工资指数，以此影响基础养老金，在养老金计算中有重要作用，但是目前上级部门还没有公布，存在一定未知性。视同缴费年限的认定与档案记载相关，更与职工的岗位职级有关，尤其对于存在转移接续情况的职工来说，材料的缺失、不明确将会影响认定视同缴费年限，而级别低的职工，其视同缴费指数有可能低于 1，将会影响其养老金计发。

9.2　政策建议

9.2.1　以机制创新推进改革建议

9.2.1.1　实施水利事业单位养老保险分类管理

若要提高养老保险工作水平，应在事业单位分类改革工作加快的背景下，结合国家创新人才政策，加强人才激励，对于不同分类的单位，在分类基础上进行事业单位养老保险分类管理。对于行政类的和不能市场化的公益性机构，应该按照公务员管理方法，同步推动管理改革。对生产经营类的和市场化事业机构，可以借鉴企业养老制度和管理模式，甚至可以把相关的人事管理业务进行外包，既可以提高单位的人事工作效率，又可以节约资源，最重要的是，可以促进此类事业单位进一步向企业转型。建议在基础养老金方面逐渐缩小机关事业单位和企业职工养老金差距，这样外部压力会比较小，有利于制度的调整和统一；但是在补充养老保险制度方面，即年金的建设上，要及时跟进，根据不同单位的情况，分类分层次推进补充养老保险制度的建设，保障水利事业单位职工退休待遇。

9.2.1.2 健全水利事业单位养老保险政策体系

目前，国家层面上养老保险制度框架已经推出，单位层面上也应当尽快明确本单位养老保险具体管理办法和相关规定，做到养老保险工作有据可查，有章可循。水利事业单位大多数没有参加过养老保险，在相关管理和规章制定上都缺乏工作经验，在制定相应的明细条款前，可以对职工工资缴费和退休金数额进行测算，计算能够纳入缴费基数的工资项目、养老保险缴费额以及退休后养老金估算值，估算职工在职时的缴费情况和退休后的待遇水平，并进一步健全补充养老保险体系，借鉴企业的年金管理模式，做好职业年金管理工作。

9.2.1.3 加强水利事业单位养老保险工作力量

人才是推动国家建设的重要力量，人力资源的挖掘和培养是提升事业单位管理水平的重要方面，要对养老保险进行专业化的管理，专业的人才队伍必不可少。下一步要补充事业单位养老保险工作力量，这需要建立社会保险管理部门，合理增加保险部门人员编制，改革职能部门管理体制，创新选人用人机制，发展养老保险管理人才队伍，提升养老保险管理的专业化水平。从单位内部着手，培训养老保险工作人员相关知识，对其管理业务进行拓展，把握养老保险最新政策；从外部着手，可以通过服务外包等形式，聘用专业养老保险管理人员，协助管理单位的养老保险事务。

9.2.1.4 完善水利事业单位养老保险教育培训机制

养老保险与其它社会保险存在缴费支付形式的差异，涉及基金积累、多缴多得以及名义账户等制度设计，在管理上需要一定的知识支撑，相关工作人员需要适应新的工作内容，包括养老保险制度、职业年金、保险理念以及相关测算办法的培训。因此，下一步要加强教育培训，切实提高社保管理人员的业务水平，以提高养老保险人才队伍的专业化、规范化和职业化水平。通过举办讲座、开展网络学习、外出集中培训、参加学术会议等方式，根据职工专业背景和技能为其选择符合实际的课程，如有经济、财务、会计背景的管理人员可以为其设置年金收益、保险精算等课程，而政治、文学、教育等背景的管理人员则可以为其设置养老保险制度国际比较、政策解读、政策分析等课程，做到因材施教，保证培训的有效性。

9.2.1.5 完善收入水平决定机制和调整机制

建立正常的水利事业单位工资调整机制是多次事业单位改革政策文件的要求，也符合事业单位发展的长远考虑。下一步应当根据当前经济发展水平、财政收入状况和居民消费水平建立正常的工资调整机制，同时综合考虑各个行业和各个地区的收入水平，减少收入差距，适当采用年薪制和特殊人才工资制，建立合理的收入水平决定机制，为养老保险的顺畅推行提供先决条件。

9.2.2 以制度完善推进改革建议

养老保险制度要以基本养老保险为支柱，以补充养老保险为辅助性保险举措，通过构建多层次的养老保险制度体系，使职工需求得到体现，并为以后的制度改革工作留下改进空间。

9.2.2.1 针对"老人""中人""新人"进行分类管理

要有针对"老人""中人""新人"的分类管理政策，在具体制度操作上，"老人"和"新人"的管理会相对明确，且由于心理落差小，因此相对实施顺畅；但是对于"中人"来说，过渡性养老金的计发公式和测算方案还需要根据单位具体情况进一步分析，视同缴费指数目前也还没有公布，改革可能会给"中人"带来心理落差。因此，解决好"中人"的问题，改革就前进了一大步。要在理顺单位关系、人员关系的基础上，做好"中人"的养老金过渡工作，尤其要注意十年过渡期结束后（2024年10月左右）退休职工的待遇衔接问题，要提前预防，制度开始推行之初就加深职工对政策的理解，包括养老保险基数的申报和相关待遇，要转变"中人"传统观念，提升"中人"对养老保险改革的信心。

9.2.2.2 做好养老保险制度衔接设计工作

地域上养老保险的转移接续伴随着养老保险基金全国统筹的落实，将比较容易解决。关注焦点应该是养老保险制度的转移接续，即要保障养老保险制度在变迁过程中，新旧养老保险制度可以衔接，同时与企业养老保险制度可以衔接。下一步水利事业单位要厘清自身单位养老保险情况，按照不同情况做好参保方案，并将方案报上级主管单位。在改革过程中因为制度衔接而存在的隐患和问题，更要及时汇报和解决。主要关注点是转企的事业单位以及由企业调至事业单位的职工，前者面临的是整体单位的养老保险账户要从事业单位转向企业的问题，后者面临的则是职工已经在企业养老保险制度下缴纳的费用如何处理的问题，因为事业单位分类改革的进一步推进，部分事业单位肯定要面临转型，在此之前，需要做好养老保险的制度衔接设计，防止养老保险改革中的问题成为分类改革的阻力。

9.2.2.3　以工资制度的完善来推动养老保险改革

"五个同步"中指出，养老保险制度改革与完善工资制度应同步推进，下一步单位和职工都需要缴纳养老保险费，确认缴费基数涉及工资项目和收入分配的调整。对工资制度进行规范和调整可以规范养老保险缴费基数申报，防止整体待遇的大幅降低，避免职工产生巨大心理落差。结合绩效工资改革的推进，对于公益一类和公益二类事业单位，应根据岗位建立量化工资考核体系，规范工资管理；对于转企事业单位，应加强绩效管理，提高绩效工资比例，加强职工激励。

9.2.2.4　加强补充养老保险制度体系建设

下一步在统账结合模式上，要增加养老保险体系层次，发展职业年金制度，并改进各项具体事项措施，这是水利事业单位养老制度改革的大方向。在补充养老保险方面，需要从两个维度进行考虑，一是单位层面的，即加强职业年金建设，二是职工个人层面的，即商业养老保险的补充。此外，对于一些家庭存在困难或是缺乏子女赡养的退休职工，有财政能力的单位可以建立老年生活津贴的申请审批制度，以保障职工退休生活。

9.2.2.5　科学申报养老保险缴费基数

在缴费基数方面，建议在政策框架下选择较大的范围内将职工收入纳入缴费基数，在尽量不影响职工在职收入的情况下提高职工养老金缴费率。同时做好宣传工作，测算不同层次职工收入及申报基数，确定科学申报缴费基数的方法，使职工理解养老保险缴费及改革意义。同时，为了保持单位内部职工缴费和待遇的平衡，建议出台调整新进院职工绩效核算办法以适当提高新职工养老保险缴费基数。

9.2.3　以财政支持推进改革建议

下一步应通过优化水利事业单位养老保险财政承担机制，达到合理化解转制成本的目的。财政支持是事业单位养老保险改革得以成功的关键因素。财政压力问题是任何行业事业单位都会面临的，以下就水利事业单位财政资金问题提出宏观建议。

9.2.3.1　政策框架下明晰政府财政责任

一是承担转轨成本是政府在养老保险制度改革中应尽的责任，中央和地方政府应该采取切实可行的有效措施来消化转制成本，从财政预算中拨出专项资金，逐步消化每年应该承担的转制成本数额。

二是分税制改革较好地解决了财政中央集权与地方分权问题，对于养老金还清历史债务、增强中央财政的支持力度，起到了重要的作用。但是，地方财政压力也较大。因此，理顺中央与地方的关系，让财权和职责相匹配，减轻中央和地方的财政风险，合理划分财政承担也成为水利事业单位养老保险改革应当重视的方向。

三是应明确历史责任和现实责任。转轨成本是历史责任，新产生的养老金压力是现实责任。历史责任理应由政府完全承担，而现实责任应当通过制度的合理化设计，机制体制等各个方面的不断完善来共同分担，不能完全依靠财政支出。

9.2.3.2　国家财政层面上优化财政结构

一是应当调整财政支出结构，保证养老保险补助支出控制在合理的使用范围。要从制度根源上找到原因进行规避，而非一味使用有限的养老保险财政补助。二是要多渠道筹集养老保险资金。尽可能扩大养老保险的覆盖面，做到应保尽保；对于一些财政补助的单位可以进行自行创收，适当减少财政补贴，也部分减轻财政承担。此外，还有通过发行福利彩票、鼓励无偿捐赠等方式来筹集养老保险资金。只有通过多元化养老保险资金的筹集渠道，增强资金长期的供给能力，才能减少财政直接支持养老保险的风险。

9.2.3.3　建立层次分明的水利事业单位养老保险体系

一是建立统一的、多层次的水利事业单位养老保障体系。应当建立基本养老保险、职业年金、商业保险为主的个人养老储蓄计划的三个层次水利事业单位养老保障体系。这三个层次相辅相成，使得个人、单位和国家各自承担应尽职责，减轻财政压力。二是改变目前碎片化的局面，提升养老保险统筹层次。养老保险改革并非是一市一地区的问题，而是全局性的问题。实现事业单位省级统筹乃至全国统筹之后，财政支出逐渐合理，养老金的负担将在很大程度上得到缓解。

9.2.4　以配套健全推进改革建议

下一步建议加强水利事业单位配套制度的改革，重点是收入分配制度改革，还要调整和完善其它各种制度，如医疗保险制度、企业养老保险制度等。只有将相关配套政策和事业机构养老制度改革互相协调推进，才能有所成效。

9.2.4.1　清查与整理养老保险历史关系

水利事业单位的情况本身就相对复杂，首先要谨慎对待历史遗留问题，并制定切实可行的过渡政策和具体措施，对于改革切勿操之过急。并轨之路必然是艰难的，从技术层面上说，应该尽量不降低被改革群体的养老待遇，使这部分群体的利益尽可能少的受到影响，以减小改革阻力。在职工纳入保险的问题上，一是进行内部预审档案并对可能存在问题人员提前清查。针对清查问题，做出相应解决方案；二是与上级部门积极沟通，寻求快捷审批程序。改革虽然是渐进的过程，但须有明确的时间规划，确保改革的稳步推进和落实。

9.2.4.2　推动养老保险制度宣传工作

水利事业单位应加强政策宣传力度，与职工充分沟通，提前解决改革可能遇到的问题。一是应该转变职工对养老保险的认识，使职工接受基本养老保险和补充养老保险两者相加总的合理替代率范围；二是综合各种宣传教育形式，除了传统的政策文件式宣传、召开座谈会等形式，可以借助新媒体等方式来加强职工对养老保险的认识，包括建立养老保险官方微博、微信，运用网上平台和手机 APP 来宣传改革政策；三是宣传要有针对性，对即将退休的人群，可以提前建立关键年度退休人员名单并保持关注。

9.2.4.3　加强信息化建设，提高养老保险管理效率

在养老保险管理方面，可以充分运用先进的人力资源管理信息系统，推进养老保险管理电子信息化系统建设，提高养老保险管理效率。一是运用建设养老保险管理系统，可以结合单位原有的人事管理信息系统增设养老保险管理模块，或者通过本项目所开发的养老保险模拟计算系统，通过常见问题自动回复或是养老金计算器的形式，提高职工运用线上系统自主解决养老保险相关问题的能力；二是可以采取线上反馈的形式，提高养老保险管理服务水平，增强信息沟通的速度和效率，提高工作效率和服务质量。

综上，虽然我国水利事业单位养老保险改革面临着重重困难，不论是管理体制还是制度设计方面都还有很多的问题需要进一步斟酌和摸索，然而，"万事开头难"，改革已经迈出了至关重要的第一步，"实践是检验真理的唯一标准"，只要在缜密思考和权衡后，开始着手采取措施，敢于向前推进改革，相信随着不断的改进，随着我国养老保险制度改革的进一步深化，水利事业单位终将会建立适应社会发展且能够促进社会发展的养老保险体系。

附　　录

概　念　界　定

事业单位

　　事业单位一般指以增进社会福利，满足社会文化、教育、科学、卫生等方面需要，提供各种社会服务为直接目的的社会组织，按照人员工资供给形式分类可分为三类，包括财政全额拨款、财政差额拨款、自收自支三类事业单位。

养老保险、养老金

　　养老保险：养老保险又称老年保险，是指国家立法强制征集社会保险费（税），并形成养老基金，当劳动者退休后支付退休金，以保证其基本生活需要的社会保障制度。它是社会保障制度的最重要内容，有维护社会稳定的功能，起着"稳定器"和"减压器"的作用。

　　养老金：养老金是指职工在单位工作达到退休年龄或者其它可退休的条件时，为了保障退休人员的老年生活，发放给其的退休收入，其来源于职工所在单位以及职工在职时按一定比例共同缴纳的费用。

计算养老金相关指数

　　替代率：本书所涉及的替代率主要是指养老金替代率，指的是职工和工作人员在达到退休年龄退出劳动领域后，养老金的领取水平相对于退休前工资收入水平之间的比率。

　　视同缴费年限：缴费年限包括视同缴费年限和实际缴费年限，视同缴费年限是指职工全部工作年限中，其实际缴费年限之前的按国家规定计算的连续工作时间。

　　实际缴费年限：实际缴费年限是指职工参加基本养老保险后，按规定按时足额缴纳基本养老保险费的年限。

　　缴费覆盖率：缴费覆盖率即缴费者占工作人口的比例，缴费覆盖率是反映制度有效性的一个重要指标。

　　缴费基数：缴费基数是计算用人单位及其职工缴纳社保费和职工社会保险待遇的重要依据，以社会平均工资的 60%～300% 为缴纳基数，参保职工上年度本人月平均工资低于社会平均工资 60% 的，按 60% 核定缴费基数；参保职工上年度本人月平均工资高于社会平均工资 300% 的，按 300% 核定。

养老保险相关政策汇编

中共中央、国务院行政法规

《国务院关于企业职工养老保险制度改革的决定》

（国发〔1991〕33号）

我国企业职工的养老保险制度是五十年代初期建立的，以后在一九五八年和一九七八年两次作了修改。近年来，各地区适应经济体制改革的需要，又进行了以退休费用社会统筹为主要内容的改革，取得一定成效。按照国民经济和社会发展十年规划和第八个五年计划纲要的要求，在总结各地经验的基础上，国务院对企业职工养老保险制度改革作如下决定：

一、根据我国生产力发展水平和人口众多且老龄化发展迅速的情况，企业职工养老保险制度改革要处理好国家利益、集体利益和个人利益，目前利益和长远利益，整体利益和局部利益的关系，主要是对现行的制度办法进行调整、完善。考虑到各地区和企业的情况不同，各省、自治区、直辖市人民政府可以根据国家的统一政策，对职工养老保险作出具体规定，允许不同地区、企业之间存在一定的差别。

二、随着经济的发展，逐步建立起基本养老保险与企业补充养老保险和职工个人储蓄性养老保险相结合的制度。改变养老保险完全由国家、企业包下来的办法，实行国家、企业、个人三方共同负担，职工个人也要缴纳一定的费用。

三、基本养老保险基金由政府根据支付费用的实际需要和企业、职工的承受能力，按照以支定收、略有结余、留有部分积累的原则统一筹集。具体的提取比例和积累率，由省、自治区、直辖市人民政府经实际测算后确定，并报国务院备案。

四、企业和职工个人缴纳的基本养老保险费分别记入《职工养老保险手册》。

企业缴纳的基本养老保险费，按本企业职工工资总额和当地政府规定的比例在税前提取，由企业开户银行按月代为扣缴。企业逾期不缴，要按规定加收滞纳金。滞纳金并入基本养老保险基金。

职工个人缴纳基本养老保险费，在调整工资的基础上逐步实行，缴费标准开始时可不超过本人标准工资的 3％，以后随着经济的发展和职工工资的调整再逐步提高。职工个人缴纳的基本养老保险费，由企业在发放工资时代为收缴。

五、企业和职工个人缴纳的基本养老保险费转入社会保险管理机构在银行开设的"养老保险基金专户"，实行专项储存，专款专用，任何单位和个人均不得擅自动用。银行应按规定提取"应付未付利息"；对存入银行的基金，按其存期照人民银行规定的同期城乡居民储蓄存款利率计息，所得利息并入基金。积累基金的一部分可以购买国家债券。

地方各级政府要设立养老保险基金委员会，实施对养老保险基金管理的指导和监督。委员会由政府主管领导任主任，劳动、财政、计划、审计、银行、工会等部门的负责同志参加，办公室设在劳动部门。

六、职工退休后的基本养老金计发办法目前不作变动，今后可结合工资制度改革，通过增加标准工资在工资总额中的比重，逐步提高养老金的数额。

国家根据城镇居民生活费用价格指数增长情况，参照在职职工工资增长情况对基本养老金进行适当调整，所需费用从基本养老保险基金中开支。

七、尚未实行基本养老保险基金省级统筹的地区，要积极创造条件，由目前的市、县统筹逐步过渡到省级统筹。实行省级统筹后，原有固定职工和劳动合同制职工的养老保险基金要逐步按统一比例提取，合并调剂使用。具体办法由各省、自治区、直辖市人民政府制定。

中央部属企业，除国家另有规定者外，都要参加所在地区的统筹。

八、企业补充养老保险由企业根据自身经济能力，为本企业职工建立，所需费用从企业自有资金中的奖励、福利基金内提取。个人储蓄性养老保险由职工根据个人收入情况自愿参加。国家提倡、鼓励企业实行补充养老保险和职工参加个人储蓄性养老保险，并在政策上给予指导。同时，允许试行将个人储蓄性养老保险与企业补充养老保险挂钩的办法。补充养老保险基金，由社会保险管理机构按国家技术监督局发布的社会保障号码（国家标准 GB 11643—89）记入职工个人账户。

九、劳动部和地方各级劳动部门负责管理城镇企业（包括不在城镇的全民所有制企业）职工的养老保险工作。

劳动部门所属的社会保险管理机构，是非营利性的事业单位，经办基本养老保险和企业补充养老保险的具体业务，并受养老保险基金委员会委托，管理养老保险基金。现已由人民保险公司经办的养老保险业务，可以维持现状不作变动。个人储蓄性养老保险由职工个人自愿选择经办机构。

十、社会保险管理机构可从养老保险基金中提取一定的管理服务费，具体的提取比例根据实际工作需要和节约的原则，由当地劳动部门提出，经同级财政部门审核，报养老保险基金委员会批准。管理服务费主要用于支付必要的行政和业务等费用。养老保险基金及管理服务费，不计征税、费。

社会保险管理机构应根据国家的政策规定，建立健全基金管理的各项制度，编制养老保险基金和管理服务费收支的预、决算，报当地人民政府在预算中列收列支，并接受财政、审计、银行和工会的监督。

十一、本决定适用于全民所有制企业。城镇集体所有制企业可以参照执行；对外商投资企业中方职工、城镇私营企业职工和个体劳动者，也要逐步建立养老保险制度。具体办法由各省、自治区、直辖市人民政府制定。

十二、国家机关、事业单位和农村（含乡镇企业）的养老保险制度改革，分别由人事部、民政部负责，具体办法另行制定。

企业职工养老保险制度改革，是保障退休职工生活，维护社会安定的一项重要措施，对减轻国家和企业负担，促进经济体制改革以及合理引导消费有重要作用。这项工作政策性强，涉及面广，各级政府要切实加强领导，根据本决定的精神，结合实际抓紧制定具体的实施方案，积极稳妥地推进企业职工养老保险制度的改革。

《国务院关于深化企业职工养老保险制度改革的通知》

（国发〔1995〕6号）

各省、自治区、直辖市人民政府，国务院各部委、各直属机构：

《国务院关于企业职工养老保险制度改革的决定》发布以来，各地区、各有关部门积极进行企业职工养老保险制度改革，在推进保险费用社会统筹、扩大保险范围、实行职工个人缴费制度和进行社会统筹与个人账户相结合试点等方面取得了一定成效，对保障企业离退休人员基本生活，维护社会稳定和促进经济发展发挥了重要作用。但是，由于这项改革尚处于探索阶段，现行的企业职工养老保险制度还不能适应建立社会主义市场经济体制的要求，必须进一步深化改革。根据《中共中央关于建立社会主义市场经济体制若干问题的决定》精神，经过调查研究和广泛征求意见，现就深化企业职工养老保险制度改革的有关问题通知如下：

一、企业职工养老保险制度改革的目标是：到本世纪末，基本建立起适应社会主义市场经济体制要求，适用城镇各类企业职工和个体劳动者，资金来源多渠道、保障方式多层次、社会统筹与个人账户相结合、权利与义务相对应、管理服务社会化的养老保险体系。基本养老保险应逐步做到对各类企业和劳动者统一制度、统一标准、统一管理和统一调剂使用基金。

二、深化企业职工养老保险制度改革的原则是：保障水平要与我国社会生产力发展水平及各方面的承受能力相适应；社会互济与自我保障相结合，公平与效率相结合；政策统一，管理法制化；行政管理与保险基金管理分开。

三、基本养老保险费用由企业和个人共同负担，实行社会统筹与个人账户相结合。在理顺分配关系，加快个人收入工资化、工资货币化进程的基础上，逐步提高个人缴费比例。提高个人缴费比例的幅度，由各省、自治区、直辖市人民政府根据本地区职工工资增长等情况确定。为适应各地区的不同情况，对实行社会统筹与个人账户相结合提出两个实施办法，由地、市（不含县级市）提出选择意见报省、自治区人民政府批准，直辖市由市人民政府选择，均报劳动部备案。各地区还可以结合本地实际，对两个实施办法进行修改完善。

四、为了保障企业离退休人员基本生活，各地区应当建立基本养老金正常调整机制。基本养老金可按当地职工上一年度平均工资增长率的一定比例进行调整，具体办法在国家政策指导下由省、自治区、直辖市人民政府确定。

五、国家在建立基本养老保险、保障离退休人员基本生活的同时，鼓励建立企业补充养老保险和个人储蓄性养老保险。企业按规定缴纳基本养老保险费后，可以在国家政策指导下，根据本单位经济效益情况，为职工建立补充养老保险。企业补充养老保险和个人储蓄性养老保险，由企业和个人自主选择经办机构。

六、各地区应充分考虑到养老保险制度改革是一件涉及长远的大事，对企业与个人缴纳养老保险费的比例、发放养老金的标准和基金积累率等问题，要从我国生产力水平比较低、人口众多且老龄化问题日益突出等实际情况出发，兼顾国家、企业、个人三者利益，兼顾目前利益和长远利益，在充分测算论证的基础上进行统筹安排。要严格控制基本养老保险费的收缴比例和基本养老金的发放水平，减轻企业和国家的负担。

七、要根据国家有关规定建立健全养老保险基金的预算管理和财务、会计制度，做好缴费记录和个人账户等基础工作，严格控制管理费的提取和使用，坚持专款专用原则，切实搞好基金管理，确保基金的安全并努力实现其保值增值。当前，养老保险基金的结余额，除留足两个月的支付费用外，百分之八十左右应用于购买由国家发行的社会保险基金特种定向债券，任何单位和个人不得自行决定基金的其它用途。养老保险基金营运所得收益，全部并入基金并免征税费。

八、各地区和有关部门应积极创造条件，提高养老保险管理服务的社会化程度，逐步将企业发放养老金改为社会化发放，技术条件和基础工作较好的地区，可以实行由银行或者邮局直接发放；暂不具备条件的地区，可以由社会保险经办机构发放。社会保险经办机构也可以通过在大型企业设立派出机构等办法，对企业离退休人员进行管理服务。同时要充分发挥各方面的积极性，逐步将主要由企业管理离退休人员转为主要依托社区进行管理，提高社会化管理水平，切实减轻企业负担。

九、要实行社会保险行政管理与基金管理分开、执行机构与监督机构分设的管理体制。社会保险行政管理部门的主要任务是制定政策、规划，加强监督、指导。管理社会保险基金一律由社会保险经办机构负责。各地区和有关部门要设立由政府代表、企业代表、工会代表和离退休人员代表组成的社会保险监督委员会，加强对社会保险政策、法规执行情况和基金管理工作的监督。

十、已经国务院批准，由国务院有关部门和单位直接组织养老保险费用统筹的企业，仍参加主管部门和单位组织的统筹，但要按照社会统筹与个人账户相结合的原则进行改革。

十一、全国城镇企业职工养老保险工作由劳动部负责指导、监督，深化企业职工养老保险制度改革的工作亦由劳动部负责推动。国家体改委要积极参与，可选择一些地方进行深化改革的试点，劳动部要积极给予支持。国家计委、国家经贸委、财政部、中国人民银行等有关部门也应按照各自的职责协同配合，搞好深化改革的工作。

深化企业职工养老保险制度改革是一项十分重要的工作，对于完善社会保障体系，促进改革、发展和稳定具有重要意义。各地区、各有关部门对这项工作要高度重视，切实加强领导，精心组织实施，积极稳妥地推进，务求抓出实效。对深化改革中出现的新情况、新问题，要及时认真地研究解决，重大问题及时报告。

　　附件：1. 企业职工基本养老保险社会统筹与个人账户相结合实施办法之一
　　　　　　（略）

　　　　　2. 企业职工基本养老保险社会统筹与个人账户相结合实施办法之二
　　　　　　（略）

《国务院关于建立统一的企业职工基本养老保险制度的决定》

（国发〔1997〕26 号）

近年来，各地区和有关部门按照《国务院关于深化企业职工养老保险制度改革的通知》（国发〔1995〕6 号）要求，制定了社会统筹与个人账户相结合的养老保险制度改革方案，建立了职工基本养老保险个人账户，促进了养老保险新机制的形成，保障了离退休人员的基本生活，企业职工养老保险制度改革取得了新的进展。但是，由于这项改革仍处在试点阶段，目前还存在基本养老保险制度不统一、企业负担重、统筹层次低、管理制度不健全等问题，必须按照党中央、国务院确定的目标和原则，进一步加快改革步伐，建立统一的企业职工基本养老保险制度，促进经济与社会健康发展。为此，国务院在总结近几年改革试点经验的基础上作出如下决定：

一、到本世纪末，要基本建立起适应社会主义市场经济体制要求，适用城镇各类企业职工和个体劳动者，资金来源多渠道、保障方式多层次、社会统筹与个人账户相结合、权利与义务相对应、管理服务社会化的养老保险体系。企业职工养老保险要贯彻社会互济与自我保障相结合、公平与效率相结合、行政管理与基金管理分开等原则，保障水平要与我国社会生产力发展水平及各方面的承受能力相适应。

二、各级人民政府要把社会保险事业纳入本地区国民经济与社会发展计划，贯彻基本养老保险只能保障退休人员基本生活的原则，把改革企业职工养老保险制度与建立多层次的社会保障体系紧密结合起来，确保离退休人员基本养老金和失业人员失业救济金的发放，积极推行城市居民最低生活保障制度。为使离退休人员的生活随着经济与社会发展不断得到改善，体现按劳分配原则和地区发展水平及企业经济效益的差异，各地区和有关部门要在国家政策指导下大力发展企业补充养老保险，同时发挥商业保险的补充作用。

三、企业缴纳基本养老保险费（以下简称企业缴费）的比例，一般不得超过企业工资总额的 20%（包括划入个人账户的部分），具体比例由省、自治区、直辖市人民政府确定。少数省、自治区、直辖市因离退休人数较多、养老保险负担过重，确需超过企业工资总额 20% 的，应报劳动部、财政部审批。个人缴纳基本养老保险费（以下简称个人缴费）的比例，1997 年不得低于本人缴费工资的 4%，1998 年起每两年提高 1 个百分点，最终达到本人缴费工资的 8%。有条件的地区和工资增长较快的年份，个人缴费比例提高的速度应适当加快。

四、按本人缴费工资 11% 的数额为职工建立基本养老保险个人账户，个人缴费全部记入个人账户，其余部分从企业缴费中划入。随着个人缴费比例的提高，企业划入的部分要逐步降至 3%。个人账户储存额，每年参考银行同期存款利率计算利息。个人账户储存额只用于职工养老，不得提前支取。职工调动时，个人账户全部随同转移。职工或退休人员死亡，个人账户中的个人缴费部分可以继承。

五、本决定实施后参加工作的职工，个人缴费年限累计满 15 年的，退休后按月发给基本养老金。基本养老金由基础养老金和个人账户养老金组成。退休时的基础养老金月标准为省、自治区、直辖市或地（市）上年度职工月平均工资的 20%，个人账户养老金月标准为本人账户储存额除以 120。个人缴费年限累计不满 15 年的，退休后不享受基础养老金待遇，其个人账户储存额一次支付给本人。

本决定实施前已经离退休的人员，仍按国家原来的规定发给养老金，同时执行养老金调整办法。各地区和有关部门要按照国家规定进一步完善基本养老金正常调整机制，认真抓好落实。

本决定实施前参加工作、实施后退休且个人缴费和视同缴费年限累计满 15 年的人员，按照新老办法平稳衔接、待遇水平基本平衡等原则，在发给基础养老金和个人账户养老金的基础上再确定过渡性养老金，过渡性养老金从养老保险基金中解决。具体办法，由劳动部会同有关部门制订并指导实施。

六、进一步扩大养老保险的覆盖范围，基本养老保险制度要逐步扩大到城镇所有企业及其职工。城镇个体劳动者也要逐步实行基本养老保险制度，其缴费比例和待遇水平由省、自治区、直辖市人民政府参照本决定精神确定。

七、抓紧制定企业职工养老保险基金管理条例，加强对养老保险基金的管理。基本养老保险基金实行收支两条线管理，要保证专款专用，全部用于职工养老保险，严禁挤占挪用和挥霍浪费。基金结余额，除预留相当于 2 个月的支付费用外，应全部购买国家债券和存入专户，严格禁止投入其它金融和经营性事业。要建立健全社会保险基金监督机构，财政、审计部门要依法加强监督，确保基金的安全。

八、为有利于提高基本养老保险基金的统筹层次和加强宏观调控，要逐步由县级统筹向省或省授权的地区统筹过渡。待全国基本实现省级统筹后，原经国务院批准由有关部门和单位组织统筹的企业，参加所在地区的社会统筹。

九、提高社会保险管理服务的社会化水平，尽快将目前由企业发放养老金改为社会化发放，积极创造条件将离退休人员的管理服务工作逐步由企业转向社会，减轻企业的社会事务负担。各级社会保险机构要进一步加强基础建设，改进和完善服务与管理工作，不断提高工作效率和服务质量，促进养老保险制度的改革。

十、实行企业化管理的事业单位，原则上按照企业养老保险制度执行。

建立统一的企业职工基本养老保险制度是深化社会保险制度改革的重要步骤，关系改革、发展和稳定的全局。各地区和有关部门要予以高度重视，切实加强领导，精心组织实施。劳动部要会同国家体改委等有关部门加强工作指导和监督检查，及时研究解决工作中遇到的问题，确保本决定的贯彻实施。

1997 年 7 月 16 日

《国务院关于实行企业职工基本养老保险省级统筹和行业统筹移交地方管理有关问题的通知》

（国发〔1998〕28 号）

各省、自治区、直辖市人民政府，国务院各部委、各直属机构：

为了深化企业职工养老保险制度改革，加强基本养老保险基金管理和调剂力度，确保企业离退休人员基本养老金的按时足额发放，国务院决定，加快实行企业职工基本养老保险省级统筹，并将铁道部、交通部、信息产业部（原邮电部部分）、水利部、民航总局、煤炭局（原煤炭部）、有色金属局（原中国有色金属工业总公司）、国家电力公司（原电力部）、中国石油天然气集团公司和中国石油化工集体公司（原石油天然气总公司部分）、银行系统（工商银行、农业银行、中国银行、建设银行、交通银行、中保集团）、中国建筑工程总公司组织的基本养老保险行业统筹移交地方管理。现就有关问题通知如下：

一、加快实行企业职工基本养老保险省级统筹

（一）1998 年年底以前，各省、自治区、直辖市（以下简称省、区、市）要实行企业职工基本养老保险省级统筹（以下简称省级统筹），建立基本养老保险基金省级调剂机制，调剂金的比例以保证省、区、市范围内企业离退休人员基本养老金的按时足额发放为原则。到 2000 年，在省、区、市范围内，要基本实现统一企业缴纳基本养老保险费比例，统一管理和调度使用基本养老保险基金，对社会保险经办机构实行省级垂直管理。

（二）省级统筹的范围包括，省、区、市（含计划单列市、副省级省会城市、经济特区、开发区等）内的国有企业、集体企业、外商投资企业、私营企业等城镇各类企业及其职工。城镇个体经济组织及其从业人员也应参加基本养老保险并纳入省级统筹。

（三）从 1998 年 9 月 1 日起，目前实行基本养老保险基金差额缴拨的地区，

要改变基金结算方式，对企业和职工个人全额征收基本养老保险费，对企业离退休人员全额支付基本养老金。各省、区、市要积极创造条件，加快实现企业离退休人员基本养老金的社会化发放，推进社会化管理进程。

二、按期完成基本养老保险行业统筹移交地方管理

（四）在 1998 年 8 月 31 日以前，实行基本养老保险行业统筹（以下简称行业统筹）企业的基本养老保险工作，按照先移交后调整的原则，全部移交省、区、市管理。从 1998 年 9 月 1 日起，由省、区、市社会保险经办机构负责收缴行业统筹企业基本养老保险费和发放离退休人员基本养老金。跨省、区、市的，按单位或其分支机构的注册登记地进行属地划分，其基本养老保险工作分别移交所在省、区、市社会保险经办机构管理。行业统筹在各省、区、市的省级社会保险经办机构暂予保留，待地方政府机构改革时再统筹研究。

（五）行业统筹移交地方管理后，1998 年内，企业和职工个人缴纳基本养老保险费的比例保持不变。从 1999 年起，调整企业缴纳基本养老保险费的比例，起步时不低于企业工资总额的 13％，以后逐步过渡到与地方企业相同的比例。根据行业的具体情况，煤炭、银行、民航企业的过渡期为 5 年，其它行业企业的过渡期原则上为 3 年。从 1999 年 1 月 1 日起，职工个人缴纳基本养老保险费的比例按省、区、市确定的统一比例执行，一次到位。

从 1998 年 1 月 1 日起，统一按本人缴费工资 11％的数额调整或建立职工基本养老保险个人账户，移交前后的个人账户储存额合并计算。

（六）行业统筹移交地方管理后，原行业统筹企业已离退休人员的基本养老保险原待遇原则上维持不变，其中经原劳动部、财政部批准的统筹项目内的部分由省级统筹的基本养老保险基金支付，未列入统筹项目的部分由企业支付。行业统筹移交地方管理以后退休的人员，基本养老保险待遇按照省、区、市的办法执行，对于按原行业统筹计发办法计算高于按地方计发办法计算的部分，可由各省、区、市采用加发补贴的办法解决，所需费用从省级统筹的基本养老保险基金中支付，补贴的标准逐步调整，5 年后执行省、区、市的计发办法。

（七）行业统筹积累的基本养老保险基金，全部移交给省、区、市社会保险经办机构管理，其中存在省、区、市以下社会保险经办机构的，随同行业统筹移交地方管理一并移交给地方；存在中央部门的，主要用于解决移交过程中的地区不平衡问题。具体移交办法由劳动保障部、财政部统一研究制定并尽快下发。

行业统筹企业建立的补充养老保险，要逐步加以规范，由劳动保障部审查同意的机构经办。补充养老保险各界的基金不移交地方。

（八）加快行业统筹移交地方管理，是实行省级统筹的重要保证。行业统筹移交地方管理的工作由劳动保障部会同财政部组织实施。行业统筹移交地方管理后，企业缴纳基本养老保险费的比例调整和对退休人员的补贴办法等，各省、区、市要报劳动保障部，劳动保障部商财政部同意后，由省、区、市人民政府批准实施。

三、加强领导，严肃纪律，确保按时足额发放企业离退休人员基本养老金

（九）各省、区、市人民政府、各有关部门和单位要统一认识，加强领导，积极稳妥地推进省级统筹和行业统筹移交地方管理的工作，要按照本通知规定的程序和进度，抓紧进行，认真落实。要严肃纪律，不能搞提前退休，不得擅自提高待遇，不准借交接之机挪用基本养老保险基金，对被挤占挪用的基本养老保险基金，要从严从快清查收回。各省、区、市人民政府要采取切实有效措施，按期建立省级统筹，保证基金养老保险基金在省、区、市范围内调剂使用，确保按时足额发放企业离退休人员的基本养老金，不得再发生新的拖欠，对以前拖欠的要逐步予以补发。对发放企业离退休人员基本养老金确定困难的地区，1998 年中央财政给予适当支持。

（十）实行省级统筹和行业统筹移交地方管理，时间紧、任务重、政策性强，涉及各方面利益的调整和社会的稳定，各省、区、市人民政府、各有关部门和单位要高度重视，精心组织实施。劳动保障部、财政部要加强指导，保证省级统筹和行业统筹移交地方管理工作的顺利完成。

1998 年 8 月 6 日

《国务院办公厅关于继续做好确保国有企业下岗职工基本生活和企业离退休人员养老金发放工作的通知》

（国办发〔2000〕9 号）

各省、自治区、直辖市人民政府，国务院各部委、各直属机构：

根据党的十五届四中全会和 1999 年中央经济工作会议精神，今年要继续做好确保国有企业下岗职工基本生活和企业离退休人员基本养老金按时足额发放（以下简称：两个确保）工作，积极促进下岗职工再就业，解决好当前工作中的突出问题。同时积极创造条件，建立健全完善的社会保障体系。现就有关问题通知如下：

一、切实加强对两个确保工作的领导。要继续把两个确保作为当前维护社会稳定、促进改革和发展的头等大事，抓紧抓好，坚持实行党政"一把手"负责制，层层落实目标责任。要认真落实党中央、国务院关于两个确保的一系列方针、政策，切实调整财政支出结构，增加对社会保障的资金投入，优先足额安排两个确保资金，不留缺口，保证专款专用。社会保险基金必须实行收支两条线管理，并加强对资金的管理和监督。各地要加大对以前挤占挪用的社会保险基金的收回力度，对新发生的挤占挪用案件要从严处理。

二、确保国有企业下岗职工基本生活。要继续完善各项政策措施，按照"三三制"原则筹集资金。企业自筹和社会筹集不足的部分，财政要予以保证。对资金确有困难的地区，中央财政将继续通过专项转移支付的方式给予一定的支持，但要与地方财政的实际投入及各地下岗职工基本生活保障的工作实绩挂钩。各地要将中央企业下岗职工基本生活保障和再就业工作纳入地方总体安排，及时调剂社会筹集的资金。要认真贯彻《失业保险条例》和《城市居民最低生活保障条例》，做好下岗职工基本生活保障、失业保险和城镇居民最低生活保障三条社会保障线的衔接工作，确保下岗职工基本生活费和城镇居民最低生活保障金按时足额发放。企业再就业服务中心要及时代下岗职工缴纳养老、失业、医疗等社会保险费。对于在企业再就业服务中心协议期满仍未实现再就业的下岗职工，要妥善处理他们的劳动关系，并按规定及时向他们发放失业保险金。要进一步完善失业保险制度，加强失业保险费的征缴，提高基金的承受能力。在享受失业保险待遇期满后仍未实现再就业的失业人员，由民政部门按规定提供最低生活保障。

三、确保企业离退休人员基本养老金按时足额发放。各地要通过加强基本养老保险费征缴、调用基金结余、加大省级调剂力度、财政预算补助、社会筹集等措施，保证资金落实到位，确保基本养老金按时足额发放，不得产生新的拖欠。原行业统筹企业漏报拖欠的基本养老金，经国务院有关部门核实后，由中央财政予以补发。在中央财政对地方企业历史拖欠的基本养老金给予补助之后，各地新提出的漏报少报拖欠的基本养老金，由各地负责逐步予以补发。各地要积极推进养老保险社会化服务管理，从现在起，不得再实行基本养老保险费差额缴拨的结算方式，要认真核定企业工资总额，按规定比例全额征缴。到2000年年底，80%左右的企业离退休人员要实现基本养老金由社会服务机构发放，其中沿海经济发达地区、中心城市应全部实现社会化发放。要进一步完善社区服务功能，积极开展企业退休人员由社区管理的试点，总结经验，逐步推开。

四、大力促进下岗职工再就业。各地要积极发展第三产业，扶持中小企业，把发展劳动密集型和技术密集型产业结合起来，创造更多的就业机会。地方各级人民政府和有关部门要加强督促检查，保证各项再就业优惠政策落实到位。失业人员再就业可以享受下岗职工再就业的优惠政策。鼓励和引导有条件的企业实现主辅分离、转岗分流，创办独立核算、自负盈亏的经济实体，安置富余人员。要加强下岗职工再就业培训，落实培训资金，资金投入要与培训规模和再就业率挂钩，增强培训的针对性和实用性，提高培训的效果，力争使再就业人数多于新增下岗职工人数。对年龄较大、再就业困难的下岗职工，可根据实际情况实行灵活的照顾政策。要逐步建立市场导向的就业机制，将劳动力市场建设纳入本地区国民经济和社会发展计划，落实资金，加快劳动力市场的科学化、规范化、现代化建设，逐步形成社会化的就业服务网络。要建立健全劳动力市场管理的规章制度，加强对职业中介机构的管理，严厉查处各种违法违纪行为，规范市场秩序。

五、努力做好社会保险扩面征缴工作。各地要按照《社会保险费征缴暂行条例》的规定，积极扩大社会保险覆盖范围，重点做好外商投资企业、港澳台投资企业、集体企业、城镇私营企业及事业单位参加社会保险的工作。对转制企业职工和分流人员的社会保险关系，要及时予以接续。所有应参加社会保险的单位都要按规定及时足额缴纳养老、失业、医疗保险费，对拒缴、瞒报少缴的要依法处理。对企业过去欠缴的社会保险费，要采取法律、行政、舆论监督等措施，加大追缴力度。审计机关要适时组织对重点欠费企业的专项审计。

各地要在继续巩固两个确保的同时，积极创造条件，建立健全独立于企业之外、资金来源多渠道、管理服务社会化的社会保障体系。沿海经济发达地区和具备条件的大城市，可以根据本地实际，开展建立市场导向就业机制的试点工作。试点地区要按照积极主动、稳妥慎重、确保社会稳定的原则，切实做好制度的衔接和过渡工作，具体实施步骤由地方决定。地方各级人民政府和有关部门要把继续巩固两个确保作为今年劳动保障工作的重点，加强调查研究和统计分析工作，如实反映情况。对群众反映的突出问题，必须高度重视，及时研究解决。对问题比较集中的地区、行业和企业，要实施重点监控。涉及全局的重大问题及突发事件，要妥善处理并及时报告。

国务院办公厅

二〇〇〇年二月三日

《国务院办公厅关于各地不得自行提高企业基本养老金待遇水平的通知》

（国办发〔2001〕50 号）

各省、自治区、直辖市人民政府，国务院各部委、各直属机构：

根据《国务院关于深化企业职工养老保险制度改革的通知》（国发〔1995〕6 号）和《国务院关于建立统一的企业职工基本养老保险制度的决定》（国发

〔1997〕26 号）的有关规定，各地区调整企业离退休人员基本养老金要在国家政策指导下进行。2000 年 7 月，国务院有关部门又明确要求各地不得自行提高基本养老金待遇，今后有关工作按国务院统一部署进行。但是，仍有部分地区未经国务院同意，自行提高了企业离退休人员基本养老金待遇水平，有的地区甚至在基本养老保险基金入不敷出的情况下，也盲目提高标准。这种做法，不仅损害了国家有关政策的权威性和统一性，而且增加了确保基本养老金按时足额发放的困难，同时引发了地区间的攀比，也不利于社会稳定，必须予以制止。为进一步规范企业离退休人员养老金待遇水平调整工作，现就有关问题通知如下：

一、各地要按照党中央、国务院关于继续做好"两个确保"工作的要求，确保企业离退休人员基本养老金按时足额发放，不能出现新的拖欠。未经批准，各地区不得自行提高企业离退休人员基本养老金待遇水平。目前正在酝酿自行提高企业离退休人员基本养老金待遇水平的地区，要立即停止，严格按照国务院统一部署进行。部分地区自行提高企业离退休人员待遇水平所增加的基本养老保险基金缺口，由当地政府自行解决，中央财政不予补助。

二、今后，企业基本养老金待遇水平的调整，由劳动保障部和财政部根据实际情况，参照城市居民生活费用价格指数和在职职工工资增长情况提出调整总体方案，报国务院批准后统一组织实施；各地区制定的具体实施方案，报劳动保障部、财政部审批后执行。

三、各地区要按照国务院及有关部门的要求，认真清理和规范基本养老保险统筹项目，不得擅自将统筹外项目转为统筹内项目，也不得自行调整企业缴费比例。确需调整统筹项目和企业缴费比例的，要报劳动保障部、财政部批准。

随着企业职工基本养老保险基金收入的增加和财政支持力度的增强，国家将逐步提高企业离退休人员的基本养老金待遇水平。在国家统一政策出台之前，地方各级政府要从大局出发，认真贯彻执行国家的各项政策，妥善处理和化解各种矛盾和问题，维护社会稳定。

国务院办公厅

二〇〇一年七月五日

《国务院关于完善企业职工基本养老保险制度的决定》

（国发〔2005〕38 号）

各省、自治区、直辖市人民政府，国务院各部委、各直属机构：

近年来，各地区和有关部门按照党中央、国务院关于完善企业职工基本养老保险制度的部署和要求，以确保企业离退休人员基本养老金按时足额发放为中心，努力扩大基本养老保险覆盖范围，切实加强基本养老保险基金征缴，积极推进企业退休人员社会化管理服务，各项工作取得明显成效，为促进改革、发展和维护社会稳定发挥了重要作用。但是，随着人口老龄化、就业方式多样化和城市化的发展，现行企业职工基本养老保险制度还存在个人账户没有做实、计发办法不尽合理、覆盖范围不够广泛等不适应的问题，需要加以改革和完善。为此，在充分调查研究和总结东北三省完善城镇社会保障体系试点经验的基础上，国务院对完善企业职工基本养老保险制度作出如下决定：

一、完善企业职工基本养老保险制度的指导思想和主要任务。以邓小平理论和"三个代表"重要思想为指导，认真贯彻党的十六大和十六届三中、四中、五中全会精神，按照落实科学发展观和构建社会主义和谐社会的要求，统筹考虑当前和长远的关系，坚持覆盖广泛、水平适当、结构合理、基金平衡的原则，完善政策，健全机制，加强管理，建立起适合我国国情，实现可持续发展的基本养老保险制度。主要任务是：确保基本养老金按时足额发放，保障离退休人员基本生活；逐步做实个人账户，完善社会统筹与个人账户相结合的基本制度；统一城镇个体工商户和灵活就业人员参保缴费政策，扩大覆盖范围；改革基本养老金计发办法，建立参保缴费的激励约束机制；根据经济发展水平和各方面承受能力，合理确定基本养老金水平；建立多层次养老保险体系，划清中央与地方、政府与企业及个人的责任；加强基本养老保险基金征缴和监管，完善多渠道筹资机制；进一步做好退休人员社会化管理工作，提高服务水平。

二、确保基本养老金按时足额发放。要继续把确保企业离退休人员基本养老金按时足额发放作为首要任务，进一步完善各项政策和工作机制，确保离退休人员基本养老金按时足额发放，不得发生新的基本养老金拖欠，切实保障离退休人员的合法权益。对过去拖欠的基本养老金，各地要根据《中共中央办公厅国务院办公厅关于进一步做好补发拖欠基本养老金和企业调整工资工作的通知》要求，认真加以解决。

三、扩大基本养老保险覆盖范围。城镇各类企业职工、个体工商户和灵活就业人员都要参加企业职工基本养老保险。当前及今后一个时期，要以非公有制企业、城镇个体工商户和灵活就业人员参保工作为重点，扩大基本养老保险覆盖范围。要进一步落实国家有关社会保险补贴政策，帮助就业困难人员参保缴费。城镇个体工商户和灵活就业人员参加基本养老保险的缴费基数为当地上年度在岗职工平均工资，缴费比例为20％，其中8％记入个人账户，退休后按企业职工基本养老金计发办法计发基本养老金。

四、逐步做实个人账户。做实个人账户，积累基本养老保险基金，是应对人口老龄化的重要举措，也是实现企业职工基本养老保险制度可持续发展的重要保证。要继续抓好东北三省做实个人账户试点工作，抓紧研究制订其它地区扩大做实个人账户试点的具体方案，报国务院批准后实施。国家制订个人账户基金管理和投资运营办法，实现保值增值。

五、加强基本养老保险基金征缴与监管。要全面落实《社会保险费征缴暂行条例》的各项规定，严格执行社会保险登记和缴费申报制度，强化社会保险稽核和劳动保障监察执法工作，努力提高征缴率。凡是参加企业职工基本养老保险的单位和个人，都必须按时足额缴纳基本养老保险费；对拒缴、瞒报少缴基本养老保险费的，要依法处理；对欠缴基本养老保险费的，要采取各种措施，加大追缴力度，确保基本养老保险基金应收尽收。各地要按照建立公共财政的要求，积极调整财政支出结构，加大对社会保障的资金投入。

基本养老保险基金要纳入财政专户，实行收支两条线管理，严禁挤占挪用。要制定和完善社会保险基金监督管理的法律法规，实现依法监督。各省、自治区、直辖市人民政府要完善工作机制，保证基金监管制度的顺利实施。要继续发挥审计监督、社会监督和舆论监督的作用，共同维护基金安全。

六、改革基本养老金计发办法。为与做实个人账户相衔接，从 2006 年 1 月 1 日起，个人账户的规模统一由本人缴费工资的 11％调整为 8％，全部由个人缴费形成，单位缴费不再划入个人账户。同时，进一步完善鼓励职工参保缴费的激励约束机制，相应调整基本养老金计发办法。

《国务院关于建立统一的企业职工基本养老保险制度的决定》（国发〔1997〕26 号）实施后参加工作、缴费年限（含视同缴费年限，下同）累计满 15 年的人员，退休后按月发给基本养老金。基本养老金由基础养老金和个人账户养老金组成。退休时的基础养老金月标准以当地上年度在岗职工月平均工资和本人指数化月平均缴费工资的平均值为基数，缴费每满 1 年发给 1％。个人账户养老金月标准为个人账户储存额除以计发月数，计发月数根据职工退休时城镇人口平均预期寿命、本人退休年龄、利息等因素确定。

国发〔1997〕26 号文件实施前参加工作，本决定实施后退休且缴费年限累计满 15 年的人员，在发给基础养老金和个人账户养老金的基础上，再发给过渡性养老金。各省、自治区、直辖市人民政府要按照待遇水平合理衔接、新老政策平稳过渡的原则，在认真测算的基础上，制订具体的过渡办法，并报劳动保障部、财政部备案。

本决定实施后到达退休年龄但缴费年限累计不满 15 年的人员，不发给基础养老金；个人账户储存额一次性支付给本人，终止基本养老保险关系。

本决定实施前已经离退休的人员，仍按国家原来的规定发给基本养老金，同时执行基本养老金调整办法。

七、建立基本养老金正常调整机制。根据职工工资和物价变动等情况，国务院适时调整企业退休人员基本养老金水平，调整幅度为省、自治区、直辖市当地企业在岗职工平均工资年增长率的一定比例。各地根据本地实际情况提出具体调整方案，报劳动保障部、财政部审批后实施。

八、加快提高统筹层次。进一步加强省级基金预算管理，明确省、市、县各级人民政府的责任，建立健全省级基金调剂制度，加大基金调剂力度。在完善市级统筹的基础上，尽快提高统筹层次，实现省级统筹，为构建全国统一的劳动力市场和促进人员合理流动创造条件。

九、发展企业年金。为建立多层次的养老保险体系，增强企业的人才竞争能力，更好地保障企业职工退休后的生活，具备条件的企业可为职工建立企业年金。企业年金基金实行完全积累，采取市场化的方式进行管理和运营。要切实做好企业年金基金监管工作，实现规范运作，切实维护企业和职工的利益。

十、做好退休人员社会化管理服务工作。要按照建立独立于企业事业单位之外社会保障体系的要求，继续做好企业退休人员社会化管理工作。要加强街道、社区劳动保障工作平台建设，加快公共老年服务设施和服务网络建设，条件具备的地方，可开展老年护理服务，兴建退休人员公寓，为退休人员提供更多更好的服务，不断提高退休人员的生活质量。

十一、不断提高社会保险管理服务水平。要高度重视社会保险经办能力建设，加快社会保障信息服务网络建设步伐，建立高效运转的经办管理服务体系，把社会保险的政策落到实处。各级社会保险经办机构要完善管理制度，制定技术标准，规范业务流程，实现规范化、信息化和专业化管理。同时，要加强人员培训，提高政治和业务素质，不断提高工作效率和服务质量。

完善企业职工基本养老保险制度是构建社会主义和谐社会的重要内容，事关改革发展稳定的大局。各地区和有关部门要高度重视，加强领导，精心组织实施，研究制订具体的实施意见和办法，并报劳动保障部备案。劳动保障部要会同有关部门加强指导和监督检查，及时研究解决工作中遇到的问题，确保本决定的贯彻实施。

本决定自发布之日起实施，已有规定与本决定不一致的，按本决定执行。

国务院
二〇〇五年十二月三日

《国务院关于印发事业单位工作人员养老保险制度改革试点方案的通知》

（国发〔2008〕10号）

各省、自治区、直辖市人民政府，国务院各部委、各直属机构：

国务院同意劳动保障部、财政部、人事部制订的《事业单位工作人员养老保险制度改革试点方案》（以下简称《试点方案》），现予印发。

建立完善的事业单位工作人员养老保险制度，是加快建立覆盖城乡居民社会保障体系的重要举措，直接关系事业单位工作人员切身利益，涉及面广，政策性强，必须先行试点，积累经验，积极稳妥地推进。国务院决定，在山西省、上海市、浙江省、广东省、重庆市先期开展试点，与事业单位分类改革试点配套推进。未进行试点的地区仍执行现行事业单位退休制度。

试点地区和有关部门要充分认识做好试点工作的重大意义，切实加强领导，周密部署，妥善处理好改革前后退休人员待遇水平的平稳衔接，确保试点工作顺利进行。劳动保障部、财政部、人事部、中央编办要组成试点工作小组，加强对试点工作的协调和指导，及时总结试点经验，不断完善改革方案。各试点地区要按照《试点方案》制订具体的实施方案，报国务院批准后实施。要注意研究试点过程中出现的新情况、新问题，并积极探索解决问题的办法，重要情况及时报告。

二〇〇八年三月十四日

事业单位工作人员养老保险制度改革试点方案

根据党的十七大和十六届三中、五中、六中全会精神，为完善社会保障体系，保证事业单位改革顺利进行，促进人员流动，保障退休人员基本生活，制订本方案。

一、改革的指导思想

以邓小平理论和"三个代表"重要思想为指导，按照全面落实科学发展观和构建社会主义和谐社会的要求，根据分类推进事业单位改革的需要，遵循权利与义务相对应、公平与效率相结合、保障水平与经济发展水平及各方面承受能力相适应的原则，逐步建立起独立于事业单位之外，资金来源多渠道、保障方式多层次、管理服务社会化的养老保险体系。

二、改革的主要内容

（一）实行社会统筹与个人账户相结合的基本养老保险制度。

基本养老保险费由单位和个人共同负担，单位缴纳基本养老保险费（以下简称单位缴费）的比例，一般不超过单位工资总额的 20%，具体比例由试点省（市）人民政府确定，因退休人员较多、养老保险负担过重，确需超过工资总额 20% 的，应报劳动保障部、财政部审批。个人缴纳基本养老保险费（以下简称个人缴费）的比例为本人缴费工资的 8%，由单位代扣。个人工资超过当地在岗职工平均工资 300% 以上的部分，不计入个人缴费工资基数；低于当地在岗职工平均工资 60% 的，按当地在岗职工平均工资的 60% 计算个人缴费工资基数。

按本人缴费工资 8% 的数额建立基本养老保险个人账户，全部由个人缴费形成。做实个人账户的起步比例为 3%，以后每年提高一定比例，逐步达到 8%。有条件的试点省（市）可以适当提高起步比例。个人账户储存额只能用于本人养老，不得提前支取。参保人员死亡的，其个人账户中的储存余额可以继承。

（二）基本养老金的计发办法。

本方案实施后参加工作、个人缴费年限（含视同缴费年限，下同）累计满 15 年的人员，退休后按月发给基本养老金。基本养老金由基础养老金和个人账户养老金组成，退休时的基础养老金月标准以当地上年度在岗职工月平均工资和本人指数化月平均缴费工资的平均值为基数，缴费每满 1 年发给 1%。个人账户养老金月标准为个人账户储存额除以计发月数，计发月数根据本人退休时城镇人口平均预期寿命、本人退休年龄、利息等因素确定。

本方案实施前参加工作、实施后退休且个人缴费年限累计满 15 年的人员，按照合理衔接、平稳过渡的原则，在发给基础养老金和个人账户养老金的基础上，再发给过渡性养老金。具体标准由各试点省（市）人民政府确定，并报劳动保障部、财政部备案。

本方案实施后达到退休年龄但个人缴费年限累计不满 15 年的人员，不发给基础养老金；个人账户储存额一次性支付给本人，终止基本养老保险关系。

本方案实施前已经退休的人员，继续按照国家规定的原待遇标准发放基本养老金，参加国家统一的基本养老金调整。

（三）建立基本养老金正常调整机制。

为使事业单位退休人员享受经济社会发展成果，保障其退休后的基本生活，根据职工工资增长和物价变动等情况，国务院统筹考虑事业单位退休人员的基本养老金调整。

（四）建立职业年金制度。

为建立多得次的养老保险体系，提高事业单位工作人员退休后的生活水平，增强事业单位的人才竞争能力，在参加基本养老保险的基础上，事业单位建立工作人员职业年金制度。具体办法由劳动保障部会同财政部、人事部制定。

（五）逐步实行省级统筹。

进一步明确省、市、县各级人民政府的责任，建立健全省级基金调剂制度。具备条件的试点省（市）可从改革开始即实行省级统筹；暂不具备条件的，可实行与企业职工基本养老保险相同的统筹层次。

三、改革的保障措施

（一）加强基本养老保险基金管理。

事业单位基本养老保险基金单独建账，与企业职工基本养老保险基金分别管理使用，待条件具备时，与企业职工基本养老保险基金统一管理使用。基金纳入社会保障基金财政专户，实行收支两条线管理，保证专款专用。基金按照国家规定管理和投资运营，确保安全，实现保值增值。要做好事业单位养老保险登记和缴费申报工作，切实加强基金征缴，做到应收尽收。各级财政要积极调整财政支出结构，加大社会保障资金投入，确保基本养老金按时足额发放。

（二）做好养老保险关系转移工作。

事业单位工作人员在同一统筹范围内流动时，只转移养老保险关系，不转移基金。跨统筹范围流动时，在转移养老保险关系的同时，个人账户基金随同转移。事业单位工作人员流动到机关或企业时，其养老保险关系转移办法按照劳动保障部、财政部、人事部、中央编办《关于职工在机关事业单位与企业之间流动时社会保险关系处理意见的通知》（劳社部发印〔2001〕13号）规定执行。

（三）逐步实行社会化管理服务。

按照建立和完善独立于企事业单位之外的社会保障体系的要求，提高事业单位社会保险社会化管理服务水平，基本养老金实行社会化发放。继续加强街道、社区劳动保障工作平台建设，加快老年服务设施和服务网络建设，为退休人员提供更多更好的服务。

（四）提高社会保险管理服务水平。

试点地区可根据事业单位工作人员养老保险制度改革的实际需要，适当充实社会保险经办机构工作人员和经费，为社会保险机构提供相适应的工作条件。社会保险机构要进一步加强能力建设，完善管理制度，制订和规范业务流程，实现规范化、信息化和专业化管理，不断提高工作效率和服务质量。

（五）加强组织领导。

事业单位工作人员养老保险制度改革情况复杂，涉及面广，政策性强，各试点地区人民政府和有关部门要高度重视，加强领导，周密部署，精心组织，结合当地实际情况，认真做好实施工作。劳动保障部、财政部、人事部、中央编办要通力合作，密切配合，加强与试点省（市）的联系与沟通，切实做好事业单位工作人员养老保险制度改革试点的指导工作。

四、改革的适用范围

本方案适用于分类改革后从事公益服务的事业单位及其工作人员。

《国务院办公厅关于转发人力资源社会保障部、财政部城镇企业职工基本养老保险关系转移接续暂行办法的通知》

（国办发〔2009〕66号）

各省、自治区、直辖市人民政府，国务院各部委、各直属机构：

人力资源社会保障部、财政部《城镇企业职工基本养老保险关系转移接续暂行办法》已经国务院同意，现转发给你们，请结合实际，认真贯彻执行。

国务院办公厅

二〇〇九年十二月二十八日

城镇企业职工基本养老保险关系转移接续暂行办法
人力资源社会保障部　财政部

第一条　为切实保障参加城镇企业职工基本养老保险人员（以下简称参保人员）的合法权益，促进人力资源合理配置和有序流动，保证参保人员跨省、自治区、直辖市（以下简称跨省）流动并在城镇就业时基本养老保险关系的顺畅转移接续，制定本办法。

第二条　本办法适用于参加城镇企业职工基本养老保险的所有人员，包括农民工。已经按国家规定领取基本养老保险待遇的人员，不再转移基本养老保险关系。

第三条　参保人员跨省流动就业的，由原参保所在地社会保险经办机构（以下简称社保经办机构）开具参保缴费凭证，其基本养老保险关系应随同转移到新参保地。参保人员达到基本养老保险待遇领取条件的，其在各地的参保缴费年限合并计算，个人账户储存额（含本息，下同）累计计算；未达到待遇领取年龄前，不得终止基本养老保险关系并办理退保手续；其中出国定居和到香港、澳门、台湾地区定居的，按国家有关规定执行。

第四条　参保人员跨省流动就业转移基本养老保险关系时，按下列方法计算转移资金：

（一）个人账户储存额：1998年1月1日之前按个人缴费累计本息计算转移，1998年1月1日后按计入个人账户的全部储存额计算转移。

（二）统筹基金（单位缴费）：以本人1998年1月1日后各年度实际缴费工资为基数，按12%的总和转移，参保缴费不足1年的，按实际缴费月数计算转移。

第五条　参保人员跨省流动就业，其基本养老保险关系转移接续按下列规定办理：

（一）参保人员返回户籍所在地（指省、自治区、直辖市，下同）就业参保的，户籍所在地的相关社保经办机构应为其及时办理转移接续手续。

（二）参保人员未返回户籍所在地就业参保的，由新参保地的社保经办机构为其及时办理转移接续手续。但对男性年满50周岁和女性年满40周岁的，应在原参保地继续保留基本养老保险关系，同时在新参保地建立临时基本养老保险缴费账户，记录单位和个人全部缴费。参保人员再次跨省流动就业或在新参保地达到待遇领取条件时，将临时基本养老保险缴费账户中的全部缴费本息，转移归集到原参保地或待遇领取地。

（三）参保人员经县级以上党委组织部门、人力资源社会保障行政部门批准调动，且与调入单位建立劳动关系并缴纳基本养老保险费的，不受以上年龄规定限制，应在调入地及时办理基本养老保险关系转移接续手续。

第六条　跨省流动就业的参保人员达到待遇领取条件时，按下列规定确定其待遇领取地：

（一）基本养老保险关系在户籍所在地的，由户籍所在地负责办理待遇领取手续，享受基本养老保险待遇。

（二）基本养老保险关系不在户籍所在地，而在其基本养老保险关系所在地累计缴费年限满10年的，在该地办理待遇领取手续，享受当地基本养老保险待遇。

（三）基本养老保险关系不在户籍所在地，且在其基本养老保险关系所在地累计缴费年限不满10年的，将其基本养老保险关系转回上一个缴费年限满10年的原参保地办理待遇领取手续，享受基本养老保险待遇。

（四）基本养老保险关系不在户籍所在地，且在每个参保地的累计缴费年限均不满10年的，将其基本养老保险关系及相应资金归集到户籍所在地，由户籍所在地按规定办理待遇领取手续，享受基本养老保险待遇。

第七条　参保人员转移接续基本养老保险关系后，符合待遇领取条件的，按照《国务院关于完善企业职工基本养老保险制度的决定》（国发〔2005〕38号）的规定，以本人各年度缴费工资、缴费年限和待遇领取地对应的各年度在岗职工平均工资计算其基本养老金。

第八条　参保人员跨省流动就业的，按下列程序办理基本养老保险关系转移接续手续：

（一）参保人员在新就业地按规定建立基本养老保险关系和缴费后，由用人单位或参保人员向新参保地社保经办机构提出基本养老保险关系转移接续的书面申请。

（二）新参保地社保经办机构在 15 个工作日内，审核转移接续申请，对符合本办法规定条件的，向参保人员原基本养老保险关系所在地的社保经办机构发出同意接收函，并提供相关信息；对不符合转移接续条件的，向申请单位或参保人员作出书面说明。

（三）原基本养老保险关系所在地社保经办机构在接到同意接收函的 15 个工作日内，办理好转移接续的各项手续。

（四）新参保地社保经办机构在收到参保人员原基本养老保险关系所在地社保经办机构转移的基本养老保险关系和资金后，应在 15 个工作日内办结有关手续，并将确认情况及时通知用人单位或参保人员。

第九条　农民工中断就业或返乡没有继续缴费的，由原参保地社保经办机构保留其基本养老保险关系，保存其全部参保缴费记录及个人账户，个人账户储存额继续按规定计息。农民工返回城镇就业并继续参保缴费的，无论其回到原参保地就业还是到其它城镇就业，均按前述规定累计计算其缴费年限，合并计算其个人账户储存额，符合待遇领取条件的，与城镇职工同样享受基本养老保险待遇；农民工不再返回城镇就业的，其在城镇参保缴费记录及个人账户全部有效，并根据农民工的实际情况，或在其达到规定领取条件时享受城镇职工基本养老保险待遇，或转入新型农村社会养老保险。

农民工在城镇参加企业职工基本养老保险与在农村参加新型农村社会养老保险的衔接政策，另行研究制定。

第十条　建立全国县级以上社保经办机构联系方式信息库，并向社会公布，方便参保人员查询参保缴费情况，办理基本养老保险关系转移接续手续。加快建立全国统一的基本养老保险参保缴费信息查询服务系统，发行全国通用的社会保障卡，为参保人员查询参保缴费信息提供便捷有效的技术服务。

第十一条　各地已制定的跨省基本养老保险关系转移接续相关政策与本办法规定不符的，以本办法规定为准。在省、自治区、直辖市内的基本养老保关系转移接续办法，由各省级人民政府参照本办法制定，并报人力资源社会保障部备案。

第十二条　本办法所称缴费年限，除另有特殊规定外，均包括视同缴费年限。

第十三条　本办法从 2010 年 1 月 1 日起施行。

《国务院关于机关事业单位工作人员养老保险制度改革的决定》

（国发〔2015〕2 号）

各省、自治区、直辖市人民政府，国务院各部委、各直属机构：

按照党的十八大和十八届三中、四中全会精神，根据《中华人民共和国社会保险法》等相关规定，为统筹城乡社会保障体系建设，建立更加公平、可持续的养老保险制度，国务院决定改革机关事业单位工作人员养老保险制度。

一、改革的目标和基本原则。以邓小平理论、"三个代表"重要思想、科学发展观为指导，深入贯彻党的十八大、十八届三中、四中全会精神和党中央、国务院决策部署，坚持全覆盖、保基本、多层次、可持续方针，以增强公平性、适应流动性、保证可持续性为重点，改革现行机关事业单位工作人员退休保障制度，逐步建立独立于机关事业单位之外、资金来源多渠道、保障方式多层次、管理服务社会化的养老保险体系。改革应遵循以下基本原则：

（一）公平与效率相结合。既体现国民收入再分配更加注重公平的要求，又体现工作人员之间贡献大小差别，建立待遇与缴费挂钩机制，多缴多得、长缴多得，提高单位和职工参保缴费的积极性。

（二）权利与义务相对应。机关事业单位工作人员要按照国家规定切实履行缴费义务，享受相应的养老保险待遇，形成责任共担、统筹互济的养老保险筹资和分配机制。

（三）保障水平与经济发展水平相适应。立足社会主义初级阶段基本国情，合理确定基本养老保险筹资和待遇水平，切实保障退休人员基本生活，促进基本养老保险制度可持续发展。

（四）改革前与改革后待遇水平相衔接。立足增量改革，实现平稳过渡。对改革前已退休人员，保持现有待遇并参加今后的待遇调整；对改革后参加工作的人员，通过建立新机制，实现待遇的合理衔接；对改革前参加工作、改革后退休的人员，通过实行过渡性措施，保持待遇水平不降低。

（五）解决突出矛盾与保证可持续发展相促进。统筹规划、合理安排、量力而行，准确把握改革的节奏和力度，先行解决目前城镇职工基本养老保险制度不统一的突出矛盾，再结合养老保险顶层设计，坚持精算平衡，逐步完善相关制度和政策。

二、改革的范围。本决定适用于按照公务员法管理的单位、参照公务员法管理的机关（单位）、事业单位及其编制内的工作人员。

三、实行社会统筹与个人账户相结合的基本养老保险制度。基本养老保险费由单位和个人共同负担。单位缴纳基本养老保险费（以下简称单位缴费）的比例为本单位工资总额的20％，个人缴纳基本养老保险费（以下简称个人缴费）的比例为本人缴费工资的8％，由单位代扣。按本人缴费工资8％的数额建立基本养老保险个人账户，全部由个人缴费形成。个人工资超过当地上年度在岗职工平均工资300％以上的部分，不计入个人缴费工资基数；低于当地上年度在岗职工平均工资60％的，按当地在岗职工平均工资的60％计算个人缴费工资基数。

个人账户储存额只用于工作人员养老，不得提前支取，每年按照国家统一公布的记账利率计算利息，免征利息税。参保人员死亡的，个人账户余额可以依法继承。

四、改革基本养老金计发办法。本决定实施后参加工作、个人缴费年限累计满15年的人员，退休后按月发给基本养老金。基本养老金由基础养老金和个人账户养老金组成。退休时的基础养老金月标准以当地上年度在岗职工月平均工资和本人指数化月平均缴费工资的平均值为基数，缴费每满1年发给1％。个人账户养老金月标准为个人账户储存额除以计发月数，计发月数根据本人退休时城镇人口平均预期寿命、本人退休年龄、利息等因素确定（详见附件）。

本决定实施前参加工作、实施后退休且缴费年限（含视同缴费年限，下同）累计满15年的人员，按照合理衔接、平稳过渡的原则，在发给基础养老金和个人账户养老金的基础上，再依据视同缴费年限长短发给过渡性养老金。具体办法由人力资源社会保障部会同有关部门制定并指导实施。

本决定实施后达到退休年龄但个人缴费年限累计不满15年的人员，其基本养老保险关系处理和基本养老金计发比照《实施〈中华人民共和国社会保险法〉若干规定》（人力资源社会保障部令第13号）执行。

本决定实施前已经退休的人员，继续按照国家规定的原待遇标准发放基本养老金，同时执行基本养老金调整办法。

机关事业单位离休人员仍按照国家统一规定发给离休费，并调整相关待遇。

五、建立基本养老金正常调整机制。根据职工工资增长和物价变动等情况，统筹安排机关事业单位和企业退休人员的基本养老金调整，逐步建立兼顾各类人员的养老保险待遇正常调整机制，分享经济社会发展成果，保障退休人员基本生活。

六、加强基金管理和监督。建立健全基本养老保险基金省级统筹；暂不具备条件的，可先实行省级基金调剂制度，明确各级人民政府征收、管理和支付的责任。机关事业单位基本养老保险基金单独建账，与企业职工基本养老保险基金分别管理使用。基金实行严格的预算管理，纳入社会保障基金财政专户，实行收支两条线管理，专款专用。依法加强基金监管，确保基金安全。

七、做好养老保险关系转移接续工作。参保人员在同一统筹范围内的机关事业单位之间流动，只转移养老保险关系，不转移基金。参保人员跨统筹范围流动或在机关事业单位与企业之间流动，在转移养老保险关系的同时，基本养老保险个人账户储存额随同转移，并以本人改革后各年度实际缴费工资为基数，按12％的总和转移基金，参保缴费不足1年的，按实际缴费月数计算转移基金。转移后基本养老保险缴费年限（含视同缴费年限）、个人账户储存额累计计算。

八、建立职业年金制度。机关事业单位在参加基本养老保险的基础上，应当为其工作人员建立职业年金。单位按本单位工资总额的8％缴费，个人按本人缴费工资的4％缴费。工作人员退休后，按月领取职业年金待遇。职业年金的具体办法由人力资源社会保障部、财政部制定。

九、建立健全确保养老金发放的筹资机制。机关事业单位及其工作人员应按规定及时足额缴纳养老保险费。各级社会保险征缴机构应切实加强基金征缴，做到应收尽收。各级政府应积极调整和优化财政支出结构，加大社会保障资金投入，确保基本养老金按时足额发放，同时为建立职业年金制度提供相应的经费保障，确保机关事业单位养老保险制度改革平稳推进。

十、逐步实行社会化管理服务。提高机关事业单位社会保险社会化管理服务水平，普遍发放全国统一的社会保障卡，实行基本养老金社会化发放。加强街道、社区人力资源社会保障工作平台建设，加快老年服务设施和服务网络建设，为退休人员提供方便快捷的服务。

十一、提高社会保险经办管理水平。各地要根据机关事业单位工作人员养老保险制度改革的实际需要，加强社会保险经办机构能力建设，适当充实工作人员，提供必要的经费和服务设施。人力资源社会保障部负责在京中央国家机关及所属事业单位基本养老保险的管理工作，同时集中受托管理其职业年金基金。中央国家机关所属京外单位的基本养老保险实行属地化管理。社会保险经办机构应做好机关事业单位养老保险参保登记、缴费申报、关系转移、待遇核定和支付等工作。要按照国家统一制定的业务经办流程和信息管理系统建设要求，建立健全管理制度，由省级统一集中管理数据资源，实现规范化、信息化和专业化管理，不断提高工作效率和服务质量。

十二、加强组织领导。改革机关事业单位工作人员养老保险制度，直接关系广大机关事业单位工作人员的切身利益，是一项涉及面广、政策性强的工作。各地区、各部门要充分认识改革工作的重大意义，切实加强领导，精心组织实施，向机关事业单位工作人员和社会各界准确解读改革的目标和政策，正确引导舆论，确保此项改革顺利进行。各地区、各部门要按照本决定制定具体的实施意见和办法，报人力资源社会保障部、财政部备案后实施。人力资源社会保障部要会同有关部门制定贯彻本决定的实施意见，加强对改革工作的协调和指导，及时研究解决改革中遇到的问题，确保本决定的贯彻实施。

本决定自 2014 年 10 月 1 日起实施，已有规定与本决定不一致的，按照本决定执行。

附件：个人账户养老金计发月数表

国务院

2015 年 1 月 3 日

附件

个人账户养老金计发月数表

退休年龄	计发月数	退休年龄	计发月数
40	233	56	164
41	230	57	158
42	226	58	152
43	223	59	145
44	220	60	139
45	216	61	132
46	212	62	125
47	207	63	117
48	204	64	109
49	199	65	101
50	195	66	93
51	190	67	84
52	185	68	75
53	180	69	65
54	175	70	56
55	170		

《国务院办公厅转发人力资源社会保障部、财政部〈关于调整机关事业单位工作人员基本工资标准和增加机关事业单位离退休人员离退休费三个实施方案〉的通知》

（国办发〔2015〕3 号）

各省、自治区、直辖市人民政府，国务院各部委、各直属机构：

党中央、国务院决定，从 2014 年 10 月 1 日起，调整机关、事业单位工作人员基本工资标准、增加机关事业单位离退休人员离退休费。人力资源社会保障部、财政部《关于调整机关工作人员基本工资标准的实施方案》《关于调整事业单位工作人员基本工资标准的实施方案》《关于增加机关事业单位离退休人员离退休费的实施方案》已经国务院批准，现转发给你们，请认真贯彻执行。

调整机关事业单位工作人员基本工资标准，相应增加机关事业单位离退休人员离退休费，是贯彻落实党中央、国务院的决策部署，改革机关事业单位工资和津贴补贴制度的重要举措，是实施机关事业单位养老保险制度的重要配套措施。各地区、各部门要高度重视，加强领导，周密安排，精心组织，把各项政策落实到位。要严格执行实施方案，认真做好组织实施工作；严格组织人事纪律和财经纪律，确保各项工作平稳顺利进行。

自本通知印发之日起，冻结规范津贴补贴（绩效工资，下同）的增长，各地区、各部门不得自行提高津贴补贴水平和调整津贴补贴标准，要严格执行国家规定的改革性补贴政策和考核奖励政策。

中华人民共和国国务院办公厅

2015 年 1 月 12 日

《国务院办公厅关于印发机关事业单位职业年金办法的通知》

（国办发〔2015〕18 号）

各省、自治区、直辖市人民政府，国务院各部委、各直属机构：

《机关事业单位职业年金办法》已经国务院同意，现印发 121 给你们，请认真贯彻执行。

国务院办公厅

2015 年 3 月 27 日

机关事业单位职业年金办法

第一条 为建立多层次养老保险体系，保障机关事业单位工作人员退休后的生活水平，促进人力资源合理流动，根据《国务院关于机关事业单位工作人员养老保险制度改革的决定》（国发〔2015〕2 号）等相关规定，制定本办法。

第二条 本办法所称职业年金，是指机关事业单位及其工作人员在参加机关事业单位基本养老保险的基础上，建立的补充养老保险制度。

第三条 本办法适用的单位和工作人员范围与参加机关事业单位基本养老保险的范围一致。

第四条 职业年金所需费用由单位和工作人员个人共同承担。单位缴纳职业年金费用的比例为本单位工资总额的 8％，个人缴费比例为本人缴费工资的 4％，由单位代扣。单位和个人缴费基数与机关事业单位工作人员基本养老保险缴费基数一致。

根据经济社会发展状况，国家适时调整单位和个人职业年金缴费的比例。

第五条 职业年金基金由下列各项组成：

（一）单位缴费；

（二）个人缴费；

（三）职业年金基金投资运营收益；

（四）国家规定的其它收入。

第六条 职业年金基金采用个人账户方式管理。个人缴费实行实账积累。对财政全额供款的单位，单位缴费根据单位提供的信息采取记账方式，每年按照国家统一公布的记账利率计算利息，工作人员退休前，本人职业年金账户的累计储存额由同级财政拨付资金记实；对非财政全额供款的单位，单位缴费实行实账积累。实账积累形成的职业年金基金，实行市场化投资运营，按实际收益计息。

职业年金基金投资管理应当遵循谨慎、分散风险的原则，保证职业年金基金的安全性、收益性和流动性。职业年金基金的具体投资管理办法由人力资源社会保障部、财政部会同有关部门另行制定。

第七条 单位缴费按照个人缴费基数的 8％计入本人职业年金个人账户；个人缴费直接计入本人职业年金个人账户。

职业年金基金投资运营收益，按规定计入职业年金个人账户。

第八条 工作人员变动工作单位时，职业年金个人账户资金可以随同转移。

工作人员升学、参军、失业期间或新就业单位没有实行职业年金或企业年金制度的，其职业年金个人账户由原管理机构继续管理运营。新就业单位已建立职业年金或企业年金制度的，原职业年金个人账户资金随同转移。

第九条　符合下列条件之一的可以领取职业年金：

（一）工作人员在达到国家规定的退休条件并依法办理退休手续后，由本人选择按月领取职业年金待遇的方式。可一次性用于购买商业养老保险产品，依据保险契约领取待遇并享受相应的继承权；可选择按照本人退休时对应的计发月数计发职业年金月待遇标准，发完为止，同时职业年金个人账户余额享有继承权。本人选择任一领取方式后不再更改。

（二）出国（境）定居人员的职业年金个人账户资金，可根据本人要求一次性支付给本人。

（三）工作人员在职期间死亡的，其职业年金个人账户余额可以继承。

未达到上述职业年金领取条件之一的，不得从个人账户中提前提取资金。

第十条　职业年金有关税收政策，按照国家有关法律法规和政策的相关规定执行。

第十一条　职业年金的经办管理工作，由各级社会保险经办机构负责。

第十二条　职业年金基金应当委托具有资格的投资运营机构作为投资管理人，负责职业年金基金的投资运营；应当选择具有资格的商业银行作为托管人，负责托管职业年金基金。委托关系确定后，应当签订书面合同。

第十三条　职业年金基金必须与投资管理人和托管人的自有资产或其它资产分开管理，保证职业年金财产独立性，不得挪作其它用途。

第十四条　县级以上各级人民政府人力资源社会保障行政部门、财政部门负责对本办法的执行情况进行监督检查。对违反本办法规定的，由人力资源社会保障行政部门和财政部门予以警告，责令改正。

第十五条　因执行本办法发生争议的，工作人员可按照国家有关法律、法规提请仲裁或者申诉。

第十六条　本办法自 2014 年 10 月 1 日起实施。已有规定与本办法不一致的，按照本办法执行。

第十七条　本办法由人力资源社会保障部、财政部负责解释。

人社部行政法规

《关于印发〈企业基本养老保险缴费比例审批办法的通知〉》

（劳社部发〔1998〕2号）

各省、自治区、直辖市劳动（劳动人事）厅（局）、财政厅（局），上海市、广东省社会保险局：

为了监控企业基本养老保险缴费比例，切实减轻企业负担，促进企业深化改革，根据《国务院关于建立统一的企业职工基本养老保险制度的决定》（国发〔1997〕26号）精神，我们研究制定了《企业基本养老保险缴费比例审批办法》，现印发给你们，请认真执行。各地在执行中有什么问题，请与劳动和社会保障部、财政部联系。

企业基本养老保险缴费比例审批办法

按照《国务院关于建立统一的企业职工基本养老保险制度的决定》（国发〔1997〕26号）的规定，为把企业缴纳基本养老保险费的比例（以下简称费率）控制在一定的水平，切实减轻企业负担，促进企业深化改革，保证养老保险统一制度的顺利实施，特制定本办法。

一、企业基本养老保险已实行统一费率的省、自治区、直辖市，因离退休人员较多，养老保险负担过重，现行企业费率确需超过工资总额20%的，需报经劳动和社会保障部、财政部批准；现行企业费率在20%及以下的，不履行报批手续，但不得以统一制度为由提高企业费率；如果今后调整企业费率需超过20%的，应报经劳动和社会保障部、财政部审批。

二、企业基本养老保险费率尚未统一的省、自治区、直辖市，其所辖地、市、州（包括计划单列市、副省级省会城市）企业费率已超过工资总额20%的，须报送省、自治区、直辖市人民政府批准，并报劳动和社会保障部、财政部备案；目前企业费率未超过20%，但今后调整费率时需超过20%的，亦应照此程序审批。

三、省辖地、市、州未实行统一的企业费率，其所辖县（市）、区确定或今后调整企业费率需超过20%的，其报批程序由各省、自治区、直辖市确定。

四、凡需报批的省、自治区、直辖市，首先应把企业基本养老保险缴费基数统一到工资总额的口径上来，并对企业基本养老保险费率进行认真的测算，在此基础上向劳动和社会保障部、财政部提出报告,并附费率测算资料(见附表一、二)和控制费率计划。控制费率计划应是书面报告,内容包括:依据测算结果,对本省、自治区、直辖市未来3年之内的基本养老保险费率提出年度控制指标和有关措施,如扩大企业基本养老保险覆盖面,提高个人缴费比例,严格控制职工提前退休,控制基本养老保险金待遇水平,认真核实缴费工资,提高企业基本养老保险基金收缴率等。测算资料要与上年末的有关统计报表、财务报表口径相一致。

五、需要报批企业费率的省、自治区、直辖市应由劳动和社会保障、财政厅(局)共同提出报告,于每年3月底之前分别报送劳动和社会保障部、财政部。劳动和社会保障部、财政部在6月底之前予以审核批复。

六、各有关省、自治区、直辖市应严格按照劳动和社会保障部、财政部批复所要求的时间执行新费率,并将当年的控制费率计划执行情况及效果于次年3月份向劳动和社会保障部、财政部作出专题报告。

(附表略)

劳动和社会保障部

财政部

一九九八年三月十八日

《关于职工在机关事业单位与企业之间流动时
社会保险关系处理意见的通知》

(劳社部发〔2001〕13号)

各省、自治区、直辖市人民政府,国务院各部委、各直属机构:

为促进职工在机关事业单位与企业之间合理流动,推进市、县、乡机构改革,根据《国务院关于印发完善城镇社会保障体系试点方案的通知》(国发〔2000〕42号)和《中共中央办公厅、国务院办公厅关于市县乡人员编制精简的意见》(中办发〔2000〕30号)的规定,职工在机关事业单位和企业单位之间流动,要相应转移各项社会保险关系,并执行调入单位的社会保险制度。经国务院同意,现就职工流动时社会保险关系的处理意见通知如下:

一、养老保险关系处理

职工由机关事业单位进入企业工作之月起,参加企业职工的基本养老保险,单位和个人按规定缴纳基本养老保险费,建立基本养老保险个人账户,原有的工作年限视同缴费年限，退休时按企业的办法计发基本养老金。其中，公务员及参照和依照公务员制度管理的单位工作人员，在进入企业并按规定参加企业职工基本养老保险后，根据本人在机关（或单位）工作的年限给予一次性补贴，由其原所在单位通过当地社会保险经办机构转入本人的基本养老保险个人账户，所需资金由同级财政安排。补贴的标准为：本人离开机关上年度月平均基本工资×在机关工作年限×0.3‰×120个月。

职工由企业进入机关事业单位工作之月起，执行机关事业单位的退休养老制度，其原有的连续工龄与进入机关事业单位后的工作年限合并计算，退休时按机关事业单位的办法计发养老金。已建立的个人账户继续由社会保险经办机构管理，退休时，其个人账户储存额每月按 1/120 计发，并相应抵减按机关事业单位办法计发的养老金。

公务员进入企业工作后再次转入机关事业单位工作的，原给予的一次性补贴的本金和利息要上缴同级财政。其个人账户管理、退休后养老金计发等，比照由企业进入机关事业单位工作职工的相关政策办理。

二、失业保险关系处理

职工由机关进入企业、事业单位工作之月起，按规定参加失业保险，其原有的工作年限视同缴费年限。职工由企业、事业单位进入机关工作，原单位及个人缴纳的失业保险费不转移，其失业保障按《人事部关于印发〈国家公务员被辞退后有关问题的暂行办法〉的通知》（人发〔1996〕64号）规定执行。

三、医疗保险关系处理

职工在机关事业单位和企业之间流动，在同一统筹地区内的基本医疗保险关系不转移，跨统筹地区的基本医疗保险关系及个人账户随同转移。职工流动后，除基本医疗保险之外，其它医疗保障待遇按当地有关政策进行调整。

本通知从下发之日起执行。各地区、各部门要切实加强组织领导，有关部门要密切配合，抓紧制定具体办法，认真组织实施。

《关于完善城镇职工基本养老保险政策有关问题的通知》

（劳社部发〔2001〕20号）

各省、自治区、直辖市劳动和社会保障厅（局）：

《国务院关于建立统一的企业职工基本养老保险制度的决定》（国发〔1997〕26号）实施以来，全国城镇企业职工基本养老保险（以下简称养老保险）制度已实现了基本统一，养老保险覆盖范围进一步扩大，企业离退休人员基本养老金社会化发放率逐步提高。近年来，随着我国经济结构调整和国有企业改革深化，养老保险工作出现了一些新情况、新问题，需要尽快明确相关政策。根据完善城镇职工社会保障体系建设的要求，现就有关问题通知如下：

一、参加城镇企业职工养老保险的人员，不论因何种原因变动工作单位，包括通过公司制改造、股份制改造、出售、拍卖、租赁等方式转制以后的企业和职工，以及跨统筹地区流动的人员，都应按规定继续参加养老保险并按时足额缴费。社会保险经办机构应为其妥善管理、接续养老保险关系，做好各项服务工作。

二、职工与企业解除或终止劳动关系后，职工养老保险关系应按规定保留，由社会保险经办机构负责管理。国有企业下岗职工协议期满出中心时，实行劳动合同制以前参加工作、年龄偏大且接近企业内部退养条件、再就业确有困难的，经与企业协商一致，可由企业和职工双方协议缴纳养老保险费，缴费方式、缴费期限、资金来源、担保条件及具体人员范围等按当地政府规定执行。失业人员实现再就业，新的用人单位必须与其签订劳动合同，并按规定参加养老保险。自谋职业者及采取灵活方式再就业人员应继续参加养老保险，有关办法执行省级政府的规定。

三、城镇个体工商户等自谋职业者以及采取各种灵活方式就业的人员，在其参加养老保险后，按照省级政府规定的缴费基数和比例，一般应按月缴纳养老保险费，也可按季、半年、年度合并缴纳养老保险费；缴费时间可累计折算。上述人员在男年满 60 周岁、女年满 55 周岁时，累计缴费年限满 15 年的，可按规定领取基本养老金。累计缴费年限不满 15 年的，其个人账户储存额一次性支付给本人，同时终止养老保险关系，不得以事后追补缴费的方式增加缴费年限。

四、参加养老保险的农民合同制职工，在与企业终止或解除劳动关系后，由社会保险经办机构保留其养老保险关系，保管其个人账户并计息，凡重新就业的，应接续或转移养老保险关系；也可按照省级政府的规定，根据农民合同制职工本人申请，将其个人账户个人缴费部分一次性支付给本人，同时终止养老保险关系，凡重新就业的，应重新参加养老保险。农民合同制职工在男年满 60 周岁、女年满 55 周岁时，累计缴费年限满 15 年以上的，可按规定领取基本养老金；累计缴费年限不满 15 年的，其个人账户全部储存额一次性支付给本人。

五、破产企业欠缴的养老保险费，按有关规定在资产变现收入中予以清偿；清偿欠费确有困难的企业，其欠缴的养老保险费包括长期挂账的欠费，除企业缴费中应划入职工个人账户部分外，经社会保险经办机构同意，劳动保障部门审核，财政部门复核，报省级人民政府批准后可以核销。职工按规定的个人缴费比例补足个人账户资金后，社会保险经办机构要按规定及时记录，职工的缴费年限予以承认。

六、对于因病、非因工致残，经当地劳动能力鉴定机构认定完全丧失劳动能力，并与用人单位终止劳动关系的职工，由本人申请，社会保险经办机构审核，经地级劳动保障部门批准，可以办理退职领取退职生活费。退职生活费标准根据职工缴费年限和缴费工资水平确定，具体办法和标准按省级政府规定执行。

七、城镇企业成建制跨省搬迁，应按规定办理企业和职工养老保险关系转移手续。在职职工个人账户记账额度全部转移，资金只转移个人缴费部分，转入地社保机构应按个人账户记账额度全额记账。企业转出地和转入地社会保险机构，要认真做好搬迁企业养老保险关系及个人账户的转移、接续工作，按时足额发放离退休人员基本养老金。如搬迁企业在转出地欠缴养老保险费，应在养老保险关系转出之前还清全部欠费。

八、加强对特殊工种提前退休审批工作的管理。设有特殊工种的企业，要将特殊工种岗位、人员及其变动情况，定期向地市级劳动保障部门报告登记，并建立特殊工种提前退休公示制度，实行群众监督。地市以上劳动保障行政部门，要规范特殊工种提前退休审批程序，健全审批制度。社会保险经办机构要建立特殊工种人员档案和数据库，防止发生弄虚作假骗取特殊工种身份和冒领基本养老金问题，一经发现，要立即纠正并收回冒领的养老金。

九、做好机关事业单位养老保险试点工作。已经进行机关事业单位养老保险改革试点的地区，要进一步巩固改革试点成果，不能退保，要完善费用征缴机制，探索个人缴费与待遇计发适当挂钩的办法，积极创造条件实行养老金社会化发放，加强基金管理，确保基金安全。按照劳动保障部、财政部、人事部、中编办《关于职工在机关事业单位与企业之间流动时社会保险关系处理意见的通知》（劳社部发〔2001〕13 号）规定，认真研究做好职工在机关事业单位与企业之间流动时养老保险关系转移衔接工作。

发文日期：2001 年 12 月 22 日

《关于推进企业职工基本养老保险省级统筹有关问题的通知》

（劳社部发〔2007〕3 号 ）

各省、自治区、直辖市劳动和社会保障、财政厅（局）：

近年来，各地按照国家有关规定，以确保企业离退休人员基本养老金按时足额发放为中心，在不断规范和完善省级调剂金制度的基础上，积极推进企业职工基本养老保险省级统筹工作的开展。为认真贯彻落实《国务院关于完善企业职工基本养老保险制度的决定》（国发〔2005〕38号）精神，加快实现省级统筹步伐，劳动保障部、财政部制订了《企业职工基本养老保险省级统筹标准》。现就有关问题通知如下：

一、充分认识省级统筹的重要意义。建立和完善企业职工基本养老保险省级统筹制度，是完善企业职工基本养老保险制度的重要内容，也是构建全国统一的劳动力市场和促进人才合理流动的客观要求。实现省级统筹，有利于提高企业职工基本养老保险制度抵御风险的能力，确保基本养老金的按时足额发放；有利于在更大范围内统一缴费基数、比例，规范养老保险待遇政策，促进参保职工跨地区流动；有利于减少管理层次和管理环节，提高基金使用效率；有利于规范基金运行，加强监督，确保基金安全。因此，各地要充分认识推进省级统筹的重要意义，认真研究解决当前存在的突出问题和主要矛盾，把加快实现省级统筹作为完善企业职工基本养老保险制度的一项重要工作抓紧抓好。

二、进一步明确省级统筹工作的重点。目前，尚未实现省级统筹的地区，应结合本地实际情况，明确工作重点。要统一缴费基数和比例，规范基本养老金计发办法；统一养老保险数据库和业务流程，为实现省级统筹创造条件；要明确确保基本养老金发放的责任，健全省、市、县三级基金缺口分担机制；完善全省基金收支预算管理制度，增强预算编制的科学性和合理性，逐步实现在全省范围内统一调度和使用基金；推进和规范市级统筹，积极创造条件，向省级统筹过渡；有条件的地区，要积极实行社会保险经办机构垂直管理。

三、认真抓好组织实施。各地要切实加强领导，密切配合，结合本地区实际情况，对照《企业职工基本养老保险省级统筹标准》，制订推进省级统筹的具体工作规划。要认真总结经验，及时研究解决工作中出现的新情况和新问题，保证推进省级统筹工作的稳步实施。

附件：企业职工基本养老保险省级统筹标准

劳动和社会保障部
财政部
二〇〇七年一月十八日

附件

企业职工基本养老保险省级统筹标准

一、基本养老保险制度。全省执行统一的企业职工基本养老保险制度和政策。基本养老保险省级统筹办法由省级人民政府下发文件实施。

二、基本养老保险缴费。全省统一企业和职工缴纳基本养老保险费的比例、缴费基数全省统一规定。城镇个体工商户和灵活就业人员缴纳基本养老保险费的比例和基数全省统一规定。

三、基本养老保险待遇。基本养老金计发办法和统筹项目全省统一,基本养老金调整由省级人民政府按照国家规定部署实施,全省统一调整办法。

四、基本养老保险基金使用。基本养老保险基金由省级统一调度使用,实行统收统支,由省级直接管理。现阶段,也可采取省级统一核算、省和地(市)两级调剂,结余基金由省级授权地(市)、县管理的方式,其中,中央财政、省级财政补助资金和上解的调剂金由省级统一调剂使用。省级统一按国家规定组织实施基本养老保险基金投资运营。

五、省级基金预算。全省统一编制和实施基本养老保险基金预算,明确省、地(市)、县各级政府的责任。各地(市)、县严格按照批准的基金收支预算执行。预算调整按规定的程序进行。

六、基本养老保险业务规程。基本养老保险业务经办规程和管理制度全省统一;全省执行统一的数据标准、使用统一的应用系统。

《关于印发城镇企业职工基本养老保险关系转移接续若干 具体问题意见的通知》

(人社部发〔2010〕70号)

各省、自治区、直辖市人力资源社会保障厅(局),新疆生产建设兵团劳动保障局:

《国务院办公厅转发人力资源社会保障部财政部城镇企业职工基本养老保险关系转移接续暂行办法的通知》 (国办发〔2009〕66号,以下简称《暂行办法》)下发以来,各地高度重视,认真组织实施,工作取得明显成效,总体形势平稳趋好。但在实施工作中还存在进展不平衡、对国家政策和经办规程理解不一致、信息化建设滞后等问题。为进一步做好相关工作,我们研究制定了《关于城镇企业职工基本养老保险关系转移接续若干具体问题的意见》,现印发给你们，请遵照执行，并抓紧做好以下工作：

一、尽快制定基本养老保险关系转移接续的实施办法。各地要结合完善省级统筹工作，按照《暂行办法》的统一要求，对本地区自行出台的养老保险关系转移接续政策进行清理规范，在今年底前制定出台城镇企业职工基本养老保险关系转移接续实施办法，并经人力资源社会保障部养老保险司、社保中心审核后，再上报省（自治区、直辖市）人民政府批准实施。各地正式下发的实施办法要及时报人力资源社会保障部备案。

二、调整规范农民工参加养老保险政策。各地要结合《暂行办法》的贯彻落实，采取可行措施，将在城镇企业就业并建立劳动关系的农民工，按照国家统一规定纳入城镇企业职工基本养老保险制度。在《暂行办法》实施前已自行出台农民工参加养老保险办法的地区，要抓紧调整相关政策，实现与城镇企业职工基本养老保险政策的统一规范，切实做好农民工参加城镇企业职工养老保险工作。

三、做好信息系统建设和应用工作。各地要按照《关于贯彻落实国务院办公厅转发城镇企业职工基本养老保险关系转移接续暂行办法的通知》（人社部发〔2009〕187号）和《关于开展城镇企业职工基本养老保险关系转移接续系统建设和应用工作的通知》（人社部函〔2010〕124号）的要求，抓紧统一规范业务经办程序，加快与部级异地转移系统的接入步伐，力争2010年年底前三分之一以上地市入网接入服务，2011年年底前全部地市（包括所属区县）入网接入服务，实现电子化转移业务模式，努力提高转移接续经办工作效率，为参保人员提供便捷的服务。

四、进一步做好经办管理工作。各地要严格执行国家政策及有关业务经办规定，为应对2011年元旦、春节期间可能出现的转移接续养老保险关系的高峰期，提前做好充分准备。要确保全国转移接续工作的统一和规范，不得随意调整和更改经办规程中的程序和表格；要简化、优化业务流程，提高工作效率，落实好办理时限；要通过国内各新闻媒体、互联网、热线电话、现场解答等多种形式，为参保人员提供咨询服务。各级社保经办机构要安排专人值守，确保向社会公布的联系渠道畅通。遇有单位地址、经办科室、电话号码等信息发生变更或需要补充的，要及时报告人力资源社会保障部社保中心，保持向社会公布信息的完整和准确。

人力资源和社会保障部
二〇一〇年九月二十六日

《人力资源社会保障部办公厅关于进一步做好
企业年金方案备案工作的意见》

（人社厅发〔2014〕60号）

各省、自治区、直辖市及新疆生产建设兵团人力资源社会保障厅（局）：

为贯彻落实党的十八届三中全会决定关于加快发展企业年金、构建多层次社会保障体系的要求，推动用人单位按照国家有关规定建立企业年金，解决目前企业年金方案备案工作中存在的格式不统一、重点内容审核要求不一致、缴费证明出具不规范等问题，不断提高企业年金方案备案工作效率和管理水平，现就进一步做好企业年金方案备案工作提出以下意见：

一、统一企业年金方案范本

针对用人单位建立企业年金计划、下属单位加入集团公司企业年金计划等两种情形，分别实施统一的企业年金方案范本（附件1）和企业年金方案实施细则范本（附件2）。各地要指导用人单位按照统一的范本制定企业年金方案（实施细则）。范本的主要内容包括：参加人员、资金筹集与分配、账户管理、权益归属、基金管理、待遇计发和支付方式、方案的调整和终止、组织管理和监督。

用人单位企业年金方案（实施细则）重要条款发生变更的，要修订企业年金方案（实施细则）并重新备案。重要条款变更主要是指用人单位名称、职工参加条件、缴费及分配、权益归属、待遇领取方式等内容发生变化。

二、规范企业年金方案备案材料

各地要指导用人单位按照企业年金备案所需材料（附件3）的要求准备相应的备案材料，并按照规定的期限进行备案。企业年金备案所需材料，是根据用人单位建立企业年金计划、下属单位加入集团公司企业年金计划、企业年金方案（实施细则）重要条款变更、终止企业年金计划等四种情形，分别提出的具体内容要求。

三、明确企业年金方案备案地

各地要按照以下要求确定用人单位企业年金方案的备案地：中央所属大型企业在人力资源社会保障部备案，其它跨省（自治区、直辖市）用人单位在总部所在地省级人力资源社会保障部门备案，省（自治区、直辖市）内跨地区用人单位在总部所在地地市级以上人力资源社会保障部门备案。

用人单位为集团公司的，其下属单位加入集团公司企业年金计划、企业年金方案（实施细则）重要条款变更等，由集团公司在原备案地人力资源社会保障部门备案。

四、把握企业年金方案审核要点

（一）参加人数。参加企业年金职工人数以及占本单位职工总数的比例，比例偏低的应由用人单位作出说明；集团公司下属单位可分批参加集团公司企业年金计划。

（二）用人单位和个人缴费。用人单位和个人的缴费基数及缴费比例；暂停缴费、恢复缴费和补缴的规定；用人单位建立企业年金的时间，不应早于参加企业职工基本养老保险的时间。

（三）用人单位缴费的分配。用人单位缴费划入职工个人账户的分配办法，用人单位可适当向关键岗位和优秀人才等倾斜，但差距不宜过大；企业账户余额的分配方式，应经过集体协商。

（四）待遇的归属和领取。用人单位缴费划入职工个人账户的部分完全归属职工个人的归属期；企业年金的领取条件和方式。

（五）方案调整和终止。企业年金方案（实施细则）调整或终止的规定；对终止的程序、企业账户未归属权益分配、个人账户转移和保留等事宜的规定。

五、规范出具基本养老保险缴费证明

各级社会保险经办机构应在接到用人单位申请出具缴费证明之日起 10 个工作日内，按照规范的样式（附件 5）出具基本养老保险缴费证明；要及时公开经办人姓名、联系方式、受理时间等信息，方便用人单位办理基本养老保险缴费证明。

跨地区用人单位建立企业年金的，其下属单位基本养老保险缴费证明由参保缴费地的社会保险经办机构分别出具。

六、加大企业年金方案备案工作指导力度

各地要高度重视，切实把规范企业年金方案备案工作作为促进企业年金健康发展的重要内容来抓，增强工作的主动性和针对性，加强沟通协调；要通过各类媒体或网络平台等解读企业年金政策，普及建立企业年金的方法和程序，使广大用人单位及其职工了解相关政策和办理流程，引导符合条件的用人单位逐步建立企业年金；要改进工作作风，组织业务培训，不断提高各级管理和经办人员的业务水平；要充分运用网络等形式开展企业年金方案备案工作，鼓励创新工作方式；要结合本地区实际，强化逐级指导，明确要求，落实责任，共同做好企业年金方案备案工作。

七、建立健全企业年金方案备案工作廉政风险防控机制

各地要按照《社会保险工作人员纪律规定》（人社部发〔2012〕99 号）要求，建立企业年金方案备案工作风险防控机制，针对企业年金方案备案过程中的风险点，制定有效措施，明确相关责任，杜绝腐败行为。同时，加强廉政教育，做好廉政风险防控工作，树立社会保险工作人员良好形象。

各地要及时掌握本地区企业年金方案备案工作情况，遇到新情况、新问题，要加强研究分析，及时沟通汇报，并于每年 1 月 31 日前将上年度工作情况报送人力资源社会保障部养老保险司。

附件：1. （××单位）企业年金方案（范本）（略）
2. （××单位）企业年金方案实施细则（范本）（略）
3. 企业年金方案备案所需材料（略）
4. （××单位）企业年金方案基本情况简表（样式）（略）
5. 基本养老保险参保缴费证明（样式）（略）

人力资源社会保障部办公厅
2014 年 5 月 16 日

《人力资源社会保障部、财政部关于贯彻落实〈国务院关于机关事业单位工作人员养老保险制度改革的决定〉的通知》

（人社部发〔2015〕28 号）

各省、自治区、直辖市人力资源社会保障厅（局）、财政厅（局），新疆生产建设兵团人力资源社会保障局、财务局，党中央 各部门，国务院各部委、各直属机构，全国人大常委会办公厅、全国政协办公厅，最高人民法院，最高人民检察院，各民主党派中央，各人民团体人事、财务部门：

为做好《国务院关于机关事业单位工作人员养老保险制度革的决定》（国发〔2015〕2 号，以下简称《决定》）的贯彻落实工作，现将有关事项通知如下：

一、认真学习领会《决定》精神。改革机关事业单位养老保险制度，是贯彻落实党的十八大和十八届三中、四中全会精神的重要举措，对于建立获盖全民、更加公平、可持续的社会保障制度具有重要意义。《决定》明确了改革的总体目标、基本原则和政策措施，对组织实施工作提出了要求。各省级人力资源社会保阵、财政部门，中央各部门和单位人事管理机构（以下简称各地区、各部门）要高度重视，认真组织学习，深刻领会《决定》精神，进一步提高对改革重要性、必要性和紧迫性的认识，切实把思想和行动统一到党中央、国务院的决策部署上来，采取扎实有效的工作举措，全力推进并确保完成机关事业单位养老保险制度改革任务。

二、抓紧研究制定实施办法。各地区要在党委、政府的领导下，根据《决定》精神和要求，结合本地实际情况，制定本地区机关事业单位养老保险制度改革实施办法，对组织领导、具体任务、政策措施、工作进度、监督检查等做出周密安排。要严格执行国务院有关规定，本省（区、市）政策要规范统一，防止政策多样。各地区原来开展的机关事业单位养老保险制度改革试点政策要按照《决定》进行调整。在京中央国家机关及所属事业单位的养老保险制度改革实施办法由人力资源社会保障部、财政部统一制定并组织实施。各部门要在党组（党委）领导下，制定本部门贯彻《决定》的工作方案，明确工作任务、分工和要求。各地区报经省级人民政府同意后的实施办法、各部门的工作方案，连同各类人员视同缴费指数表（见附件），在2015年5月底前报人力资源社会保障部、财政部备案。

三、准确把握《决定》的有关政策。

（一）关于参保范围。参加机关事业单位养老保险的事业单位是指，根据《中共中央、国务院关于分类推进事业单位改革的指导意见》（中发〔2011〕5号）有关规定进行分类改革后的公益一类、二类事业单位。对于目前划分为生产经营类，但尚未转企改制到位的事业单位，已参加企业职工基本养老保险的仍继续参加；尚未参加的，暂参加机关事业单位基本养老保险，待其转企改制到位后，按有关规定纳入企业职工基本养老保险范围。

要根据《决定》要求，严格按照机关事业单位编制管理规定确定参保人员范围。编制外人员应依法参加企业职工基本养老保险。对于编制管理不规范的单位，要先按照有关规定进行清理规范，待明确工作人员身份后再纳入相应的养老保险制度。

（二）关于单位和个人缴费基数。根据机关事业单位工资制度特点，《决定》规定的本单位工资总额为参加机关事业单位养老保险工作人员的个人缴费工资基数之和。机关单位（含参公管理的单位）工作人员的个人缴费工资基数包括：本人上年度工资收入中的基本工资、国家统一的津贴补贴（艰苦边远地区津贴）、西藏特贴、特区津贴、警衔津贴、海关津贴等国家统一规定纳入原退休费计发基数的项目、规范后的津贴补贴（地区附加津贴）、年终一次性奖金；事业单位工作人员的个人缴费工资基数包括：本人上年度工资收入中的基本工资、国家统一的津贴补贴（艰苦边远地区津贴、西藏特贴、特区津贴等国家统一规定纳入原退休费计发基数的项目）、绩效工资。其余项目暂不纳入个人缴费工资基数。

（三）关于个人账户记账利率。国家每年根据上年度职工工资增长等因素，确定并公布基本养老保险个人账户记账利率。

（四）关于"中人"过渡。全国实行统一的过渡办法。对于2014年10月1日前（简称改革前，下同）参加工作、改革后退休的"中人"设立10年过渡期，过渡期内实行新老待遇计发办法对比，保低限高。即：新办法（含职业年金待遇）计发待遇低于老办法待遇标准的，按老办法待遇标准发放，保持待遇不降低；高于老办法待遇标准的，超出的部分，第一年退休的人员（2014 年 10 月 1 日至 2015 年 12 月 31 日）发放超出部分的 10％，第二年退休的人员（2016 年 1 月 1 日至 2016 年 12 月 31 日）发放 20％，依此类推，到过渡期末年退休的人员（2024 年 1 月 1 日至 2024 年 9 月 30 日）发放超出部分的 100％。过渡期结束后退休的人员执行新办法。

$$老办法待遇计发标准＝（A×M＋B＋C）×\prod_{n=2015}^{N}(1＋G_{n-1})$$

A：2014 年 9 月工作人员本人的基本工资标准；

B：2014 年 9 月工作人员本人的职务职级（技术职称）等对应的退休补贴标准；

C：按照国办发〔2015〕3 号文件规定相应增加的退休费标准；

M：工作人员退休时工作年限对应的老办法计发比例；

G_{n-1}：参考第（$n-1$）年在岗职工工资增长等因素确定的工资增长率，$n∈$ ［2015，N］，且 $G_{2014}＝0$；

N：过渡期内退休人员的退休年度，$N∈$ ［2015，2024］。2014 年 10 月 1 日至 2014 年 12 月 31 日期间退休的，其退休年度视同为 2015 年。

新办法待遇计发标准＝基本养老金＋职业年金，其中，基本养老金＝基础养老金＋过渡性养老金＋个人账户养老金。具体计算方法如下：

1. 基础养老金＝退休时当地上年度在岗职工月平均工资×（1＋本人平均缴费工资指数）÷2×缴费年限（含视同缴费年限，下同）×1％。其中，本人平均缴费工资指数＝（视同缴费指数×视同缴费年限＋实际平均缴费指数×实际缴费年限）÷缴费年限。各地根据测算形成与机关事业单位职务职级（技术职称）和工作年限相对应的视同缴费指数表（样表详见附件），工作人员退休时，根据本人退休时的职务职级（技术职称）和工作年限等确定本人视同缴费指数。

实际平均缴费指数＝$(X_n/C_{n-1}＋X_{n-1}/C_{n-2}＋\cdots＋X_{2016}/C_{2015}＋X_{2015}/C_{2014}＋X_{2014}/C_{2013})/N_{实缴}$。

X_n、X_{n-1}、$\cdots$、X_{2014} 为参保人员退休当年至 2014 年相应年度本人各月缴费工资基数之和，C_{n-1}、C_{n-2}、$\cdots$、C_{2013} 为参保人员退休上一年至 2013 年相应年度当地在岗职工年平均工资。

N 实缴为参保人员实际缴纳养老保险费年限。

2. 过渡性养老金＝退休时当地上年度在岗职工月平均工资×本人视同缴费指数×视同缴费年限×过渡系数。其中，过渡系数与机关事业单位养老保险统筹地区企业职工基本养老保险过渡系数保持一致。视同缴费指数由各省级地区统一确定。

3. 个人账户养老金＝退休时本人基本养老保险个人账户累计储存额÷计发月数。其中，计发月数按国家统一规定执行。

4. 职业年金计发按照《机关事业单位职业年金办法》有关规定执行。

（五）关于视同缴费年限和视同缴费指数的认定。对于改革前曾参加企业职工基本养老保险、改革后参加机关事业单位基本养老保险的工作人员，其参加企业职工基本养老保险的实际缴费年限应予确认，不认定为视同缴费年限，并与参加机关事业单位基本养老保险的实际缴费年限合并计算。其它情形视同缴费年限的认定，按照国家有关规定执行。在本人退休时，根据其实际缴费年限、视同缴费年限及对应的视同缴费指数等因素计发基本养老金。

（六）关于规范统一政策标准。各地区要按照《决定》要求，积极创造条件实行省级统筹；确实难以一步到位实现省级统筹的，基金可暂不归集到省级，建立省级基金调剂制度，所需资金由省级财政预算安排。全省（区、市）要制定和执行统一的机关事业单位基本养老保险制度和政策，统一基本养老保险缴费比例和缴费基数，统一基本养老金计发办法、统筹项目和标准以及基本养老金调整办法，统一编制和实施基本养老保险基金预算，明确省、地（市）、县各级政府的责任。各地区要按照国家统一制定的业务经办流程和信息管理系统建设要求，统一基本养老保险业务经办规程和管理制度，统一建设信息管理系统，实现省级集中管理数据资源。

四、调整部分工作人员退休时加发退休费的政策。改革后获得省部级以上劳模、有重大贡献的高级专家等荣誉称号的工作人员，在职时给予一次性奖励，退休时不再提高基本退休费计发比例，奖励所需资金不得从养老保险基金中列支。对于改革前已获得此类荣誉称号的工作人员，本人退休时给予一次性退休补贴并支付本人，资金从原渠道列支。退休补贴标准由各省（区、市）根据平衡衔接的原则予以确定。符合原有加发退休费情况的其它人员，按照上述办法处理。

五、规范各地区试点政策。各地区要妥善处理本地区原有试点政策与《决定》的衔接问题，确保政策统一规范。改革后，对于符合纳入机关事业单位基本养老保险条件的人员，其改革前在机关事业单位的工作年限作为视同缴费年限，退休时按照有关规定计发待遇。改革前个人缴费本息，划转至改革后的本人职业年金个人账户。本人退休时，该部分个人缴费本息不计入新老办法标准对比范围，一次性支付给本人。各地区开展试点期间的养老保险结余基金并入机关事业单位基本养老保险基金统一使用，严禁挤占挪用，防止基金资产流失。

六、明确延迟退休人员参保政策。改革后，按照国家有关政策和干部管理权限，经批准可适当延长退休年龄的工作人员，继续参保缴费。其中少数人员年满 70 岁时仍继续工作的，个人可以选择继续缴费，也可以选择不再继续缴费。待正式办理退休手续时，按规定计发养老待遇。

七、广泛开展宣传工作。各地区、各部门要组织各方面力量，宣传好机关事业单位养老保险制度改革的重大意义，准确解读各项政策，针对群众关切问题解疑释惑，正确引导社会舆论，营造有利于改革的良好舆论氛围，动员全社会关心和支持改革工作，保证改革顺利实施。

八、逐级做好培训工作。人力资源社会保障部、财政部将举办机关事业单位养老保险制度改革政策和经办管理培训班，对省级人力资源社会保障部门、财政部门、中央各部门和单位人事管理机构进行培训。各地区、各部门也要结合实际，集中组织开展不同层次的业务培训工作，帮助相关工作机构和工作人员全面、准确掌握政策，提高贯彻《决定》的政策水平和业务能力。

九、切实维护社会稳定。机关事业单位养老保险制度改革，涉及机关事业单位工作人员和广大群众的切身利益，事关改革发展稳定的大局。各地区、各部门要加强组织领导，周密安排部署，切实抓好组织实施。要加强工作指导，及时掌握实施情况，认真分析遇到的情况和问题，研究提出解决的办法，确保各项工作平稳进行。要从本地区、本部门实际出发，认真排查风险点，制定应对预案，把工作做实做细，保持社会稳定。重大情况和问题要及时报告人力资源社会保障部、财政部。

附件：机关事业单位职务职级（技术职称）和工作年限相对应视同缴费指数表

附件

机关事业单位职务职级（技术职称）和工作年限相对应视同缴费指数表

表一　　　　　　　　公务员视同缴费指数（样表）

级别	××××职务													
	档　　次													
	1	2	3	4	5	6	7	8	9	10	11	12	13	14
职务对应级别														

注　职务分为国家级正职、国家级副职、省部级正职、省部级副职、厅局级正职、厅局级副职、县处级正职、县处级副职、乡科级正职、乡科级副职、科员、办事员。

在上述表样的基础上，各地可对同一职务和级别档次的工作人员，再考虑不同的工作年限，经测算进一步细化视同缴费指数表。下同。

表二 　　　　　　　　　机关技术工人视同缴费指数（样表）

指数技术等级	岗 位																	
	1	2	3	4	5	6	7	8	9	10	11	12	13	14	15	16	17	18
高级技师																		
技师																		
高级																		
中级																		
初级																		

机关普通工人视同缴费指数（样表）

	1	2	3	4	5	6	7	8	9	10	11	12	13	14	15	16	17	18	19
普通工																			

表三 　　　　　　　事业单位专业技术人员视同缴费指数（样表）

指数岗位	薪 级								
	1	2	3	4	…	62	63	64	65
一级									
二级									
三级									
四级									
五级									
六级									
七级									
八级									
九级									
十级									
十一级									
十二级									
十三级									

表四 事业单位专业技术人员视同缴费指数（样表）

指数岗位	薪 级								
	1	2	3	4	…	62	63	64	65
一级									
二级									
三级									
四级									
五级									
六级									
七级									
八级									
九级									
十级									
十一级									
十二级									
十三级									

表五 事业单位管理人员视同缴费指数（样表）

指数岗位	薪 级					
	1	2	3	…	38	39	40
技术工一级						
技术工二级						
技术工三级						
技术工四级						
技术工五级						
普通工						

《人力资源社会保障部关于印发〈机关事业单位工作人员基本养老保险经办规程〉的通知》

（人社部发〔2015〕32号）

各省、自治区、直辖市及新疆生产建设兵团人力资源社会保障厅（局），部社保中心：

为做好机关事业单位养老保险经办管理服务工作，按照《国务院关于机关事业单位工作人员养老保险制度改革的决定》（国发〔2015〕2号，以下简称《决定》）确定的基本原则和主要政策，我部制定了《机关事业单位工作人员基本养老保险经办规程》（以下简称《规程》）。现印发给你们，并就贯彻执行《规程》提出如下要求：

一、充分认识做好机关事业单位养老保险经办管理服务工作的重要性。改革机关事业单位养老保险制度，是贯彻落实党的十八大和十八届三中全会精神的具体体现，是全面深化改革的重要内容，是统筹推进城乡社会保障体系建设的重要举措。制定和施行统一规范的经办规程，是确保机关事业单位养老保险顺利实施的重要基础性工作，对于规范经办行为、提高管理服务水平具有重要意义。各地要认真组织学习《决定》，深刻认识机关事业单位工作人员养老保险制度改革的重大意义，深入了解制度改革的基本原则和主要政策，准确把握机关事业单位养老保险经办管理服务工作的各项要求。各级社会保险经办机构要组织工作人员认真学习《规程》的内容，明确《规程》的具体要求。要采取通俗易懂、灵活多样的形式，广泛宣传机关事业单位养老保险政策和经办规程的相关内容，对涉及参保缴费、待遇领取、关系转移、信息咨询等问题，要组织参保单位进行有针对性的宣传讲解，帮助参保单位及其工作人员和参保群众了解相关政策和主要业务流程，自觉配合和监督机关事业单位养老保险经办管理服务工作的落实。

二、准确把握《规程》的规定和要求。《规程》明确了参保登记、申报核定、基金征缴、个人账户管理、保险关系转移、待遇管理、领取待遇资格认证、基金管理、统计分析、稽核和内控、档案管理、个人权益记录管理、信息管理等业务环节的主要内容，规定了具体操作程序、标准和要求。各地在贯彻落实《规程》的过程中，要准确把握《规程》的各项规定和要求。要做好参保资源管理和基金征缴工作，严格按照机关事业单位养老保险制度规定的参保范围和相关条件，厘清参保单位和人员，认真组织参保缴费等相关工作；加强参保人员的个人账户管理，做好退休人员基本养老金的核定发放工作；加强参保信息的保密工作，妥善保管好参保信息数据和业务档案等资料。要突出抓好基金安全管理，认真贯彻执行社会保险基金收支两条线管理的规定，机关事业单位养老保险基金实行单独记账、核算，按规定实现保值增值。各地要结合本地实际，在保持统一规范的前提下，完善和细化业务流程，建立健全各项规章制度，明确经办岗位职责、权限和服务标准，保证机关事业单位养老保险经办服务工作有章可循。

三、加强经办管理服务能力建设。社会保险经办管理服务是一项长期的日常工作，量大面广，涉及参保职工的切身利益。各级社会保险经办机构要做好机关事业单位养老保险经办管理服务工作，统一经办规程，建立健全业务财务安全风险防控机制；要下大力气抓好公共服务平台建设，建立全国统一的信息管理系统，纳入"金保工程"建设，由省级统一集中管理数据资源，实现规范化、信息化和专业化管理，大力推行电子社保和社会保障卡，方便参保缴费、领取待遇和权益查询；要精心做好机关事业单位养老保险统计工作，认真准确填写相关统计报表并按时上报；要根据机关事业单位养老保险制度改革的需要，合理整合现有经办管理服务资源，实行统一管理，适当充实工作力量，提供必要的经办和服务设施，为参保单位和个人提供优质高效便捷的服务。

四、切实加强组织领导。各级人社部门和社会保险经办机构要高度重视机关事业单位养老保险经办管理工作，切实加强领导，周密部署，精心组织，认真实施。各地要严格按照《决定》和《规程》的要求，研究制订实施方案，对组织领导、任务分工、配套措施等作出具体部署。要明确分工、专人负责，健全工作制度，确保工作顺畅。要建立联系人制度，及时与参保单位沟通协调，跟踪了解《规程》的施行情况。要加强对参保单位的业务经办培训。要及时研究、解决经办工作中出现的新情况、新问题，重要情况和重大问题请及时向部社保中心反馈。

联系人：刘卫、闫丽仙
联系电话：（010）84222665

附件：机关事业单位工作人员基本养老保险经办规程

人力资源社会保障部
2015年3月25日

附件

机关事业单位工作人员基本养老保险经办规程

第一章 总 则

第一条 为做好机关事业单位基本养老保险经办管理服务工作，根据《国务院关于机关事业单位工作人员养老保险制度改革的决定》（国发〔2015〕2 号，以下简称《决定》）和《人力资源社会保障部财政部关于贯彻落实〈国务院关于机关事业单位工作人员养老保险制度改革的决定〉的通知》（人社部发〔2015〕28 号，以下简称《通知》），制定本规程。

第二条 本规程适用于经办机关事业单位基本养老保险的各级社会保险经办机构（以下简称社保经办机构）。

第三条 机关事业单位基本养老保险业务实行属地化管理，由县级及以上社保经办机构负责办理。在京中央国家机关事业单位基本养老保险业务由人力资源社会保障部社会保险事业管理中心负责经办，京外的中央国家机关事业单位基本养老保险业务由属地社保经办机构负责经办。

第四条 各省（自治区、直辖市）、新疆生产建设兵团（以下简称省级）社保经办机构应依据本规程制定本地区机关事业单位基本养老保险业务经办管理办法、内控和稽核制度；会同财政部门制定本地区机关事业单位基本养老保险基金财务管理办法和会计核算办法实施细则；负责组织实施机关事业单位基本养老保险省级统筹工作；实行省级基金调剂制度的，编制机关事业单位基本养老保险基金调剂计划；参与机关事业单位基本养老保险信息系统建设和管理。省级和地（市、州，以下简称地级）社保经办机构负责组织指导和监督考核本地区各级社保经办机构开展机关事业单位基本养老保险经办管理服务工作；做好基金管理、财政补助资金的结算和划拨；编制、汇总、上报本地区机关事业单位基本养老保险基金预决算、财务和统计报表；负责机关事业单位基本养老保险个人权益记录管理和数据应用分析；组织开展宣传和人员培训等工作。

县（市、区、旗，以下简称县级）社保经办机构负责机关事业单位基本养老保险参保登记、申报核定、保险费征收、个人账户管理、关系转移、待遇核定与支付、基金管理；编制上报本级基金预、决算、财务和统计报表；数据应用分析；领取待遇资格认证；个人权益记录管理；审计稽核与内控管理；档案管理；咨询、查询和举报受理等工作。（地级及以上社保经办机构直接经办机关事业单位基本养老保险业务的参照执行。下同）

第五条　机关事业单位基本养老保险基金实行省级统筹，暂不具备条件的可先实行省级基金调剂制度。

每年的 1 月 1 日至 12 月 31 日为一个业务核算年度，按年核定缴费基数，按月缴费。核算以人民币为记账本位币，"元"为金额单位，元以下记至角分。核算期间的起讫日期采用公历日期。

第六条　机关事业单位基本养老保险管理信息系统（以下简称信息系统）纳入金保工程，由人力资源社会保障部组织开发，全国统一使用。数据信息实行省级集中管理。

第七条　机关事业单位基本养老保险关系转移接续经办规程另行制定。

第二章　参　保　登　记

第八条　用人单位应当自成立之日起 30 日内向社保经办机构申请办理参保登记，填报《社会保险登记表》（附件 1），并提供以下证件和资料：

（一）有关职能部门批准单位成立的文件；

（二）《组织机构代码证》（副本）；

（三）事业单位还需提供《事业单位法人登记证书》（副本）；参照《公务员法》管理的单位还需提供参照《公务员法》管理相关文件；

（四）单位法定代表人（负责人）的任职文件和身份证；

（五）省级社保经办机构规定的其它证件、资料。

社保经办机构审核用人单位报送的参保登记资料，对符合条件的，在 15 日内为用人单位办理参保登记手续，确定社会保险登记编号，建立社会保险登记档案资料，登记用人单位基本信息，向用人单位核发《社会保险登记证》（具体样式详见《社会保险登记管理暂行办法》原劳动和社会保障部 1 号令附件 3）；对资料不全或不符合规定的，应一次性告知用人单位需要补充和更正的资料或不予受理的理由。

第九条　参保单位名称、地址、法定代表人（负责人）、机构类型、组织机构代码、主管部门、隶属关系、开户银行账号、参加险种以及法律法规规定的社会保险其它登记事项发生变更时，应当在登记事项变更之日起 30 日内，向社保经办机构申请办理变更登记，填报《机关事业单位基本养老保险参保单位信息变更申报表》（附件 2），并提供以下证件和资料：

（一）与变更登记事项对应的相关资料；

（二）《社会保险登记证》；

（三）省级社保经办机构规定的其它证件、资料。

社保经办机构审核参保单位报送的变更登记申请资料，对符合条件的，在

15 日内为参保单位办理变更登记手续。变更内容涉及《社会保险登记证》登记事项的，收回参保单位原《社会保险登记证》，按变更后的内容重新核发《社会保险登记证》；对资料不全或不符合规定的，应一次性告知参保单位需要补充和更正的资料或不予受理的理由。

第十条　参保单位因发生撤销、解散、合并、改制、成建制转出等情形，依法终止社会保险缴费义务的，应自有关部门批准之日起 30 日内，向社保经办机构申请办理注销社会保险登记，填报《机关事业单位基本养老保险参保单位信息变更申报表》，并提供以下证件和资料：

（一）注销社会保险登记申请；

（二）《社会保险登记证》；

（三）批准撤销、解散、合并、改制的法律文书或文件或有关职能部门批准成建制转出的文件；

（四）省级社保经办机构规定的其它证件、资料。

社保经办机构审核参保单位报送的注销登记申请资料，参保单位有欠缴社会保险费的，社保经办机构应告知参保单位缴清应缴纳的社会保险费、利息、滞纳金等后，对符合条件的，在 15 日内为参保单位办理注销登记手续，收回《社会保险登记证》；对资料不全或不符合规定的，应一次性告知参保单位需要补充和更正的资料或不予受理的理由。

第十一条　社保经办机构对已核发的《社会保险登记证》实行定期验证和换证制度。参保单位应按年填报《社会保险登记证验证表》（附件 3），并提供以下证件和资料：

（一）《社会保险登记证》；

（二）《组织机构代码证》（副本）；

（三）事业单位还需提供《事业单位法人登记证书》（副本）；

（四）省级社保经办机构规定的其它证件、资料。

社保经办机构审核参保单位报送的验证登记申请资料，核查社会保险登记事项、社会保险费缴纳情况等内容。对符合条件的，及时为参保单位办理验证手续，在《社会保险登记证》和《社会保险登记证验证表》上加盖"社会保险登记证审核专用章"；对资料不全的，应一次性告知参保单位需要补充的资料。

《社会保险登记证》有效期 4 年。有效期满，社保经办机构应为参保单位更换。

第十二条　参保单位遗失《社会保险登记证》的，应及时向社保经办机构申请补办，填报《机关事业单位基本养老保险参保单位信息变更申报表》，并提供以下证件和资料：

（一）《组织机构代码证》（副本）；

（二）事业单位还需提供《事业单位法人登记证书》（副本）；

（三）省级社保经办机构规定的其它证件、资料。

社保经办机构审核参保单位报送的补证登记申请资料，对符合条件的，应在 15 日内为参保单位办理补证手续，重新核发《社会保险登记证》；对资料不全或不符合规定的，应一次性告知参保单位需要补充和更正的资料或不予受理的理由。

第十三条　社保经办机构为参保单位核发《社会保险登记证》后，参保单位向社保经办机构申报办理人员参保登记手续，填报《机关事业单位工作人员基本信息表》（附件 4），并提供以下证件和资料：

（一）工作人员有效身份证件（复印件）；

（二）县级及以上党委组织部门、人力资源和社会保障行政部门正式录用通知书、调令、任职文件或事业单位聘用合同等；

（三）省级社保经办机构规定的其它证件、资料。

社保经办机构审核参保单位报送的人员参保登记资料，对符合条件的，录入人员参保登记信息，建立全国统一的个人社会保障号码（即公民身份号码），进行人员参保登记处理并为其建立个人账户，对资料不全或不符合规定的，应一次性告知参保单位需要补充和更正的资料或不予受理的理由。属于涉及国家安全、保密等特殊人群的，可采用专门方式采集相关信息，并作特殊标记。

第十四条　参保人员登记信息发生变化时，参保单位应当在 30 日内，向社保经办机构申请办理参保人员信息变更登记业务，填报《机关事业单位基本养老保险参保人员信息变更表》（附件 5），并提供以下证件和资料：

（一）参保人员有效身份证件或社会保障卡；

（二）变更姓名、公民身份号码等关键基础信息的，需提供公安部门证明；变更出生日期、参加工作时间、视同缴费年限等特殊信息的，需提供本人档案及相关部门审批认定手续；

（三）省级社保经办机构规定的其它证件、资料。

社保经办机构审核参保单位报送的参保人员信息变更申请资料，对符合条件的，进行参保人员信息变更；对资料不全或不符合规定的，应一次性告知参保单位需要补充和更正的资料或不予受理的理由。

第十五条　对参保人员死亡、达到法定退休年龄前丧失中华人民共和国国籍等原因终止养老保险关系的，参保单位向社保经办机构申请办理参保人员养老保险关系终止业务，填报《机关事业单位基本养老保险参保人员业务申报表》（附件 6），并提供以下证件和资料：

（一）参保人员死亡的，需提供社会保障卡、居民死亡医学证明书或其它死亡证明材料；

（二）丧失中华人民共和国国籍的，需提供定居国护照等相关资料；

（三）省级社保经办机构规定的其它证件、资料。

社保经办机构审核参保单位报送的参保人员终止登记申请资料，对符合条件的，录入参保人员终止登记信息，进行人员参保终止处理。

第三章　申　报　核　定

第十六条　参保单位应每年统计上年度本单位及参保人员的工资总额，向社保经办机构申报《机关事业单位基本养老保险工资总额申报表》（附件7）。新设立的单位及新进工作人员的单位，应在办理社会保险登记或申报人员变更的同时，一并申报工作人员起薪当月的工资。

第十七条　参保单位按规定申报工资总额后，社保经办机构应及时进行审核，对审核合格的，建立参保单位及参保人员缴费申报档案资料及数据信息，生成参保单位及参保人员缴费基数核定数据；对资料不全或不符合规定的，应一次性告知参保单位需要补充和更正的资料或重新申报。

社保经办机构审核时，参保人员月缴费基数按照本人上年度月平均工资核定；新设立单位和参保单位新增的工作人员按照本人起薪当月的月工资核定。本人上年度月平均工资或起薪当月的月工资低于上年度全省在岗职工月平均工资60％的，按60％核定；超过300％的，按300％核定。单位月缴费基数为参保人员月缴费基数之和。

在上年度全省在岗职工月平均工资公布前，参保人员缴费基数暂按上年度月缴费基数执行。待上年度全省在岗职工月平均工资公布后，据实重新核定月缴费基数，并结算差额。

参保单位未按规定申报的，社保经办机构暂按上年度核定缴费基数的110％核定，参保单位补办申报手续后，重新核定并结算差额。在一个缴费年度内，参保单位初次申报后，其余月份应申报人员增减、缴费基数变更等规定事项的变动情况；无变动的，可以不申报。

第十八条　参保单位因新招录、调入、单位合并等原因增加人员或因工作调动、辞职、死亡等原因减少人员，应从起薪或停薪之月办理人员增加或减少。参保单位应及时填报《机关事业单位基本养老保险参保人员业务申报表》，并提供以下证件和资料：

（一）有关部门出具的相关手续；

（二）省级社保机构规定的其它证件、资料。

社保经办机构审核参保单位报送的人员增减资料，对符合条件的，办理人员增减手续，调整缴费基数并记录社会保险档案资料和数据信息；对资料不全或不符合规定的，应一次性告知参保单位需要补充更正的资料或不予受理的理由。

第十九条 因参保单位申报或根据人民法院、人事仲裁、社保稽核等部门的相关文书和意见，需变更缴费基数或缴费月数的，参保单位向社保经办机构申报办理，填报《机关事业单位基本养老保险参保人员业务申报表》，并提供以下资料：

（一）变更人员对应的工资记录；

（二）相关部门出具的文书和意见；

（三）省级社保经办机构规定的其它证件、资料。

社保经办机构审核参保单位报送的申请资料，对符合条件的，为其办理基本养老保险费补收手续，并记录相关信息，打印补缴通知；对资料不全或不符合规定的，应一次告知参保单位需要补充和更正的资料或不予受理的理由。

第二十条 因参保单位多缴、误缴基本养老保险费需退还的，参保单位向社保经办机构申报办理，填报《机关事业单位基本养老保险参保人员业务申报表》，并提供以下证件和资料：

（一）缴费凭证等相关资料；

（二）省级社保机构规定的其它证件、资料。

社保经办机构审核参保单位报送的申请资料，对符合条件的，为其办理基本养老保险费退还手续，并记录相关信息，打印退费凭证；对资料不全或不符合规定的，应一次告知参保单位需要补充和更正的资料或不予受理的理由。

第四章 基 金 征 缴

第二十一条 社保经办机构负责征收基本养老保险费。社保经办机构应与参保单位和银行签订委托扣款协议，采取银行代扣方式进行征收；参保单位也可按照政策规定的其它方式缴纳。

第二十二条 社保经办机构根据参保单位申报的人员增减变化情况，及时办理基本养老保险关系建立、中断、恢复、转移、终止、缴费基数调整等业务，按月生成《机关事业单位基本养老保险费征缴通知单》（附件8），交参保单位；同时生成基本养老保险费征缴明细。实行银行代扣方式征收的，征缴明细按照社保经办机构与银行协商一致的格式传递给银行办理养老保险费征收业务。

第二十三条 参保单位和参保人员应按时足额缴纳基本养老保险费，参保人员个人应缴纳的基本养老保险费，由所在单位代扣代缴。

第二十四条　社保经办机构对银行反馈的基本养老保险费当月到账明细进行核对，无误后进行财务到账处理；及时据实登记应缴、实缴、当期欠费等，生成征收台账。

第二十五条　参保单位因不可抗力无力缴纳养老保险费的，应提出书面申请，经省级社会保险行政部门批准后，可以暂缓缴纳一定期限的养老保险费，期限不超过 1 年，暂缓缴费期间免收滞纳金。到期后，参保单位必须全额补缴欠缴的养老保险费。

第二十六条　参保单位欠缴养老保险费的，应按照《社会保险法》和《社会保险费申报缴纳管理规定》（人社部第 20 号令）有关规定缴清欠费。

第五章　个人账户管理

第二十七条　社保经办机构应为参保人员建立个人账户，用于记录个人缴费及利息等社会保险权益。个人账户包括个人基本信息、缴费信息和支付信息、转移接续信息、终止注销信息等内容。

《决定》实施时在机关事业单位工作的人员，个人账户建立时间从《决定》实施之月开始，之后参加工作的人员，从其参加工作之月起建立个人账户。

第二十八条　参保人员存在两个及以上个人账户的，其原个人账户储存额部分，应与现个人账户合并计算。存在重复缴费的，由现参保地社保经办机构与本人协商确定保留其中一个基本养老保险关系和个人账户，同时其它关系予以清理，个人账户储存额退还本人，相应的个人缴费年限不重复计算。

第二十九条　参保单位和参保人员按时足额缴费的，社保经办机构按月记入个人账户。参保单位或参保人员未按时足额缴费，视为欠缴，暂不记入个人账户，待参保单位补齐欠缴本息后，按补缴时段补记入个人账户。

第三十条　对按月领取基本养老金的退休人员，根据本人退休时个人账户养老金，按月冲减个人账户储存额。待遇调整增加的基本养老金，按本人退休时月个人账户养老金占月基本养老金的比例计算个人账户应支付金额，按月冲减个人账户储存额。

第三十一条　每年的 1 月 1 日至 12 月 31 日为一个结息年度，社保经办机构应于一个结息年度结束后根据上年度个人账户记账额及个人账户储存额，计算个人账户利息，并记入个人账户。记账利率由国家确定并公布。

参保人员办理退休或一次性领取个人账户储存额时，社保经办机构应对其个人账户储存额进行即时计息结转，以后每年按规定对退休人员个人账户支付养老金后的余额部分进行计息结转。办理跨统筹区、跨制度转移手续的参保人员，转出地社保经办机构在关系转出当年不计息结转；转入地社保经办机构从关系转入当年起计息。

当年个人记账利率公布前，发生待遇支付的，个人账户储存额按照公布的上一年度记账利率计算利息，当年个人账户记账利率公布后，不再重新核定。

第三十二条 社保经办机构对中断缴费的个人账户应进行封存，中断缴费期间按规定计息。社保经办机构对恢复缴费的参保人员个人账户记录进行恢复，中断缴费前后个人账户储存额合并计算。

第三十三条 办理参保人员终止登记手续后，参保单位可代参保人员或继承人向社保经办机构申领个人账户储存额（退休人员为个人账户余额）。社保经办机构完成支付手续后，终止参保人员基本养老保险关系。

第三十四条 参保人员养老保险关系发生跨统筹、跨制度范围转移时，转出地社保经办机构在基金转出后，终止参保人员个人账户；转入地社保经办机构在转入基金到账后，为转入人员记录个人账户。

第三十五条 参保人员对个人账户记录的信息有异议时，参保单位可凭相关资料向社保经办机构申请核查。社保经办机构核实后，对确需调整的，按规定程序审批后予以修改，保留调整前的记录，记录调查信息，将调整结果通知参保单位。

第六章 待 遇 管 理

第三十六条 待遇核定主要包括参保人员退休待遇申报核定、待遇调整核定、遗属待遇支付核定、病残津贴支付核定、个人账户一次性支付核定等内容。

第三十七条 参保人员符合退休条件的，参保单位向社保经办机构申报办理退休人员待遇核定，填报《机关事业单位基本养老保险参保人员养老保险待遇申领表》（附件9），并提供以下证件和资料：

（一）参保人员有效身份证件或社会保障卡；

（二）按现行人事管理权限审批的退休相关材料；

（三）省级社保经办机构规定的其它证件、资料。

社保经办机构应及时对申报资料进行审核，对符合条件的，根据退休审批认定的参保人员出生时间、参加工作时间、视同缴费年限、退休类别以及实际缴费情况等计算退休人员的基本养老金，在过渡期内，应按《通知》的规定进行新老待遇计发办法对比，确定养老保险待遇水平，及时记录退休人员信息，打印《机关事业单位基本养老保险参保人员基本养老金计发表》（附件10），交参保单位。对资料不全或不符合规定的，应一次性告知参保单位需要补充和更正的资料或不予受理的理由。参保单位应当将核定结果告知参保人员。

第三十八条 社保经办机构应依据国家政策规定和统一部署，按照本地区

165

机关事业单位退休人员基本养老金调整的规定，对机关事业单位退休人员养老保险待遇进行调整。具体操作规程由省级社保经办机构制定。

第三十九条　参保单位应在参保人员符合国家政策规定的病残津贴领取条件时向社保经办机构申报办理病残津贴领取手续，填报《机关事业单位基本养老保险参保人员养老保险待遇申领表》，并提供以下证件和资料：

（一）参保人员有效身份证件或社会保障卡；

（二）按现行人事管理权限审批的相关材料；

（三）省级社保经办机构规定的其它证件、资料。

社保经办机构应及时对申报资料进行审核，对符合领取病残津贴条件的，计算申报人员的病残津贴，核定金额，并及时记录数据信息，打印机关事业单位工作人员病残津贴计发表单，交参保单位。对资料不全或不符合规定的，应一次性告知参保单位需要补充和更正的资料或不予受理的理由。参保单位应当将核定结果告知参保人员。

第四十条　参保人员因病或非因工死亡后，参保单位向社保经办机构申请办理领取丧葬补助金、抚恤金手续，填报《机关事业单位基本养老保险参保人员一次性支付申报表》（附件11），并提供以下证件和资料：

（一）参保人员社会保障卡、居民死亡医学证明书或其它死亡证明材料；

（二）指定受益人或法定继承人有效身份证件、与参保人员关系证明；

（三）省级社保经办机构规定的其它证件、资料。

社保经办机构应及时对申报资料进行审核，对符合条件的，计算丧葬补助金、抚恤金，核定金额，打印《机关事业单位基本养老保险参保人员丧抚费核定表》（附件12），交参保单位。对资料不全或不符合规定的，应一次性告知参保单位需要补充和更正的资料或不予受理的理由。

第四十一条　办理参保人员终止登记手续后，参保单位向社保经办机构申请办理个人账户一次性支付手续，填报《机关事业单位基本养老保险参保人员一次性支付申报表》，并提供以下证件和资料：

（一）参保人员死亡的，需提供社会保障卡和居民死亡医学证明书或其它死亡证明材料；指定受益人或法定继承人有效身份证件；与参保人员关系证明；

（二）参保人员丧失中华人民共和国国籍的，需提供定居国护照等相关资料；

（三）省级社保机构规定的其它证件、资料。

社保经办机构应及时对申报资料进行审核。对符合条件的，计算并核定个人账户一次性支付金额，打印《机关事业单位基本养老保险个人账户一次性支付核定表》（附件13），交参保单位，并及时记录支付信息，终止基本养老保险关系。对资料不全或不符合规定的，应一次告知参保单位或参保人员本人（指定受益人或法定继承人）需要补充和更正的资料或不予受理的理由。参保单位应当将核定结果告知领取人。

第四十二条 参保单位或参保人员本人（或指定受益人、法定继承人）对社保经办机构核定的待遇支付标准有异议，可在60个工作日内向社保经办机构提出重新核定申请。社保经办机构应予以受理复核，并在15日内告知其复核结果；对复核后确需调整的，应重新核定并保留复核及修改记录。

第四十三条 社保经办机构每月根据上月待遇支付记录、当月退休人员增减变化及待遇数据维护等信息，进行支付月结算。

第四十四条 基本养老金、病残津贴等按月支付的待遇由社保经办机构委托银行实行社会化发放；个人账户一次性支付和丧葬补助金、抚恤金等一次性支付待遇可委托参保单位发放，或委托银行实行社会化发放。

第四十五条 社保经办机构对银行每月反馈的发放明细核对无误后及时进行账务处理，编制支付台账，进行支付确认处理。对发放不成功的，及时会同银行查找原因，及时解决，并再次发放。

第七章 领取待遇资格认证

第四十六条 社保经办机构每年对退休人员开展基本养老金领取资格认证工作。社保经办机构在核发待遇时，主动告知退休人员应每年参加资格认证。

第四十七条 社保经办机构要与公安、卫计、民政部门及殡葬管理机构、街道（乡镇）、社区（村）、退休人员原工作单位等建立工作联系机制，全面掌握退休人员待遇领取资格的变化情况。

第四十八条 退休人员领取养老金资格认证可通过社保经办机构直接组织，依托街道、社区劳动就业和社会保障平台以及原工作单位协助等方式进行。退休人员因年老体弱或患病，本人不能办理资格认证的，由本人或委托他人提出申请，社保经办机构可派人上门办理。

异地居住的退休人员由参保地社保经办机构委托居住地社保经办机构进行异地协助认证。出境定居的退休人员，通过我国驻该居住国的使领馆申办健在证明或领事认证，居住地尚未与我国建交的，由我国驻该国有关机构或有关代管使领馆办理健在证明或领事认证。

第四十九条 社保经办机构应通过资格认证工作，不断完善退休人员信息管理，对发生变更的及时予以调整并根据资格认证结果进行如下处理：

（一）退休人员在规定期限内通过资格认证且符合养老保险待遇领取资格的，继续发放养老保险待遇。

（二）退休人员在规定期限内未认证的，社保经办机构应暂停发放基本养老金。退休人员重新通过资格认证后，从次月恢复发放并补发暂停发放月份的基本养老金。

（三）退休人员失踪、被判刑、死亡等不符合领取资格的，社保经办机构应暂停或终止发放基本养老金，对多发的养老金应予以追回。

第八章 基 金 管 理

第五十条　机关事业单位基本养老保险基金按照管理层级，单独建账、独立核算，纳入社会保障基金财政专户，实行收支两条线管理，专款专用，任何部门、单位和个人均不得挤占挪用。

第五十一条　机关事业单位基本养老保险基金按照社会保险财务、会计制度相关规定及管理层级设立收入户、支出户、财政专户。

第五十二条　社保经办机构定期将收入户资金缴存财政专户。实行省级基金调剂制度的，上解的省级调剂金由下级社保经办机构支出户上解至省级社保经办机构收入户。

第五十三条　社保经办机构根据批准的基金年度预算及执行进度，按月向财政部门提出用款申请。经核准后，由财政部门及时将资金拨付至支出户。实行省级基金调剂制度的，下拨的调剂金由省级社保经办机构支出户拨付到下级社保经办机构收入户。

第五十四条　社保经办机构应定期与开户银行对账，保证账账、账款、账实相符。暂收、暂付款项应定期清理，及时予以偿付或收回。

第五十五条　机关事业单位基本养老保险基金的会计核算采用收付实现制，会计记账使用借贷记账法。

第五十六条　会计处理方法前后各期一致，会计科目口径一致。确需变更的，应将变更情况、原因和对会计报表的影响在财务情况说明中予以说明。

第五十七条　基金收入包括养老保险费收入、利息收入、财政补贴收入、转移收入、上级补助收入、下级上解收入、其它收入等。

社保经办机构根据银行回单、社会保险基金专用收据、财政专户缴拨凭证等原始凭证，按照《社会保险基金会计制度》的规定，及时填制记账凭证，进行会计核算。

第五十八条　基金支出包括养老保险待遇支出、转移支出、补助下级支出、上解上级支出、其它支出等。

社保经办机构根据银行回单、支出汇总表、财政专户缴拨凭证等原始凭证，按照《社会保险基金会计制度》的规定，及时填制记账凭证，进行会计核算。

第五十九条　社保经办机构根据记账凭证登记银行存款日记账和明细分类账。按照科目汇总记账凭证，编制科目汇总表，登记总分类账。

第六十条　社保经办机构根据总分类账、明细分类账等，编制月、季、年会计报表。

第六十一条　社保经办机构编制下一年度基金预算草案。预算草案经省级人力资源社会保障部门审核汇总，财政部门审核后，列入省级人民政府预算，报省级人民代表大会审议。实行省级调剂金制度的，基金预算编制程序由各省自行制定。

由于客观因素造成执行与预算偏差较大的，社保经办机构要及时编制基金预算调整方案，并按预算编报的程序上报。

第六十二条　省级社保经办机构每年年终进行基金决算。核对各项收支情况，清理往来款项，同开户银行、财政专户对账，并进行年终结账。年度终了后，根据规定的表式、时间和要求，编制年度基金财务报告，包括资产负债表、收支表、有关附表以及财务情况说明。

决算报告经省级人力资源社会保障部门审核汇总，财政部门审核后，列入省级人民政府决算报告，报省级人民代表大会审议。实行省级基金调剂制度的，基金决算报告编制程序由各省自行制定。

社保经办机构进行基金年度报告。年度终了后，根据规定的表式、时间和要求，编制机关事业单位基本养老保险基金年度报告。年度报告包括资产负债表、收支表和暂收、暂付款明细表，以及年度基金运行分析等。

第九章　统　计　分　析

第六十三条　社保经办机构建立统计工作制度，完善统计指标体系，遵照全面、真实、科学、审慎和及时的原则开展统计工作。应用社会保险数据、社会经济数据，利用信息化手段和统计方法进行分析，结合联网数据，按季、年分主题开展精细化分析。根据制度改革和实际工作需要，开展必要的统计调查。

第六十四条　社保经办机构应根据统计指标、统计分组和精算基础数据采集要求，定期整理、加工各类业务数据，并汇总相关信息，建立台账，以此作为编制统计报表和撰写分析报告的主要依据，实现数据来源的可追溯查询。统计指标和精算基础数据采集指标应根据政策变化及时调整完善。

第六十五条　社保经办机构应按照《人力资源社会保障统计报表制度》和上级有关要求，做好定期统计和专项统计工作，认真收集统计数据，编制统计报表，做到内容完整，数据准确；严格审核，按程序汇总，及时上报。

第六十六条　加强数据比对分析，提高统计数据与基金数据、联网数据等同口径、同指标数据的一致性。

第六十七条 社保经办机构应定期或不定期进行统计、精算分析，根据实际工作需要进行专项分析和日常测算分析，形成分析报告，为政策决策、基金预算管理、收支计划管理、基金运行风险监测、政策和管理效率评估提供支持。

第六十八条 省级社保经办机构制定精算分析工作方案，采集并更新精算基础数据库，建立精算模型，确定参数假设，分析精算预测结果，撰写精算报告并及时报送。

第十章 稽核和内控

第六十九条 社保经办机构按照有关规定建立健全机关事业单位基本养老保险稽核制度和内控制度。县级及以上社保经办机构负责稽核、内控工作，依法对参保单位及其工作人员缴纳养老保险费情况、退休人员领取养老保险待遇情况进行核查；对社保经办机构内部职能部门、工作人员从事养老保险经办工作进行规范、监控和评价。

第七十条 社保经办机构应按照社会保险稽核办法及有关规定，开展养老保险费缴纳和待遇享受情况稽核。

第七十一条 社保经办机构核查发现未按时足额缴纳养老保险费或冒领养老保险待遇的，应责令补缴或退还被冒领待遇，不按规定补缴退还的，按照社会保险法等法律法规处理。

第七十二条 社保经办机构建立业务操作监控和内部监督机制。确定扫描时点或周期、监控范围、异常阈值、预警形式，对业务操作的合规性进行实时监控和内部监督。制定业务监控计划，对异常业务进行风险提示。制定内部监督计划，定期抽取或筛选业务复核检查，建立内部监督记录和台账。

第七十三条 社保经办机构应建立异常业务审查和处理机制。对疑似违规办理的业务，发出异常业务预警，进行核查处理。根据内部监督记录和有关证据提出整改意见，按程序报批后送相关环节执行，并跟踪监督。

第七十四条 社保经办机构应建立业务纠错机制。当发生业务经办错误，需要回退纠错时，对出错原因、错误类型、责任人等进行记录。相关经办人员填写回退纠错审批表，经负责人批准后，按照纠错时限要求，进行回退纠错业务处理。

第七十五条 社保经办机构根据业务风险程度实行分级管理，明确各项业务的经办权限和审批层级。

第十一章 档 案 管 理

第七十六条 业务档案是指社保经办机构在办理业务过程中，直接形成的具有保存和利用价值的专业性文字材料、电子文档、图表、声像等不同载体的历史记录。

第七十七条 社保经办机构应按照《社会保险业务档案管理规定（试行）》（人社部令 3 号）的要求，对业务材料做好收集、整理、立卷、归档、保管、统计、利用、鉴定销毁、移交和数字化处理等工作，保证业务档案真实、完整、安全和有效。

第七十八条 业务材料收集遵循"谁经办谁收集"的原则。社保经办机构按照业务档案分类方案结合办结时间，按件收集办结的业务材料。一笔业务形成的业务表单和相关审核凭证为一件，每件业务材料按照"业务表单在前、审核凭证在后，重要凭证在前、次要凭证在后"的原则顺序排列；凭证排列顺序应与业务表单名册中人员顺序保持一致。电子业务材料的收集应与纸质业务材料同步。

第七十九条 社保经办机构应按照业务档案分类方案和档案整理要求，定期对应归档的业务材料进行收集、整理。整理后的业务材料应与业务经办系统中的经办明细进行核对，并打印业务经办明细目录。

第八十条 社保经办机构应对收集整理后的业务材料及时组卷，并通过信息系统进行编号和编目。组卷时视经办业务量大小可按月、季或年度组卷，但不能跨年组卷。案卷内材料应按照案卷封面、卷内文件目录（业务经办明细目录）、业务材料、卷内备考表的顺序依次排列。

第八十一条 业务档案立卷后应定期归集到档案管理部门集中保管。档案管理部门对归集的业务档案，通过业务经办明细核对归档业务材料数目并进行案卷质量审核。检验合格后，与业务部门办理归档交接手续，做到账物相符。

第八十二条 社保经办机构应按照相关规定对业务档案进行数字化处理。新生成业务材料应遵循"业务经办与档案数字化同步办结、同步收集、同步整理、同步归档"的原则，生成业务档案。

第八十三条 社保经办机构应定期对业务经办中初次采集、其它系统转入、业务系统转换产生的重要电子信息和系统元数据进行归档备份，并按照相关规定管理。

第八十四条 基金会计档案包括会计凭证、会计账簿和会计报表等资料。社保经办机构应按照《会计档案管理办法》的相关规定管理。

第八十五条 社保经办机构应设置专门的档案库房，指定专职档案管理人员进行管理。应按照档案管理"九防"要求，完善防护设备和管理措施，维护档案的完整安全。

第八十六条　档案管理部门应定期统计分析业务档案收集整理、归档移交、保管利用等情况。

第八十七条　社保经办机构应积极主动地依法依规就可开放的业务档案面向参保对象、行政管理等相关部门提供档案信息查询服务，并做好档案信息利用登记。在确保档案和信息安全的前提下，拓展业务档案利用渠道，提升利用效能。

第八十八条　应由相关负责人、档案管理人员和经办人员组成业务档案鉴定小组，负责业务档案鉴定。对达到或超过保管期限的业务档案定期组织销毁鉴定，提出销毁或延长保管期限的意见。对经过鉴定可以销毁的业务档案，应编制销毁清册，按规定销毁。

第十二章　个人权益记录管理

第八十九条　社保经办机构通过业务经办、统计、调查等方式获取参保人员相关社会保险个人权益信息，同时，应当与工商、民政、公安、机构编制等部门通报的情况进行核对。

第九十条　社保经办机构应当配备社会保险个人权益记录保管的场所和设施设备，安排专门工作人员对社会保险个人权益数据进行管理和日常维护，不得委托其它单位或者个人单独负责社会保险个人权益数据维护工作。社会保险个人权益信息的采集、保管和维护等环节涉及的书面材料应当存档备查。

第九十一条　社保经办机构每年应至少一次向参保人员寄送个人权益记录情况。

第九十二条　社保经办机构应向参保单位及参保人员开放社会保险个人权益记录查询程序，界定可供查询的内容，通过社保经办机构大厅、网点、自助终端、电话、网站、移动终端等方式提供公共服务。

第九十三条　参保人员持社会保障卡可以向社保经办机构查询个人权益信息、核对其缴费和享受社会保险待遇记录；领取养老保险待遇等。

第十三章　信　息　管　理

第九十四条　社保经办机构和信息机构应做好数据采集、审核、保管、维护、查询、使用、保密、安全、备份等管理工作。

第九十五条　信息系统采用省级集中部署模式，按照省级集中的要求，由省级人社部门负责建设实施，通过业务专网支持省内各级社保经办机构开展机关事业单位基本养老保险业务。

第九十六条 应做好信息系统分级授权管理，按照"最小授权、权限分离"的原则进行划分，各岗位间的权限保持相互独立、相互制约、相互监督。数据库管理按照数据库安全有关规定执行。

第九十七条 建立健全信息系统安全防护体系和安全管理制度，加强应急预案管理和灾难恢复演练。针对信息系统数据集中、应用分散的特点，采取访问控制、病毒防范、入侵检测等基础安全防护措施。

第九十八条 社保经办机构可向参保单位提供网上申报、缴费、查询、下载等经办服务。网上经办业务包括：单位网上申报、单位网上查询；个人网上查询；网上支付；业务办理预约服务；投诉、建议及解答；个人权益记录打印等。通过互联网经办业务的，应当采取安全措施，确保数据安全。

第十四章 附 则

第九十九条 本规程由人力资源社会保障部负责解释。

第一百条 本规程从 2014 年 10 月 1 日起实施。

附件：1. 社会保险登记表（略）

2. 机关事业单位基本养老保险参保单位信息变更申报表（略）

3. 社会保险登记证验证表（略）

4. 机关事业单位工作人员基本信息表（略）

5. 机关事业单位基本养老保险参保人员信息变更表（略）

6. 机关事业单位基本养老保险参保人员业务申报表（略）

7. 机关事业单位基本养老保险工资总额申报表（略）

8. 机关事业单位基本养老保险费征缴通知单（略）

9. 机关事业单位基本养老保险参保人员养老保险待遇申领表（略）

10. 机关事业单位基本养老保险参保人员基本养老金计发表（略）

11. 机关事业单位基本养老保险参保人员一次性支付申报表（略）

12. 机关事业单位基本养老保险参保人员丧抚费核定表（略）

13. 机关事业单位基本养老保险个人账户一次性支付核定表（略）

人力资源社会保障部办公厅 2015 年 4 月 1 日印发

《人力资源社会保障部财政部关于印发〈在京中央国家机关事业单位工作人员养老保险制度改革实施办法〉的通知》

（人社部发〔2015〕112 号）

党中央各部门，国务院各部委、各直属机构，全国人大常委会办公厅、全国政协办公厅，最高人民法院，最高人民检察院，各民主党派中央，各人民团体：

现将《在京中央国家机关事业单位工作人员养老保险制度改革实施办法》印发给你们，请认真贯彻执行。

人力资源社会保障部　财政部
2015 年 12 月 21 日

在京中央国家机关事业单位工作人员养老保险制度改革实施办法

根据《国务院关于机关事业单位工作人员养老保险制度改革的决定》（国发〔2015〕2 号）、《国务院办公厅关于印发机关事业单位职业年金办法的通知》（国办发〔2015〕18 号）和《人力资源社会保障部、财政部关于贯彻落实〈国务院关于机关事业单位工作人员养老保险制度改革的决定〉的通知》（人社部发〔2015〕28 号）等规定，结合在京中央国家机关事业单位实际，制定本办法。

一、改革的目标和基本原则

（一）改革的目标。以邓小平理论、"三个代表"重要思想和科学发展观为指导，坚持全覆盖、保基本、多层次、可持续方针，以增强公平性、适应流动性、保证可持续性为重点，改革在京中央国家机关事业单位现行机关事业单位工作人员退休保障制度，逐步建立独立于机关事业单位之外、资金来源多渠道、保障方式多层次、管理服务社会化的养老保险体系。

（二）基本原则。在京中央国家机关事业单位实施机关事业单位养老保险制度改革应当坚持公平与效率相结合、权利与义务相对应、保障水平与经济发展水平相适应、改革前与改革后待遇水平相衔接、解决突出矛盾与保持可持续发展相促进的原则。

二、改革的范围

本办法适用于按照（参照）公务员法管理的在京中央国家机关（单位）、事业单位及其编制内的工作人员。具体是指法人注册地在北京，且执行在京中央国家机关规范津贴补贴和在京中央事业单位绩效工资政策的中央国家机关和事业单位编制内工作人员。

事业单位是指，根据《中共中央、国务院关于分类推进事业单位改革的指导意见》（中发〔2011〕5号）有关规定进行分类改革后的公益一类、二类事业单位。

对于目前划分为生产经营类，但尚未转企改制到位的事业单位，已参加北京市企业职工基本养老保险的仍继续参加；尚未参加的，暂参加在京中央国家机关事业单位基本养老保险，待其转企改制到位后，按有关规定纳入北京市企业职工基本养老保险范围。

对于目前尚未确定分类类型的事业单位，已参加北京市企业职工基本养老保险的仍继续参加；尚未参加的，暂参加在京中央国家机关事业单位基本养老保险，待其分类类型确定并改革到位后，纳入相应的养老保险制度。

要严格按照机关事业单位编制管理规定确定参保人员范围。编制外人员应依法参加企业职工基本养老保险。对于编制管理不规范的单位，要先按照有关规定进行清理规范，待明确工作人员身份后再纳入相应的养老保险制度。

三、基本养老保险基金筹集

实行社会统筹与个人账户相结合的基本养老保险制度。基本养老保险费由单位和个人共同负担。用人单位应当及时申报、按时足额缴纳养老保险费。单位缴纳基本养老保险费（以下简称单位缴费）的比例为本单位上年度工资总额的20%，计入社会统筹基金。个人缴纳基本养老保险费（以下简称个人缴费）的比例为本人上年度缴费工资的8%，由单位代扣。本单位工资总额为参加机关事业单位养老保险工作人员的个人缴费工资基数之和。

机关单位（含参公管理的单位）工作人员的个人缴费工资基数包括：本人上年度工资收入中的基本工资、国家统一的津贴补贴（警衔津贴、海关津贴等国家统一规定纳入原退休费计发基数的项目）、规范后的津贴补贴（地区附加津贴）、工改保留补贴、在京中央国家机关适当补贴、年终一次性奖金。

事业单位工作人员的个人缴费工资基数包括：本人上年度工资收入中的基本工资、国家统一的津贴补贴（国家统一规定纳入原退休费计发基数的项目）、工改保留补贴、绩效工资（限高线以下部分）。

其余项目暂不纳入个人缴费工资基数。

2014年10月1日至2014年12月31日的个人缴费基数按照2013年度本人工资收入中包含的个人缴费基数项目确定。2015年度及以后年度的个人缴费基数按上年度本人工资收入中包含的个人缴费基数项目确定。个人缴费工资基数超过北京市上年度职工平均工资300%以上的部分以及事业单位绩效工资超过限高线的部分，不计入个人缴费工资基数；低于北京市上年度职工平均工资60%

的，按北京市上年度职工平均工资的 60％计算个人缴费工资基数。

在京中央国家机关事业单位外派到国（境）外的工作人员，由原单位以其档案工资中包含的个人缴费基数项目并参照本单位同类人员的国内工资标准确定个人缴费基数。

四、基本养老保险个人账户

按本人缴费工资 8％的数额建立基本养老保险个人账户，全部由个人缴费形成。个人账户储存额只用于工作人员养老，不得提前支取，每年按照国家统一公布的记账利率计算利息，免征利息税。参保人员死亡的，个人账户余额可以依法继承。

基本养老保险个人账户记账利率按照国家统一规定执行。

五、基本养老金计发办法

（一）本办法实施后参加工作、个人缴费年限累计满 15 年的人员，退休后按月发给基本养老金。基本养老金由基础养老金和个人账户养老金组成。退休时的基础养老金月标准以北京市上年度在岗职工月平均工资和本人指数化月平均缴费工资的平均值为基数，缴费每满 1 年发给 1％。个人账户养老金月标准为个人账户储存额除以计发月数，计发月数根据本人退休时城镇人口平均预期寿命、本人退休年龄、利息等因素确定（详见附件）。

（二）本办法实施前参加工作、实施后退休且缴费年限（含视同缴费年限，下同）累计满 15 年的人员（以下简称"中人"），按照合理衔接、平稳过渡的原则，在发给基础养老金和个人账户养老金的基础上，再依据视同缴费年限长短发给过渡性养老金。"中人"具体过渡办法另行制定。

（三）对于改革前曾参加企业职工基本养老保险、改革后参加机关事业单位基本养老保险的工作人员，其参加企业职工基本养老保险的实际缴费年限应予确认，不认定为视同缴费年限，并与参加机关事业单位基本养老保险的实际缴费年限合并计算。其它情形视同缴费年限的认定，按照国家有关规定执行。在本人退休时，根据其实际缴费年限、视同缴费年限及对应的视同缴费指数等因素计发基本养老金。

（四）本办法实施后达到退休年龄但个人缴费年限累计不满 15 年的人员，其基本养老保险关系处理和基本养老金计发比照《实施〈中华人民共和国社会保险法〉若干规定》（人力资源社会保障部令第 13 号）执行。

（五）本办法实施前为编制内工作人员且已经退休的，继续按照国家规定的原待遇标准发放基本养老金，其纳入在京中央国家机关事业单位养老保险基金支付的项目为国家规定的基本退休费、退休人员补贴和其它国家统一规定的补贴（在京中央国家机关适当补贴、工改保留补贴以及教龄津贴、护龄津贴、特级教师津贴等按原标准 100％发给部分），同时执行基本养老金调整办法；其它项目（政府特殊津贴、提租补贴、取暖费、物业费等）仍从原渠道列支。本办法实施前为编制外工作人员且已经退休的，参加北京市企业职工养老保险并按规定领取养老待遇。

（六）机关事业单位离休人员按照国家统一规定发给离休费，并调整相关待遇。具体办法由人力资源社会保障部会同有关部门制定。

六、基本养老金调整

根据职工工资增长和物价变动等情况，国家统筹安排在京中央国家机关事业单位退休人员的基本养老金调整，逐步建立兼顾各类人员的养老保险待遇正常调整机制，分享经济社会发展成果，保障退休人员基本生活。

七、基金管理和监督

在京中央国家机关事业单位及其工作人员应按规定及时足额缴纳养老保险费。养老保险基金单独统筹，实行收支两条线，纳入社会保障基金财政专户，专款专用。依法加强基金监管，确保基金安全。

在京中央国家机关事业单位执行统一的机关事业单位基本养老保险制度和政策，统一基本养老保险缴费比例和缴费基数项目，统一基本养老金计发办法、统筹项目和标准以及基本养老金调整办法，统一编制和实施基本养老保险基金预算。按照国家统一制定的业务经办流程和信息管理系统建设要求，统一基本养老保险业务经办规程和管理制度，统一建设信息管理系统，实现集中管理数据资源。机关事业单位基本养老保险基金财务管理办法另行制定。

八、养老保险关系转移接续

参保人员在在京中央国家机关事业单位之间流动，只转移养老保险关系，不转移基金。参保人员跨统筹范围流动或在机关事业单位与企业之间流动，在转移养老保险关系的同时，基本养老保险个人账户储存额随同转移，并以本人改革后各年度实际缴费工资为基数，按 12％的总和转移统筹基金，参保缴费不足 1 年的，按实际缴费月数计算转移基金。转移后基本养老保险缴费年限（含视同缴费年限）、个人账户储存额累计计算。

九、职业年金制度

在京中央国家机关事业单位在参加基本养老保险的基础上，应当为其工作人员建立职业年金。单位按本单位工资总额的 8％缴费，个人按本人缴费工资基数的 4％缴费。工作人员退休后，按月领取职业年金待遇。在京中央国家机关事业单位的职业年金基金由人力资源社会保障部负责集中受托管理；中央国家机关所属京外单位的职业年金实行属地化管理。具体办法按照国办发〔2015〕18号文件执行。

十、其它政策

（一）改革前已经参加北京市企业职工养老保险、事业单位分类后划分为公益一类或二类的在京中央国家机关所属事业单位及其编制内的工作人员，参加在京中央国家机关事业单位养老保险。其中，在职人员可按规定将其养老保险关系转续至机关事业单位养老保险，退休时按照有关规定计发待遇；改革前已经退休的人员，继续按原有待遇标准发放养老金，同时执行基本养老金调整办法。

（二）参加在京中央国家机关事业单位养老保险的单位中的编制内劳动合同制工人，按规定参加在京中央国家机关事业单位养老保险。其中，已参加北京市企业职工养老保险的，在职人员按规定将其养老保险关系转续至机关事业单位养老保险，退休时按照有关规定计发待遇；改革前已经退休的人员，继续按原有待遇标准发放养老金，同时执行机关事业单位基本养老金调整办法。

（三）驻外外交人员随任配偶属在京中央国家机关事业单位编制内人员的，参加在京中央国家机关事业单位养老保险，具体办法按《关于加强驻外外交人员随任配偶保障工作的通知》（外发〔2006〕35号）执行。

（四）改革后获得省部级以上劳模、有重大贡献的高级专家等荣誉称号的在京中央国家机关事业单位工作人员，在职时给予一次性奖励，退休时不再提高基本退休费计发比例，奖励所需资金不得从养老保险基金中列支。对于改革前已获得此类荣誉称号的工作人员，本人退休时给予一次性退休补贴并支付给本人，资金从原渠道列支。一次性退休补贴标准由人力资源社会保障部会同相关部门根据平衡衔接的原则予以确定。符合原有加发退休费情况的其它人员，按照上述办法处理。

（五）曾有企业工作经历的中央国家机关事业单位工作人员，在企业工作期间应缴未缴养老保险费的，应按企业职工养老保险有关规定补缴后将养老保险关系转续至机关事业单位养老保险；未按规定补缴的，应缴未缴的工作年限作为中断缴费年限。

（六）改革后，按照国家有关政策和干部管理权限，经批准可适当延长退休年龄的工作人员，继续参保缴费。其中少数人员年满70岁时仍继续工作的，个人可以选择继续缴费，也可以选择不再继续缴费。待正式办理退休手续时，按规定计发养老待遇。

十一、养老保险经办能力建设

人力资源社会保障部社会保险事业管理中心负责在京中央国家机关事业单位养老保险参保登记、申报核定、保险费征收、养老保险关系转移、待遇核定和支付、稽核与内控等工作。要优化业务经办流程，建立健全管理制度，实现规范化、信息化和专业化管理，逐步提高在京中央国家机关事业单位社会保险社会化管理服务水平，实行基本养老金社会化发放，不断提高工作效率和服务质量。

在京中央国家机关事业单位工作人员养老保险信息系统由人力资源社会保障部统一规划建设、集中部署实施，并与中央编办、财政部等部门和相关商业银行的系统相衔接，实现业务协同和信息共享。由北京市发放全国统一的社会保障卡，支持养老保险业务管理和服务。利用互联网、移动终端、自助一体机等渠道，建设一体化的公共服务系统，为机关事业单位及工作人员提供便捷、高效、安全的服务。

十二、组织实施工作要求

机关事业单位养老保险制度改革，涉及在京中央国家机关事业单位工作人员的切身利益，是一项涉及面广、政策性强的工作。各部门要制定贯彻国发〔2015〕2号文件的工作方案，明确工作任务、分工和要求，并报人力资源社会保障部、财政部备案。要切实加强领导，精心组织实施，采取宣传、培训等方式向机关事业单位工作人员准确解读改革的目标和政策，让他们关心和支持改革工作，保证改革顺利实施。要结合本部门实际，认真排查风险点，制定应对预案，把工作做实做细，保持社会稳定。人力资源社会保障部、财政部负责对本办法的执行情况进行监督检查。

本办法自2014年10月1日起实施，已有规定与本办法不一致的，按本办法执行。

本办法由人力资源社会保障部、财政部负责解释。

附件：个人账户养老金计发月数表（略）

北京市养老保险行政法规

《关于机关、事业单位工资制度改革后离退休的人员
有关离退休待遇问题的通知》

（京国工改〔1994〕第10号）

各区、县人民政府，市委、市政府各部、委、办、局、总公司，市属各高等院校：

机关、事业单位工作人员按国务院国发〔1993〕79号文件。和国务院办公

厅国办发〔1993〕85 号文件工资制度改，改革后办理离退休手续的人员，其离退休待遇除按上述文件规定计算离退休费外，根据人事部人薪发〔1994〕3 号文件《关于机关、事业单位工资制度改革实施中若干问题的规定》和我市的具体情况，现作如下补充：

一、离退休费计算基数

1. 工作人员（含工人）在两个考核年度内，凡超过一个考核年度后达到离退休年龄，且离退休的，在办理离退休手续时，可先晋升一档职务工资（机关工人为岗位工资，事业单位工人为等级工资），并以升档后的工资及有关规定计算离退休费。自收自支事业单位工作人员（含工人）离退休时是否晋升一档工资，由单位自选研究决定。

2. 自收自支事业单位工作人员（含工人）离退休时，其离退休费的计算基数，可暂时按人事部答复参照差额拨款事业单位的办法执行（即：按固定部分占 60%，活的部分占 40% 计算）。

二、退休费的比例

1. 机关实行职级工资制的工作人员，退休时工作年限满 10 年不满 20 年的，其基本工资中基础工资和工龄工资全额发给，职务工资和级别工资按 60% 计发；工作年限不满 10 年的，基础工资和工龄工资按全额发给；职务工资和级别工资按 40% 计发。

事业单位工作人员（含工人）和机关工人，工作年限满 10 年不满 20 年退休的，其退休费按本人基本工资（固定部分与活的部分之和）的 70% 计发；工作年限不满 10 年退职的，其退职生活费按本人基本工资（固定部分与活的部分之和）的 50% 计发。

2. 全国和省（市）部级劳动模范、部队军以上单位授予称号的战斗英雄、有特殊贡献的老专家和长期在西藏地区工作的人员退休时，仍可执行国发〔1978〕104 号、国发〔1983〕141 号及其有关文件，以及国办发〔1982〕36 号等文件的规定，提高退休费标准，但最高不能超过本人在职时的基本工资额。

3. 符合国发〔1986〕26 号、中办厅字〔1985〕67 号、厅字〔1985〕340 号、劳人薪〔1985〕22 号文件规定条件的老专家和起义人员退休时，其退休费仍可按本人基本工资的 100% 计发。

4. 符合市人事局、教育局京人工〔1987〕第 32 号文件印发的《关于对从事普教工作满 30 年的教育工作者在退休后给予奖励的实施办法》及补充文件规定条件范围以内的人员，其退休费可按本人基本工资（含提高工资标准 10% 部分）的 100% 计发。

5. 建设征地吸收的农民转为正式工人，凡达到退休年龄时，工龄不符合退休条件的，原则上按市劳动局〔79〕市劳险字第173号文件规定办理，即：不明确是退休，可按月发给本人基本工资百分之七十的生活费，动员回家养老。其它待遇可参照退休办法中的有关规定执行。

三、其它

1. 1993年10月1日机关、事业单位　工作人员工资制度改革后办理离退休手续的人员，在地区附加津贴出台前，其离退休待遇，除按国务院国发〔1993〕79号、国务院办公厅国办发〔1993〕85号文件规定的基数和百分比计算离退休费外，其在职时其它收入部分，暂按以下办法处理：①机关工作人员（含工人）书报费、洗理费未冲销的部分和工资包干结余奖可全额发给；目标管理岗位责任任制奖、经费包干奖和与政府签定的承包责任制奖金，按平均数发给；补偿职工特殊或额外劳动消耗的津贴、保健性津贴、交通补助、饭费补助等不再发给。离休干部享受按规定标准发给的用车定费包干费。②事业单位参照上述精神办理。待地区附加津贴等政策出台后，再改按地区附加津贴等政策的有关规定执行。

2. 离退休费尾数不足1元的，按1元计发。

3.《北京市机关、事业单位干部离职休养审批表》式样附后《北京市机关、事业单位工作人员退休审批表》已统一负责制。

1994年4月

《北京市人事局 北京市财政局关于适当解决机关事业单位1993年工资制度改革前退休人员收入偏低问题的通知》

（京人退〔1995〕583号）

各区、县人民政府，市政府各委、办、局、总公司，市属各高等院校：

机关事业单位1993年10月1日工资制度改革后退休的人员，其退休待遇按京国工改〔1994〕第10号文件规定执行后，此次工资制度改革前退休的人员收入显得偏低。经市委、市政府研究决定，对这部分退休人员给予适当补贴，现通知如下：

一、机关1993年9月30日前退休的人员，每人每月发给补贴40元（按国发〔1978〕104号文件退职的，每人每月发给补贴20元）。事业单位参照办理。

按京人退〔1995〕469号文件第三、四条规定增加退休费的高级专家、两航起义人员和建国前参加革命工作的老工人不再发给此项补贴。

二、补贴从1995年元月起执行。

三、此通知下发之前死亡的，补贴补发到死亡之月。

四、发放补贴所需资金，按现行财政管理体制和拨款渠道由各单位自行调剂解决。

五、此项补贴，待"地区附加津贴"政策出台时，与工资改革后退休人员享受的原工资外收入部分作相同处理。

《关于贯彻实施〈北京市企业城镇劳动者养老保险规定〉有关问题的通知》

（京劳险发〔1996〕87号）

各区、县劳动局，市属各局、总公司劳动处，各计划单列企业：

为更好的贯彻实施《北京市企业城镇劳动者养老保险规定》（北京市政府1996年第1号令），现将《关于实施〈北京市企业城镇劳动者养老保险规定〉有关问题的处理办法》和《关于建立企业城镇劳动者基本养老保险个人账户办法》发给你们，请遵照执行。

附件：1. 关于实施《北京市企业城镇劳动者养老保险规定》有关问题的处理办法
2. 关于建立企业城镇劳动者基本养老保险个人账户办法

附件1

关于实施《北京市企业城镇劳动者养老保险规定》有关问题的处理办法

一、《北京市企业城镇劳动者养老保险规定》（以下简称《规定》）第二条关于适用范围中的"城镇劳动者"是指本市城镇劳动者。经国务院批准实行行业统筹的部门是指：铁道部、邮电部、电力部、中国建筑工程总公司、水利部、交通部、煤炭部、中国石油天然气总公司、中国有色金属工业总公司、中国人民银行（含人民银行、工商银行、农业银行、中国银行、建设银行、交通银行、人民保险公司）和民航总局。

二、基本养老保险费缴费年限，按照《规定》第三十三条第一款执行。企业和被保险人均缴纳基本养老保险费后才能计算缴费年限。企业未按规定缴纳基本养老保险费的，个人缴纳的部分计入个人账户，但不计算缴费年限。

三、用人单位和被保险人在缴纳基本养老保险费时，无法确定上一年工资总额的，以上一年本市职工月平均工资为基数按规定的比例缴纳基本养老保险费。

四、个体工商户和与之形成劳动关系的城镇劳动者，男年满 60 岁、女年满50 岁，不再缴纳基本养老保险费。

五、已参加本市养老保险统筹的支持乡镇企业科技人员、技术工人，改按《规定》的标准缴纳基本养老保险费。

六、由机关、事业单位调入企业工作的劳动者，自行政人事关系转入企业后缴纳基本养老保险费，其在机关、事业单位工作的时间视同缴费年限。

七、1996 年 1 月 1 日至 1996 年 3 月 31 日期间已办理离、退休手续的人员，在按京劳险发字〔l994〕477 号文件计发基本养老金时，放开封顶线。

八、按月领取基本养老金的人员，在被判刑、劳动教养期间停发基本养老金，不享受基本养老保险金正常调整制度。刑满释放及解除劳动教养后，按原标准恢复发放基本养老金。

九、被保险人符合国家规定的退休条件时，没有工作单位，持本人身份证及有关养老保险缴费证明到本人户口所在地的区县劳动行政部门办理退休审批手续，并到指定的社会保险经办机构领取基本养老金。

十、《规定》第三十二条中关于"国家规定的退休条件"是指按国务院国发〔1978〕104 号文件所规定的退休条件。

十一、缴费年限不满 10 年的占地农转工人员，在计算基本养老金时，其第一部分按照上一年本市职工月平均工资的 20％计发，其它部分按《规定》执行。

十二、北京市 1995 年全市职工平均工资为 8144 元。

十三、《规定》所附"指数化月平均缴费工资"计算公式中，缴费年限（N）是指实际缴费年限（计算时保留一位小数）；缴费工资（$X1$，$X2$，$X3$，…，n）是指企业和被保险人均足额缴纳基本养老保险费后，记载于个人账户和《职工养老保险手册》中的缴费工资；n 算至 1992 年；式中 S 与 $C1/C1$、$C1/C2$、$C1/C3$、…、$C1/Cn$ 保留两位小数。

十四、本办法自 1996 年 4 月 1 日起执行。

附件 2

关于建立企业城镇劳动者基本养老保险个人账户办法

第一条 北京市社会保险经办机构按照《北京市企业城镇劳动者养老保险规定》要求，为每个参加基本养老保险的被保险人（以下简称被保险人），建立基本养老保险个人账户。

个人账户号码，按照国家技术监督局发布的社会保障号码（国家标准 GB 11643—89）确定。

第二条 1992 年 10 月 1 日至 1996 年 3 月 31 日期间，被保险人按照本市职工个人缴纳基本养老保险费有关规定缴纳的基本养老保险费，经社会保险经办机构核准后转入个人账户。在此期间退休（退职）或死亡的人员，其个人实际缴纳的基本养老保险费，经社会保险经办机构审核后，给予一次性返还。

第三条 被保险人在缴纳基本养老保险费期间个人账户中的储存额，每年按同期居民一年期银行定期储蓄存款利率计息；当年存入个人账户的金额按照同期居民活期银行储蓄存款利率计息。

第四条 社会保险经办机构对被保险人基本养老保险个人账户中的储存额每年结算一次，并于每年 4 月以后向被保险人出具个人账户结算单。

第五条 被保险人在养老期间，个人账户中的储存额支付完时，由统筹基金继续按原标准支付，直至被保险人死亡。

第六条 被保险人中断个人缴纳基本养老保险费，个人账户仍予保留，储存额按规定标准计息，继续缴纳基本养老保险费后，个人账户中的储存额累计计算。

第七条 被保险人在本市流动时，只办理养老保险关系的转移，养老保险基金不转移；

被保险人跨省、市（含行业统筹）流动时，转移养老保险关系，其个人账户中个人缴费部分本息随同转移。

具体转移办法由市社会保险基金管理中心制定。

第八条 本办法自 1996 年 4 月 1 日起执行。

《北京市人事局〈关于在北京市事业单位进行养老保险制度改革试点的暂行办法〉》

（京人发〔1997〕45 号）

各区、县人事局，市属各局、总公司人事处：

经研究，决定在北京市事业单位和机关工勤人员中进行养老保险制度改革试点工作，现制定本暂行办法。

一、人员范围

经批准参加事业单位养老保险制度改革试点的单位中的固定职工、合同制职工、临时工、已离、退休（含退职）人员和机关在职工勤人员。

二、享受养老保险待遇的条件

工作人员，按规定缴纳养老保险费（本暂行规定实施前的连续工龄视同缴费年限），且符合下列条件之一的，应该办理退休手续。

1. 男年满 60 周岁，女年满 55 周岁（工勤人员年满 50 周岁），缴费年限满 10 年的；

2. 男年满 50 周岁，女年满 45 周岁，缴费年限满 10 年，因病或非因公（工）致残，由事业单位养老保险行政管理机构专家组鉴定，证明完全丧失工作能力的；

3. 因公（工）致残，由事业单位养老保险行政管理机构指定医院检查，并经事业单位养老保险行政管理机构专家组鉴定，证明完全丧失工作能力的；

4. 按国家有关政策，符合退休规定的。

三、养老保险基金的筹集与计算基数

1. 养老保险费的筹集

基本养老保险是强制性保险，养老保险基金由国家、单位和个人共同合理负担。

（1）筹集标准。

被保险人所在单位以上月在职职工工资总额为计算基数，按 17% 的比例缴纳养老保险费。单位缴纳的养老保险费税前列支。

被保险人以本人上月工资总额为计算基数，按 3% 的比例缴纳养老保险费，由所在单位从本人工资中扣缴。个人缴纳的养老保险费免征个人所得税。

（2）筹集办法。

被保险人所在单位每月 10 日前将单位和个人缴费足额按时向机关事业单位社会保险经办机构缴纳。对未经批准欠费不缴的单位，机关事业单位社会保险经办机构按日加收欠费额 2‰ 的滞纳金，滞纳金并入养老保险基金。

2. 养老保险费的计算基数

工资总额是单位和个人缴纳养老保险费的计算基数。工资总额的统计范围为国家统计局 1990 年 1 号令《关于工资总额的组成的规定》和北京市统计局对劳动工资统计指标的有关规定。遇有下列情况按以下计算基数缴纳养老保险费。

（1）被保险人所在单位平均工资总额（不含增资补发，下同）高于本市事业单位上一年月平均工资总额 200% 以上的部分，不作为缴纳养老保险费的基数。

（2）被保险人本人上月工资总额低于上一年本市事业单位职工月平均工资总额 60% 的，以上一年本市事业单位职工月平均工资总额的 60% 作基数缴纳养老保险费；被保险人本人上月工资总额高于上一年本市事业单位职工月平均工资总额 200％以上的部分，不作为个人缴纳养老保险费的计算基数。

（3）职工增资补发工资时，应在补发工资的当月以补发工资总额为计算基数，补交养老保险费。

（4）新参加工作的职工（含各类学校毕业生），从参加工作的次月起缴纳养老保险费，其缴费基数按参加工作次月（全月）工资总额计算。

（5）机关事业单位职工失业后，重新参加工作的，从参加工作的次月起缴费，其缴费基数按重新参加工作的次月（全月）工资总额计算。

（6）部队转业、复员、退伍军人分配到事业单位工作的，从起薪之月起缴费，缴费基数按起薪当月工资总额计算。

（7）对于单位办理提前离岗手续、病假超过 6 个月的职工，缴费基数按停止工作前一年的月平均工资总额计算。

（8）凡具有本市城镇户口、持有待业证且在事业单位工作满 1 个月，并列入劳动工资报表统计范围的临时工，应由所在单位为其建立养老保险账户。不论实行月工资、日工资，均按月工资收入作为缴费计算基数。

四、养老金的拨付

1. 拨付养老保险金的项目

（1）按照国家和本市有关规定计发的基本退休费；

（2）按照国家和本市规定发给退休职工的物价补贴；

（3）按照国家和本市规定发给退休职工的生活补贴；

（4）按本市统一标准发给退休职工的书报费和洗理费。

根据京国工改〔1994〕10 号文件规定发给退休人员的奖金和京人退〔1995〕583 号文件规定发给退休人员的生活补贴是考虑在职职工建立地区附加津贴而设立的，待地区附加津贴出台再予以冲销。由于地区附加津贴尚未建立，因此上述文件规定的项目暂不列入养老保险机构的拨付项目，由被保险人所在单位继续发给。待国家关于地区附加津贴政策出台后，在规范有关政策和发放标准的基础上，再纳入养老保险机构拨付项目。

退休职工的丧葬费、抚恤费和遗属困难补助的发放，仍按原有文件规定执行。

2. 社会保险经办机构每月 25 日前，按照上述养老金支付项目，向被保险人所在单位足额拨付养老金。

五、个人账户

1. 社会保险经办机构为参加事业单位养老保险的职工建立个人账户，并统一设置终身不变的个人账户号码（身份证编号）。社会保险经办机构对职工个人账户的储存额每年结算一次，并向被保险人出具养老保险个人账户结算单。

2. 个人账户记录项目

（1）个人缴纳的养老保险费。

（2）单位缴费中以被保险人本人月工资总额为计算基数的计提1％。

（3）单位全部被保险人月平均缴费工资基数高于本市事业单位上一年月平均工资150％（含150％）至200％（含200％）的部分，单位以此为基数缴纳的养老保险费的30％，平均计入单位被保险人个人账户。

（4）计入个人账户储存额的利息。利息按银行居民一年期零存整取利率计算。

六、养老金的给付与调节

1. 给付办法

事业单位养老保险制度改革初期，现执行的退休人员养老金给付办法暂不变。即：仍按国办发〔1993〕85号文件规定的职工退休费计发办法执行。待国家对事业单位工作人员养老金给付办法的改革方案出台后，再根据国家对养老金给付办法的改革方案，研究我市事业单位与个人账户挂钩的养老金给付改革办法。在给付办法改革前退休的工作人员，社会保险经办机构将把其个人账户中的储存额（含利息）一次性发给本人。

2. 调节办法

退休人员养老金的调节，根据市委、市政府批准建立的机关事业单位退休人员养老金调节机制，每年7月进行。调节幅度由市人事局会同市财政局根据市统计局公布的上年居民消费价格指数、在职职工平均工资水平及财政状况提出意见，报市政府批准后执行。

七、养老保险基金的管理

1. 事业单位社会保险基金实行全市统一管理的体制。保险基金应由社会保险经办机构在市财政局指定的银行设立专户进行管理，专款专用，不得提取管理费。保险基金接受审计、财政等部门及社会的监督。

2. 养老保险基金纳入国家财政预算管理。养老保险基金的使用要坚持收支平衡、略有结余的原则，收入金额缴入同级财政专户，支出按计划和规定用途专款专用，不得用于平衡财政预算。结余的基金要按国家的规定实现保值、增值。

八、其它有关政策

1. 事业单位养老保险制度改革后，工作人员因公（工）或因病丧失工作能力，所在单位按管理权限办理提前退休手续前，须将有关材料报社会保险行政管理机构复核。

2. 对于到达退休年龄未办理退休手续的人员，从其应办理退休手续的次月起停止缴费；对按干部管理权限批准延长退休年龄的人员，可继续缴费。

3. 工作人员失业或因其它原因中断个人缴费时，个人账户暂时封存，待重新就业或继续个人缴费时凭有关证明启封，并从启封当月起缴纳养老保险费。缴费年限前后合并计算。

4. 工作人员调往可以办理个人账户转移手续的单位，由社会保险经办机构将该工作人员个人账户中的个人缴费部分（含利息，下同），划转到其调入单位；调往无法办理个人账户转移手续的单位，个人账户暂时封存，待可以办理转移手续时启封，并将个人缴费部分划转到其调入单位。

5. 工作人员由已经实行养老保险制度改革的单位调入事业单位并同时划转了个人账户中个人缴费部分的，从其在调入单位起薪、缴费之月起改建事业单位养老保险个人账户，缴费年限连续计算。对由未进行养老保险制度改革的单位调入事业单位或不能划转个人账户中个人缴费部分的工作人员，从本暂行规定实施之月起补建个人账户，并补缴个人的养老保险费。个人账户中的单位缴费部分从调入人员起薪之月起开始记录。

6. 工作人员死亡后，其个人账户中的余额（含利息），由其指定的受益人或法定继承人继承。

九、本暂行办法由市人事局负责解释。

一九九七年四月二十三日

《北京市企业城镇劳动者养老保险规定》

（北京市人民政府令 1998 年第 2 号）

《北京市企业城镇劳动者养老保险规定》已经 1998 年 4 月 2 日市人民政府第 2 次常务会议通过，现予发布，自 1998 年 7 月 1 日起施行。

市长贾庆林

一九九八年四月六日

北京市企业城镇劳动者养老保险规定

第一章 总 则

第一条 为了保障劳动者退休后的基本生活，根据《中华人民共和国劳动法》及国家有关规定，结合本市实际情况，制定本规定。

第二条　本市行政区域内的企业和与之形成劳动关系的城镇劳动者（以下称被保险人），适用本规定。

经国务院批准，由国务院有关部门和单位直接组织养老保险费用统筹的企业，按照国家的统一部署，参加本市的养老保险。

第三条　本规定所称养老保险，是指依法由本市社会保险行政主管部门负责组织和管理，由企业和被保险人共同承担养老保险费缴纳义务，被保险人退休后依法享受养老保险待遇的基本养老保险制度。基本养老保险以保障离退休人员的基本生活为原则。

基本养老保险实行社会统筹和个人账户相结合，并逐步加大个人账户的比重。

第四条　本市养老保险制度改革的目标是逐步建立多层次的养老保险体系。除本规定规定的基本养老保险外，鼓励企业建立补充养老保险，提倡劳动者参加个人储蓄养老保险。

第五条　企业职工养老保险要贯彻社会互济与自我保障相结合、公平与效率相结合、行政管理与基金管理分开的原则，保障水平要与我市社会生产力发展水平及各方面承受能力相适应。

第六条　提高社会保险管理服务的社会化水平，积极创造条件将退休人员的管理服务工作逐步由企业转向社会。

第七条　被保险人应当按照规定履行缴纳基本养老保险费的义务。

被保险人享有下列养老保险权利：

（一）按照规定领取基本养老金和享受养老保险其它待遇；

（二）查询与本人有关的养老保险缴费记录；

（三）要求提供有关养老保险政策咨询及其它服务；

（四）就与本人有关的养老保险争议依法申请仲裁、行政复议或者提起诉讼；

（五）监督社会保险经办机构的养老保险工作；

（六）监督企业的缴费情况。

第八条　企业应当按照规定参加基本养老保险，为被保险人办理养老保险手续，履行缴纳基本养老保险费的义务。

参加养老保险的企业享有下列权利：

（一）向社会保险经办机构查验本单位养老保险缴费记录；

（二）要求提供有关养老保险的政策咨询；

（三）就与本单位有关的养老保险争议依法申请仲裁、行政复议或者提起诉讼；

（四）监督社会保险经办机构的养老保险工作。

第二章 组织管理与监督

第九条 本市实行社会保险行政管理与基金管理分开、执行机构与监督机构分设的管理体制。

第十条 市社会保险行政主管部门负责企业城镇劳动者养老保险工作的组织、管理、监督和指导。其职责是：

（一）组织实施养老保险制度；

（二）研究制订养老保险的政策和发展规划；

（三）监督养老保险费的缴纳、养老金的支付和养老保险基金的运营；

（四）指导社会保险经办机构的业务工作。

区、县社会保险行政主管部门负责本行政区域内企业城镇劳动者养老保险工作的具体实施。

第十一条 社会保险经办机构负责经办养老保险事务。其职责是：

（一）依法收缴养老保险费，督促企业和被保险人按时足额缴纳养老保险费；

（二）建立健全被保险人养老保险档案和个人账户，依法保障养老保险档案的安全与完整；

（三）依法支付被保险人的基本养老金和其它养老保险待遇；

（四）办理被保险人养老保险关系及个人账户的接转手续；

（五）按时编制养老保险基金的预、决算草案，编报会计、统计报表；

（六）依法运营养老保险基金，确保基金安全增值；

（七）向企业和被保险人提供有关养老保险的咨询、查询服务；

（八）组织推动对退休人员的社会化管理服务工作；

（九）国家和本市规定的其它职责。

第十二条 市社会保险监督机构由政府代表、企业代表、工会代表和退休人员代表组成，负责审核社会保险各项基金的年度收支计划，监督社会保险政策、法规的执行和社会保险基金的管理工作。

第十三条 社会保险经办机构应当定期向市社会保险监督机构提供下列情况：

（一）执行养老保险法律、法规、规章的情况；

（二）社会保险经办机构内部制度建设的情况；

（三）养老保险基金的收支情况；

（四）养老保险基金的运营情况；

（五）基本养老金和其它养老保险待遇的支付情况。

前款（三）、（四）、（五）项的基本情况，市社会保险监督机构审查核实后，向社会公布。

第十四条 市社会保险监督机构有权对社会保险经办机构的工作提出改进意见。

对社会保险经办机构及其工作人员的违法行为，市社会保险监督机构应当提交有关部门依法处理。

第十五条 财政部门应当根据国家有关规定加强对养老保险基金的财务管理和监督。

第十六条 审计部门应当定期对社会保险经办机构管理的养老保险基金和其它财务收支情况进行审计，并对其内部审计工作予以指导和监督，依法处理其违法行为。

社会保险经办机构应当设立内部审计机构或者专职审计人员，健全内部审计制度。

第十七条 社会保险行政主管部门应当对社会保险经办机构经办的养老保险事务实施业务监督，对企业和被保险人遵守本规定的情况进行监督检查，对违反本规定的行为应当及时查处和纠正。

第十八条 企业和被保险人有权对社会保险经办机构及其工作人员违反法律、法规和本规定行为进行举报。

对在养老保险申报、缴费、享受待遇等方面的隐瞒、欺诈行为，任何单位和个人都可以举报。

第三章　基本养老保险费

第十九条 基本养老保险费由企业和被保险人共同缴纳。企业和被保险人应当按时足额缴纳基本养老保险费。

第二十条 被保险人以本人上一年月平均工资为缴费工资基数，按一定比例缴纳基本养老保险费。1998 年被保险人缴费比例为 5％，自 1999 年 1 月起提高到 6％，以后每两年提高 1 个百分点，最终达到 8％。

被保险人本人月平均工资低于上一年本市职工最低工资标准的，以上一年本市职工月最低工资标准为基数缴纳基本养老保险费。

被保险人本人月平均工资高于上一年本市职工月平均工资 300％以上的部分，不缴纳基本养老保险费，也不作为计发基本养老金的基数。

被保险人无法确定本人上一年月平均工资的，以上一年本市职工月平均工资为基数缴纳基本养老保险费。

第二十一条 企业按全部被保险人缴费工资基数之和的19％缴纳基本养老保险费，在税前列支。

第二十二条 企业基本养老保险费收缴标准应当保持相对稳定，确实需要调整时，缴费比例由市社会保险行政主管部门会同有关部门提出，报市人民政府批准。缴费比例确需超过20％时，按规定报国家有关部门审批。

第二十三条 企业有下列情况之一，可以向社会保险经办机构提出缓缴基本养老保险费的申请：

（一）企业生产经营发生严重困难或者处于停产、半停产状态，不能正常支付被保险人工资的；

（二）企业濒临破产，在法定整顿期间的。

申请缓缴基本养老保险费，应当提供有效的财务状况证明，经社会保险经办机构调查核实后，报市社会保险行政主管部门批准。

第二十四条 企业应缴纳的基本养老保险费，由社会保险经办机构委托企业的开户银行以"委托银行收款（无付款期）"结算方式按月扣缴。

被保险人应缴纳的基本养老保险费，由企业在发放工资时代为扣缴。

第二十五条 企业及被保险人缴纳的基本养老保险费，全部转入市社会保险经办机构在银行开设的"养老保险基金专户"

第二十六条 凡属于本规定第二条规定范围的企业，均应当向指定的社会保险经办机构办理企业和被保险人的养老保险登记手续；新建立的企业应在办理工商登记注册手续后三十日内办理养老保险登记手续。

企业发生分立、合并、破产或者被撤销、解散时，应当及时告知社会保险经办机构，并在三十日内办理养老保险变更登记或者注销登记手续。

第二十七条 养老保险实行缴费记录制度。缴费记录应当对企业和被保险人的缴费作连续记载，缴费记录同时在企业和社会保险经办机构备存。

企业与被保险人劳动关系终止后，由企业提出终止养老保险关系，社会保险经办机构核实后，负责保存被保险人缴费记录。

被保险人在其它企业或其它地区重新就业后，由社会保险经办机构接转其缴费记录。

第四章　基本养老保险个人账户

第二十八条 本市实行统一的社会保障号码制度，被保险人社会保障号码终身不变。

第二十九条 社会保险经办机构应当为被保险人按社会保障号码建立基本

养老保险个人账户（以下简称个人账户）。

第三十条　被保险人个人账户按被保险人缴费工资基数的11％建立。被保险人个人账户包括：

（一）被保险人个人缴纳的基本养老保险费全部记入个人账户；

（二）企业缴纳基本养老保险费中按被保险人个人缴费工资基数一定比例划入的部分。本规定实施后企业缴费部分按6％的比例划入，自1999年1月起按5％划入，以后每两年降低1个百分点，最终降至3％；

（三）个人账户储存额的利息。

第三十一条　本规定实施前已按有关规定建立的基本养老保险个人账户储存额与实施后个人账户储存额合并计算。

第三十二条　被保险人个人账户储存额，每年参考银行同期居民存款利率计算利息。

个人账户中个人缴费部分与企业划入部分分别计息。

第三十三条　被保险人个人账户储存额只用于职工养老，不得提前支取。被保险人在职或者退休后死亡，个人账户余额中的个人缴费部分及其利息，可以继承，其余部分并入养老保险基金。

第三十四条　被保险人在本规定实施的统筹范围内流动时，只转移养老保险关系，不转移养老保险基金。被保险人跨统筹范围流动时，个人账户全部随同转移，具体办法按国家和本市有关规定办理。

第三十五条　被保险人流动、退休或者死亡时，凭社会保险经办机构开具的缴纳基本养老保险费凭证办理转移、清算、终止养老保险关系等手续。

第五章　基本养老保险待遇

第三十六条　按本规定参加基本养老保险的被保险人，经社会保险行政主管部门审核，符合下列条件的，可按月领取基本养老金：

（一）符合国家规定的退休条件并办理退休手续；

（二）本规定实施后参加工作，缴纳基本养老保险费累计满15年以上；本规定实施前参加工作，缴纳基本养老保险费累计满10年以上。

第三十七条　被保险人缴费年限按企业和被保险人缴纳基本养老保险费的时间累计计算。

本市实行个人缴纳基本养老保险费前，按国家规定计算的连续工龄视同缴费年限，计发基本养老金时合并计算。

第三十八条　本规定实施前已离退休的人员，仍按本市原规定的标准发放基本养老金，同时执行基本养老金正常调整办法。

第三十九条　本规定实施后参加工作的被保险人，个人缴费年限累计满 15 年的，退休后按月领取基本养老金。基本养老金由基础养老金和个人账户养老金组成。基础养老金月标准为：上一年本市职工月平均工资的 20%；个人账户养老金月标准为：本人账户储存额的一百二十分之一。

个人缴费年限不满 15 年的（占地农转工人员除外），退休后不享受按月领取基本养老金待遇，其个人账户储存额一次支付给本人。

第四十条　本规定实施前参加工作，实施后退休且个人缴费年限累计满 10 年的被保险人，退休后按月领取基本养老金。基本养老金由四部分组成：

（一）基础养老金：缴费年限满 15 年及以上的被保险人，按上一年本市职工月平均工资的 20% 计发；

缴费年限满 10 年不满 15 年的被保险人，其缴费年限满 10 年的，按上一年本市职工月平均工资的 15% 计发，在此基础上缴费年限每增加 1 年，增加 1%；

（二）个人账户养老金：按被保险人个人账户储存额的一百二十分之一计发；

（三）过渡性养老金：以被保险人 1992 年至 1997 年本人指数化月平均缴费工资为基数，按本规定实施前的缴费年限（含视同缴费年限）每满 1 年乘以 1%，被保险人退休时再乘以退休上一年本市职工平均工资与 1997 年本市职工平均工资的比值；

（四）综合性补贴：按本市现有规定发放的各项价格补贴、生活补贴及过渡性补贴。

第四十一条　本规定实施前参加工作、实施后退休且缴费年限不满 10 年的人员（占地农转工人员除外），退休后不享受按月领取基本养老金待遇，其个人账户储存额一次支付给本人，同时给予一次性养老补偿金。

第四十二条　基本养老金的最低标准由市社会保险行政主管部门会同有关部门提出，报市人民政府批准。按规定领取的基本养老金低于最低标准的，按最低标准发给。

基本养老金的最低标准，随经济发展和本市居民消费价格指数变动的情况适时调整。

第四十三条　符合本规定第三十六条规定，按月领取基本养老金的退休人员去世后，享受国家规定的丧葬补助费、供养直系亲属救济费。

第四十四条　基本养老金实行正常调整制度。市社会保险行政主管部门根据上一年本市职工平均工资增长率的一定比例，会同有关部门提出调整意见，报市人民政府批准后执行。当年离退休人员的基本养老金自下一年度起调整。上一年度本市职工平均工资出现负增长时，不作调整。

调整年度内，国家规定给离退休人员增发补贴或者提高离退休待遇，高于调整金额的，按国家规定发给；低于调整金额的，按调整金额发给。

第四十五条　退休人员的基本养老金由社会保险经办机构发放或者委托代发。

第六章　养老保险基金的管理

第四十六条　养老保险基金按照"以支定收，略有结余，留有部分积累"的原则筹集。

第四十七条　养老保险基金由下列部分构成：

（一）企业和被保险人缴纳的基本养老保险费；

（二）养老保险基金存入银行的利息及运营收益；

（三）滞纳金；

（四）各种捐赠；

（五）政府拨给的资金；

（六）其它可以并入养老保险基金的收入。

第四十八条　养老保险基金按照下列项目支出：

（一）支付被保险人的基本养老金；

（二）支付纳入社会统筹范围的被保险人的其它养老保险待遇；

（三）符合市政府规定的其它支出。

基本养老保险基金不敷支出时，由政府拨补。

第四十九条　基本养老保险基金逐步实行全额收缴、全额拨付的办法。

第五十条　基本养老保险基金全部纳入社会保险基金财政专户，实行收支两条线管理。基本养老保险基金要专项管理、专款专用。任何部门、单位均不得挤占、挪用，也不得用于平衡财政预算。基本养老保险基金及其所得收益不计征税、费。具体办法按国家有关规定执行。

第五十一条　建立健全养老保险基金的预、决算管理和财务、会计制度。

第七章　法　律　责　任

第五十二条　企业违反本规定，不按期缴纳、拒缴、漏缴或者少缴基本养老保险费的，由社会保险经办机构限期催缴，并从逾期之日起，按日加收欠缴金额2‰的滞纳金。滞纳金并入养老保险基金。

企业违反本规定不参加基本养老保险或者由于第一款的原因给被保险人造成损失的，被保险人有权要求企业补交基本养老保险费或者赔偿损失。

第五十三条　以欺诈手段多领、冒领基本养老金的，社会保险经办机构应当追回其全部违法所得；构成犯罪的，提请司法机关依法追究刑事责任。

第五十四条 社会保险经办机构及其工作人员有下列行为之一的，社会保险行政主管部门应当责令其改正，并对主管人员和直接责任人给予行政处分，构成犯罪的，依法追究刑事责任：

（一）不按规定办理企业和被保险人的养老保险手续的；

（二）不按规定将基本养老保险费转入基金专户的；

（三）挪用养老保险基金的；

（四）擅自调整企业和被保险人缴纳基本养老保险费标准的；

（五）不按规定发放退休人员基本养老金的；

（六）违反养老保险基金运营规定，造成基金损失的；

（七）利用经办养老保险事务之便，为本单位或者本人谋取非法利益的；

（八）其它违反法律、法规和有关规定的行为。

第五十五条 对妨碍社会保险工作人员依法行使职权，致使社会保险工作不能正常进行，违反《治安管理处罚条例》的由公安机关按照治安管理规定给予处罚；情节严重、构成犯罪的，依法追究刑事责任。

第八章　附　　则

第五十六条 个体工商户和与之形成劳动关系的城镇劳动者，参照本规定执行。

第五十七条 实行企业化管理的事业单位，原则上按照企业养老保险制度执行。具体办法按国家有关规定办理。

第五十八条 本规定执行中的具体问题，由市社会保险行政主管部门负责解释。

第五十九条 本规定自 1998 年 7 月 1 日起施行。1996 年 3 月 12 日市人民政府发布的《北京市企业城镇劳动者养老保险规定》同时废止。

附：

过渡性养老金（G）按如下公式计算：

$G = (S \times N \times 1\%) \times (C0/C1)$。

式中：$S = [C1/C1 \times X1 + C1/C2 \times X2 + C1/C3 \times X3 + C1/C4 \times X4 + C1/C5 \times X5 + C1/C6 \times X6] \div (12 \times n)$

n：1992—1997 年应缴费年限，即：5.25 年；

N：本规定实施前的缴费年限（含视同缴费年限）；

$C0$：被保险人退休时本市上一年职工平均工资；

$C1 \sim C6$：1997 年、1996—1992 年本市职工平均工资；

$X1 \sim X6$：被保险人 1997 年、1996—1992 年缴费工资。

《关于贯彻实施〈北京市企业城镇劳动者养老保险规定〉有关问题的处理办法》

（京劳险发〔1998〕69 号）

各区（县）劳动局、各局总公司、计划单列企业、中央在京企业、军队驻京企业：

根据《北京市企业城镇劳动者养老保险规定》（北京市人民政府令，1998 年第 2 号）（以下简称《规定》），现对实施中的有关问题规定如下：

一、《规定》第二条适用范围中的"企业和与之形成劳动关系的城镇劳动者（以下简称被保险人）"包含本市及外埠城镇劳动者（非农业户口）。

二、企业与被保险人均须按有关缴费规定的标准缴纳基本养老保险费，至被保险人符合养老条件时止。企业与个人未按规定缴纳基本养老保险费的，不计算缴费年限。

三、《规定》第二十条被保险人"本人上一年月平均工资"是指按国家统计局规定列入统计范围内发放的工资总额。

四、下列人员按以下办法缴纳基本养老保险费：

（一）转业、复员、退伍军人，由机关、事业单位转（调）入企业工作的人员及新招和失业后再就业的人员，在缴纳基本养老保险费时，以本人工作第一个月工资作为当年缴费工资基数。从第二年起，按本人上一年实发工资的月平均工资作为缴费工资基数。

（二）经企业批准请长假保留劳动关系，但不支付工资的人员，以请假的上一年本人月平均工资作为缴费工资基数。被保险人应按企业与个人缴费比例之和的标准向企业缴费，企业向社会保险经办机构缴纳。

（三）在医疗期内的病休人员，其病休期间领取的病假工资或疾病救济费（在不足整年度时与病休前的当年工资合并计算）作为第二年缴费工资基数。

（四）因工（公）致残领取伤残抚恤金的人员，其领取的伤残抚恤金（在不足整年度时与当年发生伤残前的工资合并计算）作为第二年缴费工资基数。

（五）被派到境外、国外工作的人员，按出境（国）上一年本人月平均工资作为缴费工资基数。次年缴费工资基数按上一年本单位平均工资增长率进行调整。

（六）企业外派、外借及劳务输出到其它单位工作的人员和下岗人员，按在原企业领取的本人上一年月平均工资作为缴费工资基数。这些人员在非本企业取得的劳务收入可与本企业发放的工资合并计算，作为第二年缴费工资基数。用人单位使用非本单位的人员时，应按月为其提供缴纳基本养老保险费中企业缴费部分的资金，并在签订劳务协议时予以明确。职工个人应将劳务收入所得向本企业备案。职工以非本企业取得的收入缴纳基本养老保险费时，须包含企业缴费部分，由本人向本企业缴费，企业向社会保险经办机构缴纳。

上述人员缴费工资基数的上限和下限按照《规定》执行。

五、个体工商户雇主及其与之形成劳动关系的城镇劳动者，男年满 60 周岁、女年满 50 周岁，不再缴纳基本养老保险费。

六、《规定》第三十六条关于"国家规定的退休条件"是指按国务院国发〔1978〕104 号文件规定的退休年龄条件，被保险人符合《规定》养老条件时，企业应及时为其办理养老手续。

七、企业与被保险人因各种原因，未按时足额缴纳基本养老保险费的，视为欠缴。欠缴期内，被保险人个人缴纳了基本养老保险费的，其个人账户只记入个人缴费的部分，但不计算缴费年限。待单位按规定补齐欠缴金额后，补记全部个人账户，并计算缴费年限。

八、被保险人因各种原因中断缴纳基本养老保险费，中断期间不计算缴费年限，其个人账户予以保留并继续计息，继续缴费后其缴费年限、个人账户前后合并计算。

九、被保险人在缴纳基本养老保险费期间，其个人账户储存额记账利率，每年参照银行规定的同期居民一年期存款利率计算，当年存入个人账户金额的记账利率，参照银行规定的同期居民活期存款利率计算。年度内银行利率变更时以当年最高利率计算。利息所得并入个人账户，个人账户全部储存额作为第二年计算利息的基数（见附：公式一）。

十、被保险人按《规定》条件办理养老手续后，停止个人缴费。社会保险经办机构在按月支付基本养老金时，个人账户的余额部分继续参照银行规定的同期居民一年期存款利率计算利息。被保险人个人账户余额生成的利息，在每个支付年度内按月计算（见附：公式二）。

十一、按《规定》标准支付的基本养老金，其基础养老金、过渡性养老金、综合性补贴（纳入统筹时不含副食补贴 7.5 元）在养老保险基金中支付，个人账户养老金由个人账户中支付，并按企业与个人缴费的比例分别冲抵。

十二、离、退休人员个人账户养老金，在个人账户储存额支付完毕时，由养老保险基金中继续支付，至死亡时止。

十三、被保险人在被判刑、劳动教养期间停止缴纳基本养老保险费，个人账户予以保留并继续计息。

十四、按月领取基本养老金的人员，在被判刑、劳动教养期间停发基本养老保险金，也不享受基本养老保险金正常调整制度。刑满释放及解除劳动教养的当月，按原标准恢复发放基本养老金，其养老金低于本市基本养老金最低标准时，按最低标准发给。

十五、《规定》第四十条"过渡性养老金"按《规定》所附公式计算时：

（一）各年本市职工平均工资 $C1$、$C2$、$C3$、$C4$、$C5$、$C6$ 分别是：1997 年为 11019 元、1996 年为 9579 元、1995 年为 8144 元、1994 年为 6540 元、1993 年为 4523 元、1992 年为 3402 元；

（二）$C1$、$C2$、$C3$、$C4$、$C5$、$C6$ 的比例分别为：1、1.15、1.35、1.68、2.44、3.24；

（三）被保险人各年缴费工资 $X1$、$X2$、$X3$、$X4$、$X5$、$X6$，分别为相应年度内各月实际缴纳基本养老保险费基数累计之和。未按规定标准缴费，而以当年当月工资作为缴费基数的，在计算过渡性养老金时，缴费基数须按规定以上一年本人平均工资计算。

被保险人各年缴费工资上限按月计算每月分别不得高于：1997 年每月为 2036 元、1996 年 1—3 月每月为 2036 元、4—12 月每月为 1635 元、1995 年每月为 1635 元、1994 年 1130.75 元、1993 年每月为 567 元、1992 年每月为 479.5 元；

被保险人各年缴费工资下限分别为：1997 年每月为 407.2 元、1996 年 1—3 月每月为 407.2 元、4—12 月每月为 327 元、1995 年每月为 327 元、1994 年 226.15 元。1993 年、1992 年因政策未规定缴费工资下限，其下限按 1993 年每月为 170.1 元、1992 年每月为 143.85 元计算。间断缴费期间，缴费工资基数为 0。

按原京劳险发字〔1993〕73 号文件规定，在 1992 年 10 月至 1995 年 10 月期间未缴费的领取疾病救济费和停薪留职人员，计算其"过渡性养老金"时，1992 年至 1995 年未缴费期间以相应年度本市上一年职工月平均工资的 60% 作为缴费工资，并与 1995 年 11 月至 1997 年 12 月期间的缴费工资合并计算。其未缴费期间不计算缴费年限。

（四）军队企业职工在计算"过渡性养老金"时：1993 年以前参加养老保险的企业，其职工自 1992 年 10 月开始缴费的，"过渡性养老金"自 1992 年 10 月算起，$n=5.25$；职工自 1993 年开始缴费的，"过渡性养老金"自 1993 年算起，$n=5$；职工自 1994 年开始缴费的，"过渡性养老金"自 1994 年算起，$n=4$。

（五）1992 年 10 月以后新参加工作的人员，按参加工作至 1997 年 12 月期间应缴纳基本养老保险费的缴费工资计算"过渡性养老金"。n 为参加工作至 1997 年 12 月期间应缴费年限，计算到月。

（六）1992 年 10 月至 1997 年 12 月期间，转业、复员、退伍军人，由机关、事业单位调（转）入企业工作的人员，计算"过渡性养老金"时，以到企业工作至 1997 年 12 月期间应缴纳基本养老保险费的缴费工资计算，n 为到企业工作至 1997 年 12 月期间应缴费年限，计算到月。

（七）转业、复员、退伍军人，由机关、事业单位调（转）入企业工作的人员，其军龄、在机关、事业单位工作的年限视同缴费年限。

十六、《规定》第四十条"综合性补贴"（含按本市现有规定发放的各项价格补贴、生活补贴及过渡性补贴）的标准，按 155 元（禁食猪肉的少数民族为 158.5 元，与禁食猪肉的少数民族通婚的其它民族为 157 元）发给，其中"过渡性补贴"为 54.5 元。

十七、占地农转工人员退休时可按月领取基本养老金。其中基础养老金标准为：缴费年限不满 10 年的，按退休时上一年本市职工月平均工资的 15％计发；缴费年限满 10 年不满 15 年的，计发比例在满 10 年发给 15％的基础上，每增加 1 年增加 1％。其它部分的养老金，按《规定》标准执行。

十八、《规定》第四十一条中，支付一次性养老补偿金的标准为：按本规定实施前的缴费年限，缴费每满一年，发给 2 个月以 1992 年 10 月至 1997 年 12 月期间按本人缴费工资计算的指数化月平均缴费工资。

十九、《规定》第三十三条个人账户的继承，按以下办法计算：

（一）职工在职期间死亡，其个人账户继承额为职工死亡时个人账户储存额中个人缴费部分的本息合计。

（二）离退休人员死亡时，其个人账户继承额为个人账户储存额支付其个人账户养老金后，个人缴费部分的本息余额。

（三）个人账户继承额一次性支付给死亡人员生前指定的受益人或法定继承人。个人账户的其余部分并入养老保险基金。个人账户处理完后，予以封存。

二十、养老保险统筹基金缴拨实行属地管理的企业，其职工退休时按属地管理的原则由所在区县劳动行政部门进行审批；未实行属地管理的企业，职工退休审批工作仍由其主管部门负责审批。

二十一、外埠城镇劳动者按《规定》参加本市养老保险社会统筹，符合养老条件时，按《规定》第三十九条的标准，计发基本养老金。未达到养老条件返回原籍的，其个人账户随同转移。

二十二、支持乡镇企业的科技人员、技术工人，按《规定》的办法执行。

二十三、被保险人符合《规定》的退休条件时，没有工作单位的，须持本人身份证及有关缴纳基本养老保险费的证明，到本人户口所在地的街道（镇）劳动部门办理申请领取基本养老金的手续，经区、县劳动行政部门审核批准后，到其指定的本人户口所在地街道（镇）社会保险经办机构领取基本养老金。

二十四、《规定》实施前，因原企业未参加基本养老保险，使被保险人（判刑、劳动教养、除名、自行离职及失业人员除外）间断缴纳基本养老保险费的，可以补缴基本养老保险费。被保险人工作过的原企业应承担企业缴纳的基本养老保险费部分，被保险人承担个人缴费部分。补缴额可由原企业向社会保险经办机构缴纳，原企业无法补缴的，也可由被保险人向现所在企业缴费，企业按规定渠道向社会保险经办机构缴纳。按有关规定足额补缴企业与个人应缴纳的基本养老保险费后，计算缴费年限。

二十五、企业中就业的残疾人，不能以原有的残疾作为提前退休的条件。

二十六、《规定》实施后，以前有关养老保险的政策规定凡与本办法不一致的，以本办法规定为准。

二十七、本办法自《规定》实施之日起执行。

二十八、本办法由市劳动局负责解释。

附：

公式一：

被保险人个人账户累计储存额＝上年底止个人账户累计储存额×（1＋本年储存额计账利率）＋当年存入个人账户金额＋当年存入个人账户金额的利息

其中：当年存入个人账户金额的利息＝当年存入个人账户金额月积数×当年存入个人账户金额计账利率×1/12

当年存入个人账户金额月积数＝$\sum[n$ 月份存入金额$(12-n+1)]$

（n 为本年度存入个人账户金额的月份，且 $1 \leqslant n \leqslant 12$）

公式二：

被保险人个人账户余额的利息＝个人账户年初余额×本年储存额计账利率－本年度支付月积数×本年储存额计账利率×1/12

本年度支付月积数＝$\sum[n$ 月份支付额$(12-n+1)]$

（n 为本年度各支付月份，且 $1 \leqslant n \leqslant 12$）

北京市劳动局
1998 年 5 月 5 日

《北京市劳动和社会保障局关于调整事业单位养老保险制度改革试行办法的通知》

（京劳社养发〔2000〕64 号）

各区、县劳动和社会保障局，市和区（县）人才服务中心：

随着劳动和社会保障机构的统一，原按照北京市人事局《关于在北京市事业单位进行养老保险制度改革试点的暂行办法》（京人发〔1997〕45 号，以下简称《暂行办法》）进行的试点工作，已经移交北京市劳动和社会保障局。为进一步完善这一工作，使试点政策与我市统一的基本养老保险制度顺利衔接，经研究，现将有关政策的调整通知如下：

一、适用范围

本通知仅适用于目前已经批准在宣武、崇文、朝阳、海淀、怀柔、密云等区（县）试点的事业单位、市属原自收自支事业单位及其中的固定职工、合同制职工（不含已参加企业统筹的合同制工人）、临时工、已退休（含退职）人员中进行，为保证各项工作平稳过渡，人员范围暂不再扩大。

二、享受养老保险待遇的条件

试点单位和职工按规定缴纳基本养老保险费，（《暂行办法》实施前按国家及北京市有关规定计算的连续工龄视同缴费年限），且符合下列条件之一的，可按月领取基本养老金：（一）男年满 60 周岁，女年满 55 周岁（工人年满 50 周岁），缴费年限累计满 10 年以上的；（二）男年满 50 周岁，女年满 45 周岁，缴费年限累计满 10 年，因病或非因工（公）致残，经医院证明，并按照《关于加强劳动鉴定工作的通知》（京劳险发字〔1994〕48 号）、《关于进一步加强劳动鉴定工作的通知》（京劳社养发〔1999〕62 号）的有关规定，经职工单位所在区（县）劳动鉴定委员会鉴定，符合完全丧失工作（劳动）能力标准的；（三）按国家有关政策，符合其它退休条件的。

三、基本养老保险缴费基数和缴费比例

（一）职工个人缴费基数和缴费比例试点单位的职工，自 2000 年 1 月 1 日起，以本人上一年月平均工资作为缴费工资基数，按 6% 的比例缴纳基本养老保险费。今后随全市养老保险个人缴费统一调整，最终达到 8%。

职工本人月平均工资低于上一年本市职工最低工资标准的，以上一年本市职工最低工资标准为基数缴纳基本养老保险费。职工本人月平均工资高于上一年本市职工月平均工资 300% 以上的部分，不缴纳基本养老保险费，也不做为计发基本养老金的基数。

（二）单位缴费基数和缴费比例试点单位按全部职工缴费工资基数之和的19％缴纳基本养老保险费。

四、个人账户

自 2000 年 1 月 1 日起，社会保险经办机构将职工个人账户的记账比例调整为 11％，职工个人账户包括：（一）职工个人缴纳的基本养老保险费全部记入个人账户；（二）单位缴纳基本养老保险费中按职工个人缴费工资基数一定比例划入的部分。2000 年按 5％划入，今后随着北京市基本养老保险个人缴费比例的提高，最终降至 3％；（三）个人账户储存额的利息。个人账户中个人缴费部分与单位划入部分分别计息，利息的计算办法按《北京市企业城镇劳动者养老保险规定》（北京市人民政府令，1998 年第 2 号）的有关规定执行。

自 2000 年 1 月 1 日起，《暂行办法》中"单位全部被保险人月平均缴费工资基数高于本市事业单位上一年月平均工资 150％（含 150％）至 200％（含 200％）的部分，单位以此为基数缴纳的养老保险费的 30％，平均记入单位被保险人个人账户"的规定停止执行。

五、基本养老金计发办法

试点单位 1999 年 1 月 1 日以后办理退休手续的职工，其基本养老金计发办法，暂按《暂行办法》的有关规定执行，国家及北京市出台事业单位养老金计发办法前（或试点单位成建制转为企业前）退休的人员，其个人账户中的个人缴费部分及利息一次性返还本人。

计发办法中列入养老保险统筹项目：（一）按照国家和本市规定计发的基本退休（含退职，下同）费；（二）按照国家和本市规定发给退休人员的物价补贴；（三）按照国家和本市规定发给退休人员的生活补贴；（四）按照本市统一标准发给退休人员的书报费和洗理费；（五）根据市委、市政府批准建立的机关事业单位养老金调整机制，给退休人员增加的补贴；（六）根据《关于适当解决机关事业单位 1993 年工资制度改革前退休人员收入偏低问题的通知》（京人退〔1995〕583 号）的有关规定，给退休人员增加的补贴；（七）根据《关于机关、事业单位工资制度改革后离退休的人员有关离退休待遇问题的通知》（京人工〔1994〕10 号）的有关规定，发给退休人员的奖金，拨付标准暂按 50 元列入。

六、试点单位和个人 2000 年 1 月 1 日前的缴费认定

试点单位 2000 年 1 月 1 日前根据《暂行办法》有关规定由单位缴纳的基本养老保险费予以认定不再补缴。试点单位职工个人 2000 年 1 月 1 日前根据《暂行办法》有关规定缴纳的基本养老保险费和个人账户记账规模目前暂不做调整。

七、试点单位基本养老保险费缴拨渠道的调整

试点单位基本养老保险费缴拨实行属地化管理。经批准的市属试点单位可

以各局、总公司为单位在所在区（县）进行基金汇缴、汇拨，市属独立参加试点的单位及区（县）各试点单位到所在区（县）进行基金缴拨，并在本通知下发后1个月内到所在地区的社会保险经办机构办理基本养老保险登记手续，核定基本养老保险缴费基数。社会保险经办机构对试点单位的基本养老保险基金实行全额收缴、全额拨付的办法。

八、退休审批

本通知下发后职工办理退休时，所在单位需填写《北京市事业单位养老保险制度改革试点工作人员退休审批表》（表式附后），报所在区（县）劳动和社会保障行政管理部门审批，社会保险经办机构根据审批结果拨付基本养老金。

九、试点遗留问题的解决办法

（一）自2000年1月1日起，原自收自支事业单位养老保险制度改革试点时规定的"对于养老金占工资总额的比例超过17％的单位，其超过17％部分的养老金拨付分三年到位"的过渡办法停止执行，社会保险经办机构根据本通知规定的养老金拨付项目足额拨付基本养老金。

（二）各试点单位对2000年1月1日前，本单位根据《暂行办法》有关规定收缴、拨付的基本养老保险基金进行清账，如有欠缴、欠拨情况，按照原有的基本养老保险基金缴拨渠道补缴、补拨。自2000年1月1日起，试点单位根据本通知关于单位和个人的缴费规定，按照社会保险经办机构核定的缴费基数缴纳基本养老保险费。

（三）1998年试点工作启动前，各单位根据《国务院关于颁发〈国务院关于安置老弱病残干部的暂行办法〉和〈国务院关于工人退休、退职的暂行办法〉的通知》（国发〔1978〕104号）有关规定，经主管局、总公司人事（劳动）部门审批，办理了因病提前退休手续的人员，由各试点单位根据已报送市人事局社保处备案的人员范围，将档案材料报市劳动和社会保障局养老保险处认定，经认定符合因病提前退休条件的人员，自2000年1月1日起纳入养老保险社会统筹范围。

十、其它有关政策

（一）转业、复员、退伍军人，新调入人员、新参加工作人员和失业后再就业人员，在缴纳基本养老保险费时，以本人工作第一个月工资作为当年缴费工资基数。从第二年起，按本人上一年实发工资的月平均工资作为缴费工资基数。

（二）在医疗期内的病休人员，其病休期间领取的病假工资或疾病救济费（在不足整年度时与病休前的当年工资合并计算）作为第二年缴费工资基数。

（三）被派到境外、国外工作的人员，按出境（国）上一年本人月平均工资作为缴费工资基数。次年缴费工资基数按上一年本单位平均工资增长率进行调整。

（四）工作人员由未实行养老保险统筹的机关事业单位调入试点单位，以调入后第一个月工资作为缴费工资基数，从《暂行办法》和本通知实施之月起分段补缴个人基本养老保险费。

（五）职工在我市统筹范围内流动时，只转移养老保险关系，不转移养老保险基金。职工跨统筹范围流动时，个人账户全部随同转移，具体办法按国家和本市有关规定办理。职工调往我市未实行养老保险统筹的机关事业单位时，个人账户由社会保险经办机构暂时封存。

（六）职工在职或退休后死亡，个人账户余额中的个人缴费部分及利息可以继承，其余部分并入养老保险基金。

十一、试点单位如果成建制转为企业，按转企后的养老保险各项衔接政策进行调整。

十二、本通知自 2000 年 1 月 1 日起执行。

《关于印发〈关于中央科研机构和工程勘察设计单位参加北京市基本养老保险的实施办法〉的通知》

（京劳社养发〔2001〕74 号）

中央各转制单位：

根据劳动和社会保障部、国家经济贸易委员会、科学技术部、财政部《关于国家经贸委管理的 10 个国家局所属科研机构转制后有关养老保险问题的通知》（劳社部发〔2000〕2 号）和《国务院办公厅转发建设部等部门关于中央所属工程勘察设计单位体制改革实施方案的通知》（国办发〔2000〕71 号）精神，为做好中央转制单位参加北京市基本养老保险的衔接工作，我们制定了《关于中央科研机构和工程勘察设计单位参加北京市基本养老保险社会统筹的实施办法》，现发给你们，请贯彻执行。

附件：

1. 关于中央科研机构和工程勘察设计单位参加北京市基本养老保险的实施办法

2. 关于国家经贸委管理的 10 个国家局所属科研机构转制后有关养老保险问题的通知（略）

北京市劳动和社会保障局办公室
二〇〇一年五月二十二日

附件 1

关于中央科研机构和工程勘察设计单位参加
北京市基本养老保险的实施办法

根据《关于国家经贸委管理的 10 个国家局所属科研机构转制后有关养老保险问题的通知》（劳社部发〔2000〕2 号，以下简称劳社部发 2 号文件）、《国务院办公厅转发建设部等部门关于中央所属工程勘察设计单位体制改革实施方案的通知》（国办发〔2000〕71 号，以下简称国办发 71 号文件）和《关于印发建设部等 11 个部门（单位）所属 134 个科研机构转制方案的通知》（国科发政字〔2000〕300 号）精神，结合北京市基本养老保险现行规定，现制定中央所属科研院所和工程勘察设计单位转制为企业后，参加北京市基本养老保险实施办法如下：

一、关于适用范围

本实施办法适用于北京市行政区域内、根据中央文件规定转制为企业的中央所属科研院所和工程勘察设计单位（以下简称转制单位）及其单位中的固定职工、劳动合同制职工、已离退休（含退职）人员。转制单位参加基本养老保险实行区、县属地管理。

二、关于缴费基数和缴费比例

（一）单位缴费基数和缴费比例

转制单位自按国家规定时间转制之月起，按全部在职职工缴费工资基数之和的 19% 缴纳基本养老保险费。

（二）职工个人缴费基数和缴费比例

转制单位的在职职工，自单位按国家规定时间转制之月起，以本人上一年月平均工资作为缴费工资基数，按 6% 的比例缴纳基本养老保险费。2001 年 1 月 1 日起个人缴费比例调整为 7%，今后随全市基本养老保险个人缴费比例统一调整，最终达到 8%。

职工本人月平均工资低于上一年本市职工最低工资标准的，以上一年本市职工最低工资标准为基数缴纳基本养老保险费。职工本人月平均工资高于上一年本市职工月平均工资 300% 以上的部分，不缴纳基本养老保险费，也不作为计发基本养老金的基数。

三、关于个人账户

转制单位自参加基本养老保险之月起，按时足额缴纳养老保险费，社会保险经办机构为在职职工建立个人账户，个人账户的记账比例为 11%。职工个人账户包括：

（一）职工个人缴纳的基本养老保险费全部记入个人账户；

（二）单位缴纳的基本养老保险费中按职工个人缴费工资基数一定比例划入的部分。2000 年按 5％划入，今后随着北京市基本养老保险个人缴费比例的提高，最终降至 3％；

（三）个人账户储存额的利息。个人账户中个人缴费部分与单位划入部分分别计息。

四、关于补建在职职工个人账户问题

为使职工在转制后基本养老保险待遇能够平稳过渡、顺利衔接，转制单位在职职工可以按照北京市养老保险关于个人缴费和个人账户的规定，补缴自 1992 年 10 月 1 日起至转制上月的基本养老保险费；单位按照规定比例补缴自 1998 年 7 月 1 日至转制上月，单位缴费中划入个人账户部分的基本养老保险费。职工个人及单位补缴费用计入职工个人账户。

个人缴费补缴办法：1992 年 9 月 30 日以前（含 9 月 30 日）参加工作的，补缴 1992 年 10 月 1 日至单位转制上月个人养老保险费；1992 年 10 月 1 日以后参加工作的，补缴本人参加工作之日至单位转制上月个人养老保险费。基本养老保险费个人缴费基数为本人相应补缴年度上一年月平均工资。历年个人缴费比例：1992 年 10 月 1 日至 1993 年 12 月 31 日 为 2％；1994 年 1 月 1 日至 1998 年 12 月 31 日为 5％；1999 年 1 月 1 日至 2000 年 12 月 31 日为 6％。

单位补缴个人账户中单位缴费划入部分的比例：1998 年 7 月 1 日至 12 月 31 日为 6％；1999 年 1 月 1 日至 2000 年 12 月 31 日为 5％。

五、关于享受基本养老保险待遇的条件

转制单位和职工按规定缴纳基本养老保险费（转制前职工按国家有关规定计算的连续工龄视同缴费年限），经劳动和社会保障行政管理部门核准，符合下列条件的，可按月领取基本养老金：

（一）符合国家规定的退休条件并办理退休手续；

（二）1998 年 7 月 1 日后参加工作，缴纳基本养老保险费累计满 15 年以上；

（三）1998 年 7 月 1 日前参加工作，缴纳基本养老保险费累计满 10 年以上。

六、关于退休审批问题

（一）转制单位参加北京市基本养老保险后，职工退休的审批工作，按照基本养老保险基金的缴拨渠道实行 区县劳动保障行政部门审批（审批表式附后）。

（二）转制单位申报从事有毒有害等特殊工种和因病或非因工致残完全丧失劳动能力的职工提前退休时，须按照《关于严格按照国家规定办理企业职工退休有关问题的通知》（京劳社养发〔1999〕63 号）的规定办理报批手续。

七、关于基本养老金的计发问题

（一）转制前已离退休人员基本养老金的确定

根据劳社部发2号文件和国办发71号文件规定，有事业费的转制单位，社会保险经办机构按北京市1999年7月企业人均养老金标准585元在基本养老保险基金内列支离退休人员养老金，基本养老保险基金列支标准与原待遇标准的差额部分由原单位事业费或自有资金支付。

没有事业费的转制单位，由市劳动保障行政部门按照北京市基本养老保险规定的事业单位基本养老金支付项目进行核定，符合基本养老保险基金支付项目的，纳入养老保险统筹基金支付，超出统筹基金支付范围的离退休待遇由单位继续支付。统筹基金支付项目：

1. 按照国家和本市规定计发的基本离退休费；

2. 按照国家和本市规定发给离退休人员的物价补贴；

3. 按照国家和本市规定发给离退休人员的生活补贴；

4. 根据市委、市政府批准建立的机关事业单位养老金调整机制，1996年、1997年、1998年、1999年给离退休人员增加的补贴；

5. 根据《关于适当解决机关事业单位1993年工资制度改革前退休人员收入偏低问题的通知》（京人退〔1995〕583号）的有关规定，给退休人员增加的补贴；

6. 根据《关于机关、事业单位工资制度改革后离退休的人员有关离退休待遇问题的通知》（京人工〔1994〕10号）的有关规定，发给离退休人员的奖金，按50元标准纳入统筹支付。

为减轻转制单位负担，便于基本养老金的社会化发放和管理，有事业费的转制单位可以选择以下办法：应缴基本养老保险费大于离退休人员基本养老金的单位，可按没有事业费的转制单位办法核定基本养老金，其离退休人员的基本养老金可全部纳入统筹基金支付；应缴基本养老保险费小于离退休人员基本养老金的单位，如果将事业费每年上缴社会保险经办机构，补足基本养老保险费与基本养老金的差额，也可按没有事业费的转制单位办法核定基本养老金，其离退休人员的基本养老金可全部纳入统筹基金支付。对于事业费每年全部上缴社会保险经办机构后，基本养老金仍存在资金缺口的单位，其差额部分由养老保险基金支付。转制单位上缴社会保险经办机构的事业费一次核定后不再变更。

（二）转制后离退休的人员基本养老金计算办法

补建了在职职工个人账户的转制单位，转制后办理离退休手续的人员，其基本养老金的计算，执行《北京市企业城镇劳动者养老保险规定》（北京市人民政府第 2 号令，以下简称 2 号令）规定的办法。

未补建在职职工个人账户的转制单位，1998 年 7 月 1 日前参加工作的职工退休时，过渡性养老金计算公式中"N"计算到国家规定转制时间的上月；"C0/C1"为职工退休时上一年本市职工平均工资与单位转制当年本市职工平均工资的比值（保留两位小数）；计算"S"时，"C1、C2……C5"为转制当年、转制前一年……转制前五年本市职工平均工资；"X1、X2……X5"为国家规定的转制时间当年、转制前一年……转制前五年职工本人应缴费工资。未补建在职职工个人账户的转制单位参加基本养老保险时，需向属地的社会保险行政管理部门报送 1998 年 7 月 1 日前参加工作的在职职工本人从转制当年推至转制前五年的应缴费工资基数，经劳动保障行政管理部门核准后，装入职工档案。应缴费工资基数一经确认不得变更（核准表式附后）。

为使事业单位计算办法与 2 号令规定的计算办法平稳衔接，基本养老金计算实行 5 年过渡的办法。转制当年至转制第五年期间退休的人员，按照事业单位办法计算的基本养老金水平高于按照 2 号令办法计算的基本养老金水平时，其差额部分，采取加发补贴的办法解决。补贴基数按劳社部发 2 号文件和国办发 71 号文件的有关规定一次核定不再变动。养老保险统筹基金自转制单位转制当年至第五年拨付补贴的比例：第一年 90％、第二年 70％、第三年 50％、第四年 30％、第五年 10％。五年过渡期内，转制单位按事业单位办法计算基本养老金时，职工本人事业单位职务（技术）等级工资和按国家规定比例计算的津贴水平封定在国家规定的转制时间的当月（审批表式附后）。转制第六年起，职工办理退休手续时其基本养老金的计算，一律执行北京市人民政府第 2 号令规定的办法。

八、关于转制单位中农民合同制职工的养老保险问题

转制单位及其招用的农民合同制职工，依照北京市劳动和社会保障局《关于印发〈农民合同制职工参加北京市养老、失业保险暂行办法〉的通知》（京劳险发〔1999〕99 号）的有关规定缴纳养老保险费。农民合同制职工达到国家规定的养老年龄，或与用人单位终止、解除劳动关系时，享受一次性养老保险待遇。

九、按照中央文件规定，转制单位离退休人员转制后基本养老金的调整，执行北京市基本养老保险的统一规定。

十、本实施办法由北京市劳动和社会保障局负责解释。

十一、本实施办法自下发之日起执行。

《北京市人民政府办公厅关于印发北京市自收自支事业单位基本养老保险制度改革暂行办法的通知》

（京政办发〔2002〕60号）

各区、县人民政府，市政府各委、办、局，各市属机构：

《北京市自收自支事业单位基本养老保险制度改革暂行办法》已经市政府同意，现印发给你们，请认真贯彻执行。

北京市人民政府办公厅

二〇〇二年十二月二十七日

北京市自收自支事业单位基本养老保险制度改革暂行办法

第一条 为积极推进事业单位养老保险制度改革，保障自收自支事业单位工作人员和离退休人员的合法权益，根据《国务院关于印发完善城镇社会保障体系试点方案的通知》（国发〔2000〕42号）及《北京市人民政府印发关于完善本市城镇社会保障体系意见的通知》（京政发〔2001〕16号）精神，结合本市实际情况，制定本暂行办法。

第二条 本市行政区域内的自收自支事业单位及其工作人员（以下称被保险人）和离退休人员，适用本暂行办法。

第三条 自收自支事业单位参加基本养老保险社会统筹实行统一的基本养老保险制度。按照《北京市企业城镇劳动者养老保险规定》（以下简称《规定》）确定的原则，单位和被保险人共同承担基本养老保险费缴费义务，基本养老保险实行社会统筹和个人账户相结合。

第四条 自收自支事业单位缴纳的基本养老保险费与全市企业基本养老保险统筹基金，实行统一管理、统一核算，基本养老金实行社会化发放，并按单位所在区、县实行属地化管理。

第五条 自收自支事业单位与被保险人应按时足额缴纳基本养老保险费。

（一）被保险人自2003年1月1日起，以本人上一年月平均工资为缴费工资基数，按8％的比例缴纳基本养老保险费。

被保险人本人月平均工资低于上一年本市职工月最低工资标准的，以上一年本市职工月最低工资标准为基数缴纳基本养老保险费。

被保险人本人月平均工资高于上一年本市职工月平均工资300％以上的部

分，不缴纳基本养老保险费，也不作为计发基本养老金的基数。

被保险人无法确定本人上一年月平均工资的，以上一年本市职工月平均工资为基数缴纳基本养老保险费。

（二）自收自支事业单位按全部被保险人缴费工资基数之和的 20％缴纳基本养老保险费，在税前列支。

第六条 社会保险经办机构为被保险人建立基本养老保险个人账户（以下简称个人账户）。

（一）社会保险经办机构自 2003 年 1 月 1 日起，按被保险人缴费工资基数 11％的标准，为被保险人建立基本养老保险个人账户。

（二）被保险人个人账户包括：

1. 被保险人个人缴纳的基本养老保险费全部计入个人账户。

2. 自收自支事业单位缴纳基本养老保险费中按被保险人个人缴费工资基数一定比例划入的部分，自 2003 年 1 月 1 日起按 3％划入。

3. 个人账户储存额利息。

4. 本暂行办法实施前被保险人已在企业或在养老保险制度改革试点的自收自支事业单位中建立的基本养老保险个人账户，其储存额与本暂行办法实施后的储存额合并计算。

5. 按照劳动和社会保障部《关于职工在机关事业单位与企业之间流动时社会保险关系处理意见的通知》（劳社部发〔2001〕13 号）规定，根据职工在机关、事业单位的工作年限，纳入个人账户的一次性补贴，具体办法另行制定。

（三）个人账户储存额的计息、转移、继承等问题，按本市基本养老保险社会统筹的有关规定执行。

第七条 按本暂行办法参加基本养老保险的被保险人，经区、县社会保障行政主管部门审核，符合《规定》中下列条件的，按月领取基本养老金：

（一）符合国家规定的养老年龄并办理了退休手续。

（二）1998 年 7 月 1 日（含，下同）后参加工作，缴纳基本养老保险费累计满 15 年以上；或者 1998 年 6 月 30 日（含，下同）前参加工作，缴纳基本养老保险费累计满 10 年以上。

第八条 本暂行办法实施前，自收自支事业单位工作人员按国家有关规定计算的连续工龄（不含折算工龄）视同缴费年限。

第九条 被保险人的基本养老金，按照下述办法计算：

（一）1998 年 7 月 1 日后参加工作的被保险人，个人缴纳基本养老保险费年限累计满 15 年，基本养老金由基础养老金、个人账户养老金组成：

基础养老金月标准为：退休时上一年本市职工月平均工资的 20％。

个人账户养老金月标准为：本人账户累计储存额的一百二十分之一。

被保险人 2003 年 1 月 1 日前在机关、事业单位的工作年限（符合国家关于连续工龄计算规定的年限），退休时加发个人账户补贴。

个人账户补贴月标准为：以被保险人参加工作之月至 2002 年 12 月期间，相应年度上一年本市职工各月平均工资的累计之和，乘以 2003 年 1 月至 2007 年 12 月期间被保险人本人相应年度各月缴费工资基数合计与相应年度上一年本市职工平均工资合计之比，乘以个人账户的比例，再乘以一百二十分之一。

（二）1998 年 6 月 30 日前参加工作的被保险人，基本养老金由基础养老金、个人账户养老金、过渡性养老金、综合性补贴组成。

（1）基础养老金月标准为：缴费年限满 15 年（含视同缴费年限）及其以上的被保险人，按退休时上一年本市职工月平均工资的 20％计发；缴费年限满 10 年不满 15 年的被保险人，其缴费年限满 10 年的，按退休时上一年本市职工月平均工资的 15％计发，在满 10 年的基础上缴费年限每增加一年，计发比例增加 1％。

（2）个人账户养老金月标准为：按被保险人个人账户储存额的一百二十分之一计发。

（3）过渡性养老金月标准为：以 1992 年 10 月至 1997 年 12 月本市职工月平均工资为基数计算的平均过渡性养老金，加上以 1992 年 10 月至 2002 年 12 月，被保险人在机关、事业单位工作期间相应年度上一年本市职工平均工资为基数，并按相应年度规定的计入个人账户比例计算的平均个人账户月补贴，两项之和再乘以 2003 年 1 月至 2007 年 12 月期间被保险人相应年度各月实际缴费工资基数合计与相应年度上一年本市职工平均工资合计之比。

（4）综合性补贴月标准为：按本市现有规定发放的各项价格补贴、生活补贴及过渡性补贴。

第十条 为使自收自支事业单位原按事业单位养老金计算的办法与本暂行办法平稳衔接，基本养老金计算实行 5 年过渡的办法。1998 年 7 月 1 日前参加工作，在 2003 年 1 月至 2007 年 12 月之间符合养老条件的被保险人，原按事业单位办法计算的养老金高于按本暂行办法计算的基本养老金时，其差额部分，采取加发补贴的办法解决，补贴的比例逐年递减。第一年加发差额部分的 90％，第二年加发差额部分的 70％，第三年加发差额部分的 50％，第四年加发差额部分的 30％，第五年加发差额部分的 10％。五年内按事业单位有关办法计算基本养老金时，其计算的基本养老金水平封定在 2002 年底。自 2008 年 1 月起被保险人办理养老手续计算基本养老金时，一律执行本暂行办法第九条第（二）款规定的计发办法。

第十一条　1998 年 6 月 30 日前参加工作，个人缴费年限不满 10 年（占地农转工人员除外，下同），以及 1998 年 7 月 1 日后参加工作，个人缴费年限不满 15 年的被保险人，退休后不享受按月领取基本养老金待遇，其一次性养老保险待遇，按 1992 年 10 月至 1997 年 12 月本市职工月平均工资为基数计算的指数化月平均工资，乘以 2003 年 1 月至 2007 年 12 月被保险人相应年度各月实际缴费工资基数合计与相应年度上一年本市职工平均工资之比计算的指数化月平均工资为基数，并按被保险人的缴费年限（含视同缴费年限）每满一年发给两个月计算。

1998 年 7 月 1 日后参加工作、缴费年限不满 15 年的被保险人，按《规定》执行。

第十二条　本暂行办法实施前已按事业单位有关办法办理离退休手续的人员，原按事业单位办法计算的离退休待遇原则上保持不变。其中基本养老金由统筹基金支付，超出基本养老金支付范围的部分，由单位按原渠道继续支付。

第十三条　列入基本养老保险统筹基金支付的项目为：

（一）按照国家及本市规定计发的基本离退休费。

（二）按照国家及本市规定发给在 1993 年机关事业单位工资制度改革前已离退休人员的物价补贴。

（三）按照国家及本市规定发给在 1993 年机关事业单位工资制度改革前已离退休人员的生活补贴。

（四）按照本市机关事业单位养老金调整机制，在 1996 年、1997 年、1998 年、1999 年给离退休人员增加的补贴、2000 年本市机关事业单位工作人员在职时的职务补贴，进入基本退休费计算基数的增加额和离休人员按照在职同类人员标准增加的补贴。

（五）根据《关于机关、事业单位工资制度改革后离退休人员有关离退休待遇问题的通知》（京国工改〔1994〕10 号）的有关规定，发给离退休人员的奖金，按 50 元标准纳入统筹基金支付。

（六）2001 年、2002 年根据市人事局关于调整离退休人员基本养老金标准与基本养老金规定正常调整增加的基本养老金。

第十四条　自收自支事业单位按本暂行办法参加基本养老保险后，其离退休人员基本养老金的调整，执行本市基本养老保险的统一规定。

第十五条　职工因病办理提前退休，以及从事高温、井下等特殊工种办理提前退休的人员，按月领取基本养老金的条件及手续，依照市劳动保障局《关于严格按照国家规定办理企业职工退休有关问题的通知》（京劳社养发〔1999〕63 号）有关规定执行。

第十六条　非财政供款的社团、各类社会中介组织和民办非企业单位，按本暂行办法参加基本养老保险社会统筹。

第十七条　本暂行办法实施后，凡未及时参加基本养老保险的上述单位，参加基本养老保险时，应自本暂行办法实施之月起，补缴基本养老保险费。

第十八条　自收自支事业单位应根据本单位的实际情况，建立补充养老保险制度。

第十九条　本暂行办法施行中遇到的问题，由市劳动保障局、市人事局、市财政局会同有关部门协调解决。

第二十条　本暂行办法自 2003 年 1 月 1 日起施行。

《北京市基本养老保险规定》

（北京市人民政府令 2006 年第 183 号）

《北京市基本养老保险规定》已经 2006 年 12 月 4 日市人民政府第 57 次常务会议审议通过，现予公布，自 2007 年 1 月 1 日起施行。

市长：王岐山

二〇〇六年十二月十四日

北京市基本养老保险规定

第一章　总　　则

第一条　为了保障劳动者退休后的基本生活，完善基本养老保险制度，根据《中华人民共和国劳动法》和国家有关规定，结合本市实际情况，制定本规定。

第二条　本市行政区域内的企业和与之形成劳动关系的城镇职工，城镇个体工商户和灵活就业人员，应当按照本规定参加基本养老保险。

参加基本养老保险的城镇职工、个体工商户和灵活就业人员，以下统称为被保险人。

第三条　基本养老保险制度坚持覆盖广泛、水平适当、结构合理、基金平衡的原则。

第四条　市劳动保障行政部门负责组织、指导、监督和管理全市基本养老保险工作；区、县劳动保障行政部门负责监督和管理本行政区域内的基本养老保险工作。

市和区、县劳动保障行政部门设立的社会保险经办机构，依法负责登记、征收、支付和稽核等基本养老保险的具体工作；市社会保险经办机构负责制定具体管理制度，规范业务流程。

第五条 财政部门负责基本养老保险基金的财务监督和管理工作；审计机关负责对基本养老保险基金的收支和管理情况进行监督。

第六条 北京市社会保险监督委员会负责对基本养老保险法律、法规、规章和政策的执行情况以及基本养老保险基金的管理工作进行监督。

北京市社会保险监督委员会由政府代表、企业代表、工会代表和离退休人员代表组成。

第七条 市劳动保障行政部门会同有关部门做好企业退休人员社会化管理工作，为退休人员提供社会化服务。

第八条 鼓励企业在参加基本养老保险的基础上建立企业年金，提倡被保险人参加个人储蓄性养老保险。

第二章 基本养老保险基金

第九条 基本养老保险基金由下列部分构成：

（一）企业和被保险人缴纳的基本养老保险费；

（二）基本养老保险费利息和其它收益；

（三）财政补贴；

（四）滞纳金；

（五）其它可以纳入基本养老保险基金的资金。

第十条 基本养老保险基金纳入社会保险基金财政专户，实行收支两条线管理。

第十一条 企业和被保险人应当按时、足额缴纳基本养老保险费。

城镇职工缴纳的基本养老保险费，由所在企业从其本人工资中代扣代缴。企业以货币形式全额缴纳基本养老保险费。个体工商户和灵活就业人员按照本规定确定的缴费基数和缴费比例按月缴纳。

第十二条 城镇职工以本人上一年度月平均工资为缴费工资基数，按照8%的比例缴纳基本养老保险费，全额计入个人账户。

缴费工资基数低于本市上一年度职工月平均工资60%的，以本市上一年度职工月平均工资的60%作为缴费工资基数；超过本市上一年度职工月平均工资300%的部分，不计入缴费工资基数，不作为计发基本养老金的基数。

第十三条 企业以全部城镇职工缴费工资基数之和作为企业缴费工资基数，

按照 20％的比例缴纳基本养老保险费。企业缴纳的基本养老保险费在税前列支。

第十四条 城镇个体工商户和灵活就业人员以本市上一年度职工月平均工资作为缴费基数，按照 20％的比例缴纳基本养老保险费，其中 8％计入个人账户。

第十五条 社会保险经办机构应当对企业和被保险人缴纳的基本养老保险费建立缴费记录，并负责保存，保证其完整、安全。

企业和被保险人有权查询缴费记录。

第十六条 企业应当每年向本单位职工公布上一年度缴纳基本养老保险费情况。

市社会保险经办机构应当在每年 4 月 30 日前发布核对被保险人上一年度缴费记录的公告，并在公告中确定核对缴费基数和补缴基本养老保险费的时间。

补缴基本养老保险费的具体办法由市劳动保障行政部门制定。

第三章　基本养老保险个人账户

第十七条 社会保险经办机构应当按照国家有关规定为被保险人建立基本养老保险个人账户（以下简称为个人账户）。

第十八条 个人账户由被保险人缴纳的基本养老保险费和个人账户储存额的利息构成。

个人账户储存额每年参考银行同期居民存款利率计算利息。

第十九条 个人账户储存额只能用于被保险人养老，不得提前支取。被保险人死亡后，个人账户储存额或者余额中个人缴纳的基本养老保险费及其利息可以依法继承，其余部分并入基本养老保险基金。

第二十条 被保险人在本市统筹范围内或者跨统筹范围流动时，其基本养老保险关系和个人账户的转移，按照国家和本市有关规定办理。

第四章　基本养老保险待遇

第二十一条 基本养老保险基金支付下列基本养老保险待遇：

（一）被保险人的基本养老金；

（二）被保险人退休后死亡的丧葬补助费；

（三）国家和本市规定的其它支付项目的费用。

基本养老保险基金发生支付困难时，由市财政部门予以支持。

第二十二条 被保险人符合下列条件的，自劳动保障行政部门核准后的次月起，按月领取基本养老金：

（一）达到国家规定的退休条件并办理相关手续的；

（二）按规定缴纳基本养老保险费累计缴费年限满15年的。

基本养老金由社会保险经办机构负责发放。

第二十三条 1998年7月1日以后参加工作，符合按月领取基本养老金条件的被保险人，其基本养老金由基础养老金和个人账户养老金组成。

基础养老金月标准以本市上一年度职工月平均工资和本人指数化月平均缴费工资的平均值为基数，缴费每满1年发给1%。

个人账户养老金月标准为个人账户储存额除以国家规定的计发月数。

第二十四条 1998年6月30日以前参加工作，2006年1月1日以后符合按月领取基本养老金条件的被保险人，除按月领取基础养老金和个人账户养老金外，再发给过渡性养老金。具体过渡办法由市劳动保障行政部门制定，报市人民政府批准后施行。

第二十五条 2006年1月1日以后达到退休年龄但个人累计缴费年限不满15年的被保险人，不发给基础养老金；个人账户储存额一次性支付给本人，同时发给一次性养老补偿金，终止基本养老保险关系。

第二十六条 2005年12月31日前已经离退休的人员，仍按照原国家和本市规定的标准发给基本养老金，并执行基本养老金正常调整办法。

第二十七条 被保险人死亡后，按照国家规定享受丧葬补助费和供养直系亲属救济费。

第二十八条 被保险人领取基本养老金的最低标准，由市劳动保障行政部门会同有关部门拟定，报市人民政府批准后向社会公布。基本养老金最低标准，随本市经济发展和居民消费价格指数变动情况适时调整。

被保险人领取的基本养老金低于最低标准的，按照基本养老金最低标准发给。

第二十九条 基本养老金实行正常调整制度。具体调整方案由市劳动保障行政部门会同有关部门拟定，经市人民政府同意后，报国家有关部门批准执行。

第五章　法　律　责　任

第三十条 企业不参加基本养老保险或者不按时足额缴纳基本养老保险费的，由劳动保障行政部门责令限期改正，按照国务院《社会保险费征缴暂行条例》的规定予以行政处罚，并将企业违法行为的信息依法计入本市企业信用信息系统；企业给被保险人享受基本养老保险待遇造成损失的，被保险人有权要求企业赔偿。

第三十一条 企业和被保险人或者其它人员采用多领、冒领等手段骗取基本养老保险基金的，由劳动保障行政部门责令退还，按照国务院《劳动保障监察条例》处骗取金额的 1 倍以上 3 倍以下罚款；构成犯罪的，依法追究刑事责任。

第三十二条　社会保险经办机构、养老保险基金划拨机构及其工作人员滥用职权、徇私舞弊、玩忽职守，致使基本养老金不能按时足额发放或者造成基本养老保险基金流失的，由劳动保障行政部门责令改正，并由有关部门对直接负责的主管人员和其它直接责任人员给予行政处分；构成犯罪的，依法追究刑事责任。

第六章　附　　则

第三十三条　个人账户规模和基本养老保险金计发办法自 2006 年 1 月 1 日起调整。

第三十四条　城镇职工最低缴费工资基数、城镇个体工商户和灵活就业人员缴费基数逐步调整到位。具体调整办法由市劳动保障行政部门制定，报市人民政府批准后施行。

第三十五条　本规定所称的缴费年限是指企业和城镇职工共同缴纳基本养老保险费的年限。本市实行个人缴纳基本养老保险费前，按照国家规定计算的连续工龄视同缴费年限。城镇个体工商户和灵活就业人员的缴费年限按照实际缴费年度计算。

第三十六条　已经参加本市基本养老保险的自收自支事业单位及其工作人员参照执行本规定。

第三十七条　本规定自 2007 年 1 月 1 日起施行。1998 年 4 月 6 日北京市人民政府发布的《北京市企业城镇劳动者养老保险规定》（北京市人民政府第 2 号令）同时废止。

关于印发《关于贯彻实施〈北京市基本养老保险规定〉有关问题的具体办法》的通知

（京劳社养发〔2007〕21 号）

各区（县）劳动和社会保障局，各企业集团（总公司），各中央在京企业，计划单列企业：

根据《北京市基本养老保险规定》的规定，经市政府批准同意，现将《关于贯彻实施〈北京市基本养老保险规定〉有关问题的具体办法》印发给你们，请遵照执行。

附件：关于贯彻实施《北京市基本养老保险规定》有关问题的具体办法

北京市劳动和社会保障局

二〇〇七年二月八日

附件

关于贯彻实施《北京市基本养老保险规定》有关问题的具体办法

一、为贯彻执行《北京市基本养老保险规定》（2006 年 12 月 14 日北京市人民政府令第 183 号，以下简称 183 号令），保证基本养老保险制度平稳过渡，顺利实施，结合本市实际制定本办法。

二、关于基本养老金计发办法

基本养老金按以下标准计发：

（一）基础养老金月标准为：以被保险人退休时上一年本市职工月平均工资与本人指数化月平均缴费工资的平均值为基数，按被保险人的全部缴费年限（含视同缴费年限，下同）每满一年发给 1％；

（二）个人账户养老金月标准为：被保险人个人账户累计储存额除以国家规定的计发月数（见附表 1）；

（三）过渡性养老金月标准为：按视同缴费年限计算的月过渡性养老金与按实际缴费年限计算的月过渡性养老金之和。其中：

按视同缴费年限计算的月过渡性养老金为：以被保险人退休时上一年本市职工月平均工资为基数，按被保险人的视同缴费年限每满一年发给 1％。

按实际缴费年限计算的月过渡性养老金为：以被保险人退休时上一年本市职工月平均工资与其本人缴费工资指数的乘积为基数，按 1998 年 6 月 30 日前被保险人的实际缴费年限每满一年发给 1％。

基础养老金、过渡性养老金具体计算公式见附件一。

三、关于基本养老金计发办法的过渡期

为使 183 号令实施后的基本养老金水平合理衔接、平稳过渡，根据国家确定的原则，改革基本养老金计算办法，实行五年过渡（自 2006 年 1 月 1 日至 2010 年 12 月 31 日）。过渡期内，符合按月领取基本养老金条件、办理退休手续的人员，分别按照新办法和原办法计算基本养老金并进行比较。按新办法计算的基本养老金水平低于按原办法计算的，其差额部分予以补足；高于原办法的，

2006 年退休的，基本养老金增长幅度不超过按原办法计算的 20％；2007 年退休的，不超过 40％；2008 年退休的，不超过 60％；2009 年退休的，不超过 80％；2010 年退休的，不超过 100％。自 2011 年起，基本养老金的计发不再进行两种计算办法比较。

过渡期内，两种计算办法比较时，按原办法计算基本养老金使用的本市职工平均工资封定在 2005 年的 32808 元/年（2734 元/月）。

四、关于调整最低缴费基数的过渡办法

根据 183 号令第十二条规定，本市基本养老保险最低缴费基数，由本市职工最低工资标准调整为上一年本市职工月平均工资的 60％。为平稳过渡，最低缴费基数的调整实行五年过渡（2007 年 4 月 1 日至 2012 年 3 月 31 日，每年 4 月 1 日至次年 3 月 31 日为一个缴费年度）。2007 年至 2011 年各缴费年度最低缴费基数分别调整为相应年度上一年本市职工月平均工资的 40％、45％、50％、55％、60％。

2007 年 1 月 1 日至 3 月 31 日最低缴费基数仍按原标准执行，不再调整。

五、关于个体工商户和灵活就业人员的缴费基数问题

根据 183 号令第十四条规定，个体工商户和灵活就业人员以本市上一年职工月平均工资作为缴费基数。对于按上述标准缴纳基本养老保险费确有困难的人员，经本人书面申请，可选择以本市上一年职工月平均工资的 60％作为缴费基数。

2007 年至 2010 年缴费年度内，选择以本市上一年职工月平均工资 60％作为缴费基数缴费仍有困难的，2007 年缴费年度可选择 40％；2008 年缴费年度可选择 45％；2009 年缴费年度可选择 50％；2010 年缴费年度可选择 55％；2011 年缴费年度及以后可选择 60％作为缴费基数。

个体工商户和灵活就业人员自愿申请按上述标准缴纳基本养老保险费的，其已经缴纳部分的缴费基数不再调整。

六、关于补缴基本养老保险费问题

（一）2005 年缴费年度（含）前的基本养老保险缴费基数不再变更。

（二）在国家规定劳动年龄内的被保险人，由于用人单位原因应缴未缴基本养老保险费的，用人单位可以向劳动保障行政部门提出书面补缴申请，并提交申请补缴期间与被保险人存在劳动关系的证明，以及工资收入凭证，经确认后，可以补缴基本养老保险费。

补缴时，以被保险人相应补缴年度的缴费工资基数，分别乘以办理补缴时上一年本市职工平均工资与相应补缴年度上一年本市职工平均工资的比值，作为相应补缴年度的补缴基数，按历年规定的单位与个人缴费比例之和缴纳。被

保险人以本人相应年度的缴费工资基数乘以相应补缴年度个人缴费比例补缴，差额部分全部由用人单位承担。计入个人账户的个人缴费部分与单位缴费部分，均以本人相应年度的缴费工资为基数，按历年规定的比例计入。

七、本意见自183号令实施之日起执行。

《关于实施〈北京市基本养老保险规定〉过程中若干问题处理办法的通知》

京劳社养发〔2007〕31号

各区县劳动和社会保障局，市属各企业主管局总公司劳动处，各中央在京企业，各计划单列企业：

根据《北京市基本养老保险规定》（北京市人民政府令 2006年第183号，以下简称183号令）和《关于贯彻实施〈北京市基本养老保险规定〉有关问题的具体办法》（京劳社养发〔2007〕21号，以下简称京劳社养发21号文件），现将有关人员参加基本养老保险以及基本养老待遇计发等若干问题的处理办法通知如下：

一、人员范围

1998年1月1日以后，经国家或本市有关部门批准，由机关、事业单位成建制转为企业的工作人员；由机关、事业单位调入企业（或参保单位，下同）工作或到市、区县职介中心、人才中心及市劳动保障行政部门委托办理社会保险的人才机构存档的人员；由军队转业、复员、退伍到企业工作的人员（以下简称被保险人）。

二、关于基本养老金计发办法

被保险人符合183号令第二十二条规定的养老条件并办理退休时，1998年6月30日前参加工作，2006年1月1日后退休的，按183号令第二十四条规定计发基本养老金。基本养老金由基础养老金、个人账户养老金和过渡性养老金构成；1998年7月1日后参加工作的，按183号令第二十三条规定计发基本养老金。基本养老金由基础养老金和个人账户养老金构成。基本养老金月标准按照京劳社养发21号文件规定的基础养老金、过渡性养老金计算公式和国家规定的个人账户养老金计发月数计算，公式中的相关指标按以下办法计算：

（一）基础养老金和过渡性养老金公式中，"实际缴费工资指数"即Z实指数（下同）为被保险人参保缴费至符合国家规定的退休年龄期间，相应年度的实际缴费工资基数，与相应年度上一年本市职工平均工资比值之和的平均值。被保险人曾在企业和机关、事业单位之间流动，并在统筹范围办理退休的，

Z 实指数为其各阶段的实际缴费工资基数，与相应年度上一年本市职工平均工资比值之和的平均值。

（二）过渡性养老金公式中，"视同缴费年限"即 N 同为被保险人 1992 年 9 月 30 日前符合国家及本市规定的连续工龄；"缴费工资指数"即 Z 同指数为 1；"1998 年 6 月 30 日前的实际缴费年限"即 N 实 98 为被保险人 1992 年 10 月 1 日至 1998 年 6 月 30 日期间符合国家及本市规定的连续工龄（含实际缴费年限）。

（三）个人账户养老金月标准，以个人账户储存额与个人账户补贴额之和，除以国家规定的计发月数。

个人账户补贴额计发办法为：1992 年 9 月 30 日前参加工作的被保险人，分别以 1992 年 10 月 1 日至参保缴费前相应年度上一年本市职工平均工资（不满整年度的按实际工作月数计算，下同）为基数，乘以相应年度本市规定的个人账户规模比例，累计计算之后，再乘以本人的 Z 实指数；1992 年 10 月 1 日后参加工作的，分别以参加工作至参保缴费前相应年度上一年本市职工平均工资为基数，乘以相应年度本市规定的个人账户规模比例，累计计算之后，再乘以本人的 Z 实指数。个人账户补贴额计算公式及其指标解释见附件 1。

个人账户补贴额只用于被保险人个人账户养老金月标准的计算，不计入个人账户实际储存额。

三、关于基本养老金计发办法的过渡期

本办法第一条规定范围内 2006 年 1 月 1 日至 2010 年 12 月 31 日期间退休的被保险人，执行京劳社养发 21 号文件关于基本养老金计发办法五年过渡期的规定。新、老计发办法比较时，按老办法计算基本养老金使用的本市职工平均工资封定在 2005 年的 32808 元/年（2734 元/月）。

四、关于转制单位参加基本养老保险的有关问题

（一）本办法执行后，经国家或本市有关部门批准，由机关、事业单位成建制转制为企业的，应自批准转制起 30 日内，向市劳动保障行政部门提出书面申请，同时提交有关部门批准转制的文件或证明、编制部门下达的撤销其机关、事业单位编制批件的复印件、原编制之内的在职人员名单、转制前已退休人员的退休待遇名册（上述资料一式三份），经核准后，到单位所在地的区、县劳动保障行政部门备案并在属地社会保险经办机构办理参加基本养老保险的手续。转制单位自批准转制时间的次月起缴纳基本养老保险费、建立基本养老保险个人账户。

（二）单位转制前，已经达到国家规定的退休年龄，按照机关、事业单位退休费计发办法办理了退休的人员，其在单位转制时已经按国家及本市规定享受的退休待遇水平不再变更，属于统筹基金支付项目的，由统筹基金支付，超出

统筹基金支付项目的部分，由转制单位按照原渠道继续支付。机关、事业单位退休费列入统筹基金的支付项目见附件 2。

为使转制单位参加基本养老保险后，原机关、事业单位单位退休费计发办法与统筹范围的基本养老金计发办法平稳衔接，基本养老金计发办法实行五年过渡期。过渡期内符合 183 号令第二十二条规定的养老条件并办理退休的被保险人，按原机关、事业单位办法计发的退休费（纳入统筹基金支付项目的水平，下同）与按 183 号令规定办法计算的基本养老金进行比较，机关、事业单位办法高于 183 号令办法的，其差额部分由统筹基金加发补贴，补贴比例逐年递减。转制第一年退休的，加发差额部分的 90%；第二年退休的，加发差额部分的 70%；第三年退休的，加发差额部分的 50%；第四年退休的，加发差额部分的 30%；第五年退休的，加发差额部分的 10%；统筹基金支付项目以外的部分，由单位支付。被保险人按机关、事业单位计发退休费的基数，封定在单位转制的当月。自单位转制的第六年起，被保险人办理退休时按 183 号令的规定计发基本养老金，不再实行两种办法的比较。

转制单位已经按照《关于贯彻实施〈北京市企业城镇劳动者养老保险规定〉中有关问题处理办法的通知》（京劳社养发〔2007〕21 号，以下简称京劳社养发 117 号文件）规定实行的基本养老金计发办法五年过渡期，与京劳社养发 21 号文件规定的改革基本养老金计发办法五年过渡期发生重合时，如果被保险人封定的事业单位退休费水平高于京劳社养发 117 号文件规定办法和 183 号令规定办法计发的基本养老金水平时，按照待遇水平就高不就低的原则，根据规定比例加发补贴。

（三）转制单位参加基本养老保险后，转制前、后退休的人员，其基本养老金按照统筹范围的统一标准进行调整。

五、关于其它问题的处理办法

（一）根据《北京市人民政府办公厅关于印发北京市自收自支事业单位基本养老保险制度改革暂行办法的通知》（京政办发〔2002〕60 号，以下简称京政办发 60 号文件）参加基本养老保险的自收自支事业单位的工作人员，自本办法执行之日起，符合 183 号令第二十二条规定的养老条件并办理退休时，执行本办法第二条规定的基本养老金计发办法。

（二）自收自支事业单位按照京政办发 60 号文件规定实行的基本养老金计发办法五年过渡期，与京劳社养发 21 号文件规定的改革基本养老金计发办法五年过渡期重合的 2006 年和 2007 年，遇有被保险人封定的事业单位退休费水平高于按照《关于贯彻〈北京市自收自支事业单位基本养老保险制度改革暂行办法〉有关问题的通知》（京劳社养发〔2003〕37 号）规定办法和 183 号令办法计发的基本养老金水平时，按照待遇水平就高不就低的原则，根据规定比例加发补贴。

（三）本办法执行后，根据《关于印发〈关于中央科研机构和工程勘察设计单位参加基本养老保险的实施办法〉的通知》（京劳社养发〔2001〕74 号，以下简称 74 号文件）规定参加基本养老保险，没有补建个人账户的中央转制单位的被保险人，其经劳动保障部门核准确认的，自转制当年至转制前五年的本人应缴费工资基数，参与 Z 实指数的计算；按照本办法第二条规定计算过渡性养老金时，京劳社养发 74 号文件关于没有补建基本养老保险个人账户的中央转制单位的被保险人，计发过渡性养老金的缴费年限，计算到国家规定的转制参保时间的上月的规定不再执行。

（四）自 2006 年 1 月 1 日起，由机关、事业单位转到劳动行政部门委托办理社会保险事务的职业介绍服务中心、人才服务中心等机构存档的人员，按照 183 号令规定计算基本养老金时，本人的 Z 实指数按本通知第二条第（一）款规定计算，不再执行京劳社养发 117 号文件。关于存档人员距符合国家及北京市规定的养老年龄不足五年的，其实际缴纳基本养老保险费不足五年的部分，需以相应年度本市职工平均工资为基数并按规定的比例补缴企业与个人的基本养老保险费，以此基数为依据计算 T 值的规定。

（五）曾在机关事业单位工作，自 1998 年 1 月 1 日至 2006 年 12 月 31 日期间参加基本养老保险，后将档案转移到街道办理退休、没有计发过渡性养老金的人员，按照以下办法重新核发基本养老金：

1. 2005 年 12 月 31 日前办理退休的人员，按照原 2 号令办法计发的基础养老金、个人账户养老金和综合性补贴不再变更。过渡性养老金按照京劳社养发 117 号文件规定的办法计算，其中 T 值按被保险人实际缴费年限计算，并从其领取基本养老金的当月补发；

2. 2006 年 1 月 1 日后办理退休的人员，按照原 2 号令办法计发的基础养老金、个人账户养老金和综合性补贴不再变更。过渡性养老金按照京劳社养发 117 号文件规定的办法计算，其中 T 值按被保险人实际缴费年限计算，并从其领取基本养老金的当月补发。同时，根据本通知第二条规定，按新办法计算基本养老金，并进行两种计发办法的比较。新办法高于老办法的，按照京劳社养发 21 号文件的规定从退休的当月补发其差额。

（六）被保险人按照《关于转发〈关于职工在机关事业单位与企业之间流动时社会保险关系处理意见的通知〉的通知》（京劳社养发〔2002〕27 号）以及《关于转业到企业工作的军官、文职干部养老保险有关问题处理意见的通知》（〔2002〕后联字第 3 号）的规定，已经计算了一次性个人账户补贴的工作年限，不再作为计算个人账户补贴额的年限。

六、本办法自 2007 年 1 月 1 日起执行，京劳社养发 117 号文件同时停止执行。

　　附件：1. 个人账户补贴额计算公式及指标解释（略）
　　　　　2. 转制单位、自收自支事业单位可纳入统筹基金支付的机关、事业单位离退休费项目（略）

北京市劳动和社会保障局

二〇〇七年二月十六日

参 考 文 献

［1］ MATTOON R H. Issues facing state and local government pensions ［J］. Economic Perspectives，2007，31（3）：2-32.

［2］ EHRENBERG R G，SCHWARZ J L. Public sector labor markets ［J］. Handbook of Labor Economics，1986（2）：1219-1260.

［3］ Mcdonnell K J. Benefit Cost Comparisons Between State and Local Governments and Private-Sector Employers ［J］. Public Personnel Management，2005，34（4）：321-327.

［4］ MUNNELL A H，SOTO M. State and local pensions are different from private plans ［J］. Arabian Journal Forence & Engineering，2007，32（2）：191-218.

［5］ 乔谦. 美国社会保险制度给我们的启示 ［J］. 劳动保障世界，2007（3）：44-46.

［6］ 赵江利，工裕明，王金涛. 国外公职人员养老保险制度研究及启示 ［J］. 劳动保障世界（理论版）.2010（6）：12-15.

［7］ 杨俊. 社会统筹养老保险制度收入再分配效应的分析 ［J］. 社会保障研究（北京），2011（1）：164-176.

［8］ 刘钧. 事业单位养老保险改革述评 ［J］. 中国人口·资源与环境，2011，21（127）：385-388.

［9］ 王晓军，乔杨. 我国企业与机关事业单位职工养老待遇差距分析 ［J］. 统计研究，2007（5）：36-40.

［10］ AARON HENRY. The Social Insurance Paradox ［J］. Canadian Journal of Economics & Political Science/revue Canadienne De Economiques Et Science Politique，1966，32（3）：371-374.

［11］ 景天魁，杨团，唐钧，等. 中国社会保障制度改革：反思与重构 ［J］. 社会学研究，2000（6）：49-65.

［12］ 莫泰基. 亚洲金融风暴对社会保障政策的启示 ［J］. 社会学研究，1999（5）：121-127.

［13］ 王延中，龙玉其. 国外公职人员养老保险制度比较分析与改革借鉴 ［J］. 国外社会科学，2009（3）：62-70.

［14］ 唐俊. 建立主权养老基金：另辟机关事业单位养老保险改革之"蹊径" ［J］. 社会保障研究，2010（3）：34-41.

［15］ 葛延风. 问题与对策：中国社保制度改革 ［J］. 中国行政管理，2003（9）：19-24.

［16］ 秦建国. 我国机关事业单位养老保险制度改革研究 ［J］. 理论探讨，2007（1）：101-103.

[17] 林东海. 突破公务员养老改革困境：政策分析的视角——近年公务员养老改革国际趋势对中国的借鉴 [J]. 中国软科学, 2011 (5): 46-55.

[18] 郑秉文. 法国高度"碎片化"的社保制度及对我国的启示 [J]. 天津社会保险, 2008 (3): 43-46.

[19] 郑秉文. 事业单位养老金改革路在何方 [J]. 河北经贸大学学报, 2009, 30 (5): 5-9.

[20] 蔡向东, 蒲新微. 事业单位养老保险制度改革方案刍议 [J]. 当代经济研究, 2009 (8): 56-60.

[21] 李真男. 社会分层、收入差异和机关事业单位养老保险的可能取向 [J]. 改革, 2013 (2): 54-64.

[22] 张芳芳, 杨燕绥. 我国事业单位养老金制度改革试点的困境解析 [J]. 统计与决策, 2012 (17): 35-38.

[23] 程恩富, 黄娟. 机关、事业和企业联动的"新养老策论" [J]. 财经研究, 2010, 36 (11): 28-38.

[24] 张祖平. 企业与机关事业单位离退休人员养老待遇差异研究 [J]. 经济学家, 2012, 8 (8): 19-25.

[25] 财政部财政科学研究所课题组. 我国事业单位养老保险制度改革研究 [J]. 经济研究参考, 2012 (52): 3-25.

[26] 赵子涛. 事业单位养老保险制度改革的几个基本问题 [J]. 理论学刊, 2011 (11): 71-73.

[27] 易丽丽. 公益类事业单位改革的难点与建议——基于76位省部级领导干部的研讨观点 [J]. 领导科学, 2012 (18): 12-14.

[28] 王晓军, 乔杨. 公务员养老金制度并轨改革的设计思路与精算评估 [J]. 社会保障研究, 2013 (2): 39-47.

[29] 何文炯, 洪蕾, 陈新彦. 职工基本养老保险待遇调整效应分析 [J]. 中国人口科学, 2012 (3): 19-30.

[30] 吕志勇. 含有"可持续性因子"的我国养老金计发公式设计研究 [J]. 山东财经大学学报, 2014 (6): 5-13.

[31] 董力堃. 对事业单位养老保险制度改革的重新审视 [J]. 学术界, 2010 (2): 198-204.

[32] 刘钧. 美国企业年金计划的运作及其对我国的启示 [J]. 中央财经大学学报, 2002 (9): 67-71.

[33] 张占力. 第二轮养老金改革的兴起与个人账户制度渐行渐远——拉美养老金私有化改革30年之反思 [J]. 社会保障研究, 2012, 04: 30-38.

[34] 郑秉文, 房连泉. 拉美四分之一世纪以来的社保私有化改革 [J]. 中国社会保障, 2006 (6): 29-32.

[35] 罗伯特·霍尔茨曼, 约瑟夫·E·斯蒂格利茨. 21世纪可持续发展的养老金制度 [M]. 北京: 中国劳动社会保障出版社, 2004: 20-36.

[36] 臧宏. 中国事业单位养老保险制度改革研究 [D]. 长春: 东北师范大学, 2007.

[37] 徐丙奎. 西方社会保障三大理论流派述评 [J]. 华东理工大学学报（社会科学版),

2006，03：24 - 31.

[38] 罗伯特·霍尔茨曼，爱德华·帕尔默. 名义账户制的理论与实践——社会保障改革新思想 [M]. 北京：中国劳动社会保障出版社，2009：526.

[39] 吴琪. 我国企业与机关事业单位养老保险双轨制改革研究 [D]. 哈尔滨：黑龙江大学，2014.

[40] 胡晓义. 关于逐步提高养老保险统筹层次——十六届三中全会《决定》学习札记之二 [J]. 中国社会保障，2004，01：18 - 21.

[41] 刘雪玉，赵鹏. 延迟退休方案后年推出之后至少再过 5 年实施 [N]. 京华时报，2015 - 03 - 11，004.

[42] 刘大玉. 中国社会养老保险制度改革研究 [D]. 武汉：武汉大学，2010.

[43] 安东尼·吉登斯. 第三条道路：社会民主主义的复兴 [M]. 北京：北京大学出版社，2000：17.

[44] 王尧. 吉登斯"第三条道路"理论及其实践价值探析 [D]. 长春：吉林大学，2013.

[45] 宋金玲. 我国机关事业单位养老保险制度改革方向研究 [D]. 云南大学，2013.

[46] 王灿欣. "第三条道路"与"第二代福利" [D]. 武汉：华中科技大学，2009.

[47] 陈倩. 英国养老保险制度市场化改革的主导因素及成效评析 [D]. 苏州：苏州大学，2010.

[48] 乌尔里希·贝克. 风险社会 [M]. 南京：译林出版社，2004：15 - 25.

[49] 高和荣. 风险社会下中国农村合作医疗制度的重建 [D]. 长春：吉林大学，2004.